中國同性戀者的生存困境

認同而不出櫃

王晴鋒——著

SELF-ACCEPTING BUT NOT COMING OUT

Living Dilemma of Chinese Gay Minority

推薦序

出櫃為何是中國同性戀的重要問題

李銀河／中國社會科學院社會學研究所研究員

這是一部關於同性戀出櫃問題的社會學專著。專著對於這個同性戀者社會生活中的重大問題作了深入細緻的研究和論述，在我看來，是目前中國的同性戀研究中很有分量的一部專著。

同性戀者的出櫃問題為什麼會成為一個重大問題？從我對同性戀所作的調查中可以看到，中國同性戀者大多不敢向公眾和家人坦承自己的性傾向是多因的，既有法律地位不明朗的問題，也有社會歧視的問題，還有來自社會習俗的壓力，而它大多表現為親友的不理解和不寬容。

目前中國對於同性戀沒有明確的法律條文加以禁止，發生在兩個成年人之間的自願的同性戀行為，只要不涉及未成年人，無人告訴，很少會導致法律制裁。但如果涉及未成年人則有可能比照姦淫幼女罪論處；在存在流氓罪的時代（一九九七年以前），如有同性戀的配偶或其他人起訴，也有可能按照流氓罪論處；此外，警方會在同性戀活動場所施行出於治安目的的臨時拘捕，但一般會很快放掉，不作記錄在案的處罰，但有時也會作十五天拘留的處分。

在成年人之間發生的自願的同性戀行為在我們社會中面臨的最大威脅還不是法律制裁和警方的治安拘捕，而一度是行政處分和黨籍處分。這一點是中國社會特有的控制方法。在西方國家例如美國，在那些規定同性戀為非法的州，同性戀活動會受到法律制裁，但實際起訴的案例極為罕見；在規定同性戀為合法的州，這種活動不會受到法律的約束，當然更不會受到行政、雇主的公開制裁，而只會受到不予雇用的威脅，這就導致美國同性戀者要求平等權利的一項主要內容：平等的就業機會及與此有關的反對道德歧視的要求等等。在中國，行政處罰卻一度成為同性戀者面臨的主要威脅。

由於在中國對同性戀行為沒有法律條文明文規定，法律機構和各行政單位、企事業單位對同性戀的處置方法又是那麼五花八門，以致同性戀群體中的人們對自己行為可能造成的後果也多是模糊不清的。無論是法律本身還是同性戀者對自己行為法律地位的認識，全都處於一種若明若暗的狀況之中。

總之，同性戀在中國的處境也像許多其他問題在中國的情況一樣，面臨的不是嚴酷的迫害和極端的仇視——西方的同性戀者一度面臨這樣的迫害和仇視——而主要是主流社會的忽視和蔑視。無論如何，這些因素全都構成了同性戀者不敢或不願意出櫃的原因。通過這部專著，人們可以對同性戀出櫃問題以及同性戀的生存狀況和處境有更加深入的了解，並了解與此相關的理論。

這本書不僅會引起同性戀者的閱讀興趣，而且對於那些關注這一議題的一般讀者也是一本不可多得的好書。

目次 Contents

開初的時候，人的性別有三種，除了男的和女的，還有個第三性，也就是男女兩性的合體。每種人原來是圓球狀的，所有的器官也是成雙。這些人常常無法無天、肆意妄為，竟要與神們試比高下。宙斯懲罰他們，把人劈成兩半。……

人人都總在尋找自己的另一片：凡是由雙性的人——也就是既男又女的人切開的一半而成的男人，就成了追女人的男人；由雙性人切開的一半而成的女人，就成了追男人的女人。凡由原女人切開的一半而成的女人，對男人就沒有多大興趣，只眷戀女人，女同性戀就是從這類女人來的。凡由原男人切開的一半而成的男人，尋的都是男的；還是少男的時候，他們就親近男人——因為他們是由原男人切開的一片，喜歡和男的一起睡，交纏在一起。在少男和小夥子當中，這種男人通常最優秀，因為他們的自然最具男人氣。

——柏拉圖，二〇〇三：四八－五二

導言

在北京紀安德諮詢中心一份未公開發行的內部資料上，記載了一九九八年同性戀者在北京大覺寺的一次聯誼活動，這次活動被認為是有記載的當代中國同性戀者第一次正式的、有規模的組織活動。此次活動的整個過程如下：

這次活動組織得很嚴密，前一天，各地的朋友到了北京後，由個人單線接待。到了晚上，接待他人的人才得到通知，第二天早晨七點半在頤和園門前集中，有個舉著空白木牌的女同志等在那裡（這塊牌子至今還被保留著）。大家到了以後，按名單核實參會者，然後上了等在那裡的大客車。到這時，除去幾個組織者，大家都不知道要去哪裡。結果，一下子把四十多人都送進了西山的古廟大覺寺。這些人有男有女，有中年人，還有香港、台灣人，還有兩個美國的「拉拉」。但活動期間沒有一個人私下離開，直到活動結束吃完午飯等車回去，相互才在自願的前提下合影拍照。（童戈，二〇〇四）

這是一次由同性戀者組織的再尋常不過的集體活動，卻費盡周折，動用了暗號、「單線接待」，彷彿再現了當年地下黨的嚴密組織活動。在其中我們看到了嚴密、精心的組織安排，也看到了各種擔心受怕以及背後媒體與大眾的集體窺視慾望。

十年之後的二〇〇九年，被媒體稱為是「同性戀中國之年」，英文版《中國日報》（*China*

Daily）用整版的篇幅和大量的圖片回顧了這一年裡中國的ＬＧＢＴ社區人士[1]策劃、參與與同性戀有關的重大事件和活動：從北京前門大街張揚絢麗的同性戀婚紗攝影、匯聚兩岸三地相關人士參加的「北京酷兒影展」，到上海的同性戀「驕傲週」、廣州的第二屆同性戀親友會、中國酷兒影像巡迴展以及哥本哈根的世界同性戀運動會（World Outgames）等。[2]

　　新世紀伊始，中國同性戀社群的生存面貌與身分意識似乎煥然一新，他們正以各種積極、介入的姿態展現在公共領域中。在「酷兒全球化」（global queering）（Altman, 1997; Altman, 2001）的大趨勢中，中國同性戀社群的活動家與積極分子突破疆域界限，他／她們與海內外性少數族群之間的交流日益頻繁，自主開展社區培訓、建立各地同性戀小組，並積極配合政府開展防艾（即防治艾滋病。中國大陸將ＡＩＤＳ譯為「艾滋病」）事業等。同性戀社區為同性戀者提供身分／認同的文化支持，社區內的有識之士已經開始一種「自我對存在的敘述化」，他們自己進行針對ＬＧＢＴ族群的各種學術性研究，以期減少主流社會對性少數族群的社會偏見與污名，獲得更多的社會認可和能見度。同性戀社群開始自覺地對自身的合法性提出了訴求。

　　這一現象亦被關注中國研究的海外學者觀察到，例如，曾經在北京對同性戀社群進行田野調查的美國人類學家羅麗莎（Lisa Rofel）寫道：

> 二十世紀九〇年代中期，中國的大都市出現了大量自我認同為同性戀者的人們。隨著同

> 性戀者人數的激增，一些半公共性的空間變得非常醒目，出現許多同性戀酒吧、週末文化沙龍、同志熱線、來自海外的書刊和影像資料、各類會議以及在家裡舉行的更多的非正式聚會。同時，一些同性戀者通過互聯網與世界各地的同性戀者進行交流。這種同性戀景象的出現是跨國性的。在中國的大城市，尤其是北京和上海，生活著來自世界各個角落的男同性戀者和女同性戀者。（Rofel, 2007: 86）

那麼，二十世紀九〇年代以來，中國的同性戀者經歷了怎樣的變化？他／她們浮出歷史與現實的地表了嗎？今天他／她們的法律地位如何？他／她們在當代中國社會又處於怎樣的生存狀態？當代中國的同性戀社群有屬於自己的獨特文化嗎？它是否存在同性戀運動或集體行動？作為一個群體，當代中國的同性戀者的身分認同如何？他／她們又面臨著怎樣的集體困境？「認同而不出櫃」這種生存狀態是何以可能的？他們的家庭出櫃又面臨怎樣的困難？這些都是我們當下亟需面對的話題。

一、本土化研究的範式轉移

近二、三十年來，中國國內不同學科背景的學者們通過對同性戀現象的歷史追溯、臨床總結、經驗調查等方式，對同性戀的概念和人數、本質和原因、性行為和生存狀況、態度和認知（身分認同）等相關議題進行了有益的探索與研究。尤其是最近十多年來，隨著全球化的加速、公共空間的擴大、話語的多元化，同時在同性戀「非罪化」與非病理化等因素的作用下，社會／制度性情境亦發生了變化——從符號性滅絕／貶抑下的可見度缺失到審查性公開（魏偉，二〇一〇）。相應地，中國的同性戀研究大致經歷了這樣一個過程，即從對行為的研究轉向身分的研究、從本質論的研究立場轉向建構論的視角，其敘事策略開始從作為「他者」的客體闡釋轉向主體的自我敘述。

早期比較有代表性的研究，如李銀河和王小波（一九九二）對男同性戀社群進行的個案訪談和問卷調查，通過探討男同性戀的形成原因、感情生活、性生活、婚姻生活、價值觀念等，勾勒出中國男同性戀社群的概貌。魯龍光等（一九九二）根據同性性行為的特點，將「素質性同性戀」總結為四個類型，即意向性、情感型、性樂型、複合型。潘綏銘（一九九五）對北京、天津、南京和重慶四地男同性戀者聚集的公共場所進行訪談和問卷調查，通過對照研究同性戀與雙性戀之間的差異，認為社會對性關係的規範通過女性的中介對男性發生作用。此外，張北川（一九九四）出版了《同性愛》專著，教材式地全面介紹了同性戀現象；還有方剛（一九九五）的實地調查報告《同性戀在中國》；這期間還包括許多對不同群體（如大學生、男男性工作者等）同性性行為的經驗調查等。

倘若我們以二〇〇一年中國同性戀非病理化為分水嶺，那麼中國的同性戀研究大致可以分為前後兩個時期。在早期的研究中，同性戀者通常以「他者」的形象出現，此類研究以描述性成分居多，大多是一些地方性的、零散的經驗研究。由於同性戀社群本身的特殊性，進行隨機抽樣比較困難，大多數研究通常採用「滾雪球」的方式收集調查對象（只局限於某一地區或某一特定社群），在研究的信度和效度方面存在一定問題；不少定量數據分析僅是低水平地重複，並無新意和實質性進展。這些研究更多地關注同性戀個體的行為、感覺和認知，而較少關注制度性的、文化的和結構性議題。不少文獻仍在探討有關同性戀的臨床診斷、治療與同性戀成因，它們藉精神分析、生物學或基因科學，大多持本質論的立場。

進入新世紀之後，同性戀研究在廣度和深度上都有所突破，在研究範式上逐漸轉向建構論視角，同時一個重要的特徵是同性戀社區的人士以「局內人」的身分積極介入同性戀研究，此類研究大多是以主體的視角，避免研究對象客體化的困境。比較典型的諸如北京「同語」組織開展的「拉拉口述史」項目；童戈（二〇〇五ａ）主持全國首次男男性行為者「性與自我認同」的調查，通過個人生活史的訪談與自我報告，詳盡地反映當前中國男同性戀者的性行為、情感與認同狀態。童戈（二〇〇五ｂ）還以中國社會的男男性行為及其活動的俚語俗稱為標本，探討歷史、文化、社會轉型等因素對男男性行為及其活動的影響以及由此形成的語境，認為這些不同的稱謂折射出社會與同性戀者之間不同程度的契合關係。在童戈（二〇〇七ｂ）看來，儘管中國社會「同志」社群的生成和發展過程受社會環境壓制，但「性」需求的反壓制釋放方式可以跨越歷史、地域、文化和政治的阻隔，從而形成（與西方）類似的表現形式。受後現代主義思潮的影響，新時期的同性戀研究開始呈現出多元化取向，諸如空間、身體／權力、反男權中心主義、身分政治、解構性別角色與二元對立、反歧視與污名等主題也不斷地進入同性戀研究的視野之中。如富曉星、吳振（二〇一〇）從空間－文化的視角探討同性戀群體的行為與社會關係實踐在城市空間中的生產與再生產。王曙光（二〇〇五）指出在不同的制度、階級、經濟和亞文化社群裡，「性」在建構同性戀者各自的生活形態和歷史的過程中扮演著關鍵角色；而性角色（包含體位實踐、慾望和快感等）受社會因素的建構，同時性的社會實踐也重構著同性戀社群的亞文化和生活史本身。榮維毅（二〇〇五）則以社會性別理論為分析工具，探討性取向／同性戀歧視的根源與對策。他認為對同性戀的歧視一種是制度性的歧視，它被掩蓋在「客觀」、「中立」的政策法規中；另一種是非故意的歧視，如許多父母下意識地拒絕接受子女的同性戀性取向。也就是說，文化與性別制度都可能導致性取向歧視。楊天華（二〇〇七）從主體內容、態度立場和消息來源等方面考察媒體在報導同性戀議題時採取的策略，包括貼標籤、誤用概念、刻意醜化等對同性戀群體進行污名化實踐。媒體抹殺了個體和群體之間的差異，將同性戀者概化為具有某些指向性特徵的對象，從而對同性戀群體形成僵化的刻板印象。媒體的話語建構亦會對同性戀者的社會實踐產生重要影響。

同時，一些研究結合中國同性戀的傳統因素，對同性戀身分認同的研究更具有地方性色彩，如魏偉（二〇〇七a）採用參與觀察和個人生活史深度訪談的方法研究了同性戀者的身分認同，從建構論的視角考察了地方性語境下三種男同性戀身分——「飄飄」、「同志」和gay的形成和變遷。他認為，這三個稱謂隱含了不同的文化參照和政治內涵：「飄飄」身分在本地的同性戀歷史傳統和現代西方「gay」以及受西方影響的「同志」身分之間扮演著承上啟下的關鍵作用，而「同志」身分則極大地推動了中國當代同性戀者的表現形式從行為向身分的轉變。國家經濟、政治和文化的變遷是同性戀表現形式從行為向身分變化的根本原因。與此同時，在「女性主義是理論，女同性戀是實踐」的口號下，不少學者從女性主義的角度切入女同性戀研究，從不同維度以不同的敘述策略建構女性主體意識，諸如女同性戀者的交友、情感、快感等（李銀河，二〇〇三）、群體內差異（陳亞亞，二〇〇五）、性別／身分認同（栗曉紅，二〇〇七）、家庭婚姻（如形式婚姻、婚外戀和親子關係）（陳亞亞，二〇〇九）等。

自新世紀以來，中國同性戀研究在視角與方法上也有所創新，如潘綏銘、黃盈盈（二〇〇七）提倡在性學研究中採用「主體建構」的視角，它在理論和實踐層面對當前的同性戀研究產生了一定影響；魏偉（二〇〇七b）從肯尼思·普盧默（Kenneth Plummer）那裡獲得啟發，他關於出櫃的研究採用「敘述」（Narrative）的方法，從文化與歷史層面傾聽同性戀者出櫃的故事。這些視角與方法對中國本土的同性戀研究產生了積極的作用。

二、研究的問題

二〇〇四年十二月，中國衛生部公布的數字顯示，處於性活躍期的中國男同性戀者約占性活躍期男性大眾人群的二%至四%，由此估算中國有五百萬至一千萬男同性戀者。此外，劉達臨、魯龍光（二〇〇五：四七）認為中國大陸的同性戀至少有三千萬之眾。李銀河（二〇〇八：七）按照男女同性戀者在人群中占三%至四%的比例計算，認為中國的同性戀者人數達三千九百萬至五千二百萬人。[3]這些同性戀者加上他／她們分別所屬的血緣家庭，這將是一個極為龐大的人群；倘若這些同性戀者又違心地與異性戀者結婚的話，那麼又將牽涉到更多的人口和家庭。由於政治、歷史和文化等諸方面原因，相對於西方學術界而言，中國關於同性戀的研究仍然較為匱乏。鑑於目前學術界的研究現狀，本書試圖關注的是同性戀者的身分認同與家庭出櫃。自二十世紀七〇年代初以來，身分政治成為新興社會運動的標誌性特點，身分問題是同性戀者的日常生活、共同體自主性以及學術爭論的核心議題。同性戀者的身分認同主要包括自我性身分認同與群體身分認同，前者關係到個體自我的完整性，後者關係到群體的凝聚力，這兩者對同性戀社會運動都有重要影響。

中國國內關於同性戀者身分認同的研究不少是以東方的經驗材料來印證、迎合西方的各種階段論，而且這些研究通常得出高度雷同的結論。我曾跟中國西南某省會城市的一位同性戀組織的負責人表達想去那裡作田野研究的想法，他問想作哪方面的研究，「身分認同！」我當時脫口而出。他笑了笑，回答說：「我們市的同志，認同狀況都很好。」的確，對於那些積極參與同性戀組織與社會活動、出入於同性戀酒吧或頻繁進行性活動的同性戀者而言，性身分的認同問題早已是家常便飯或乏味之極。當然，並不是說只有身分認同「存在問題」的同性戀者才可以或值得研究。另一個問題是，同性戀身分認同研究通常是個體回憶式的，大多是基於已經完成自我認同的同性戀者的自我敘述，而這種敘述更多地是一種「現在中心主義」的體現，即主體有意無意地以現在為中心，對過去的行為與認知進行某種重構。我們很難去研究一位身分認同不確定的「同性戀者」，因為他連自己是不是同性戀者都尚未明確。因此，同性戀群體在出櫃之前的認知狀態與過程似乎仍是一個「黑箱子」——他若不出櫃，我們就不知道他是不是同性戀者，研究也就無從談起。要解決這一研究困境，最好的方法或許是對某一目標群體成員（此時尚無法肯定其成員是同性戀者、異性戀者還是其他性類別）的性身分認同過程進行長期的跟蹤研究。考慮到這些理論與實踐上的困境，本書主要關注同性戀者當下性角色認同和群體內部的認同，而不是同性戀者的自我身分認同過程，也無意以中國的具體經驗去佐證西方同性戀身分認同的各種理論在中國情境下的適用性。

同性戀者的身分認同是一個社會建構的過程，在這個動態的、不斷發展著的過程中，個人與社會之間雙向交互作用，個體最終將同性戀的屬性內化為自我的基本構成。同性戀個體身分與群體身分邊界的確定有助於強化自我意識和我群意識，從而形成具有共同利益的群體。這在同性戀社群生成身分意識之初是一種必要的策略，在中國當下的語境下，它包含著社會建構主義、性身分政治以及艾滋病的出現等理論與實踐議題。身分認同的產生是通過個體自我反思與社會互動完成的，它既影響到同性戀個體的精神生活狀態，也關涉與他人、社會之間的交往。作為一種關係性的構成，性身分還會與其他身分類別（如職業、階級、族群、性別和性等身分）形成交叉；對個體的自我而言，這些不同的身分既可以是促成性的，也可以是約束性的。同性之間的「性」凸顯出社會關係中的公民／社會、個人行為／社會制約之間的關係，而身分認同是中介變量。

諸多因素形塑著同性戀身分認同的過程，諸如集體記憶、互聯網和全球化、公共空間（酒吧、茶館等聚會場所）、媒體報導、話語與敘事（如「同志」、gay、酷兒等容易被廣泛接受的稱呼，敘述本身就是一種自我表達）以及同性戀亞文化等，這些因素不同程度地促進同性戀者的存在狀態從行為向身分的轉變。在關於中國同性戀現象的研究中，有很多值得思考和深究的議題，比如，中國的同性戀社群仍處於流散的狀態，難以形成類似西方較為外顯的社會運動和集體行動，這是由於他們的自我意識薄弱？社會壓制過強？抑或是中國的文化特色使然？中國的同性戀社群是否形成了特有的族群文化？中國同性戀者的生活方式是以異性戀為模本，還是一種自覺的創造？同性戀者在性生活中的角色扮演是否會影響其性別認同？話語的產生與挪用對同性戀身分建構起著怎樣的作用？它又是如何起作用的？同性戀社群是否有強烈的「我群意識」？中國同性戀者為什麼不站出來爭取、捍衛自己應有的基本權益？這些都是值得探討的話題，而身分認同是這些研究中最基本又核心的議題，其他許多問題都直接或間接地與之相關。

除了身分認同之外，本書還關注同性戀者的「家庭出櫃」，這是一個更具有中國文化特色的現象。「出櫃」指的是同性戀者在完成自我認同之後向他人表露自己的同性戀性取向。這裡的「他人」包括圈子裡彼此熟悉的同性戀者、身邊親密的異性戀朋友、周圍普通的朋友（包括同學、同事）、兄弟姊妹以及父母等。「家庭出櫃」尤指向父母表明自己的同性戀身分。本書之所以關注同性戀者的家庭出櫃，是因為絕大多數同性戀者在完成自我身分認同、走向他人和社會（即完成「社會出櫃」）之後最終必須面對這個問題，即使是那些自我認同狀況良好但仍躲在「櫥櫃」裡的同性戀者，他們仍然面臨成家立業、傳宗接代的壓力，如何策略性地應對父母與家庭成為一個亟需解決的問題。因此，對中國同性戀者而言，家庭出櫃具有非常重要的現實意義，它不僅是同性戀個人的「私事」，也是重要「家事」。對許多同性戀者來說，家庭出櫃是一個沉重的話題，它使同性戀者處於同性情感慾望與家庭責任的衝突之中。一方面，由於受傳統倫理本位的、以「孝」為核心的禮制之約束，家族主義取向下的同性戀子女對家庭出櫃的主要擔憂是父母不理解、不接受，甚至導致家庭成員之間反目成仇，他們大多認為自己不孝，愧對父母與家族；另一方面，從儒家關係主義的角度來看，相互依存的、關係性的自我觀是導致同性戀者與父母之間代際衝突的又一文化根源。孝道、關係倫理、文化偏見、代際衝突使家庭出櫃成為兩代人之間難解的困境。

出櫃的過程及結果涉及到同性戀者本人的身分認同狀況以及其他相關的社會、政治、經濟和文化等屬性。在這種意義上，身分認同／出櫃作為一個中介變量，是連結個人與社會、微觀與宏觀之間的關係紐帶。在本書第七章，出櫃的故事被敘述成一種重要的通過儀式加以考察，展現了同性戀者如何應付、管理和調適自己的性取向和社會之間的關係。有研究者認為，男同性戀和女同性戀的存在狀態應該被構想為一種「精神特質」（ethos），而不是性偏好／傾向、生活方式或者如「亞文化」，甚至是「社區」等集體性的術語（Blasius, 1992）。而理解這種「精神特質」的關鍵是通過「出櫃」的概念化，將它看作是「成為」（becoming）的過程，在這個過程中，個體進入到構成同性戀社區的關係場域。在抵制異性戀霸權、建立同性戀運動的過程中，向他人出櫃是一種重要的、情境性的戰術。

三、研究方法與資料來源

在最初的研究設計中，曾希望通過問卷調查得出一般性結論。問卷設計的意圖包括研究哪些因素影響同性戀子女的家庭出櫃，將父母的基本情況以及家庭環境等因素作為自變量。但是，後來隨著實地調查與文獻研究的深入，我覺得尋找這種關聯的意義不大，出櫃無法簡單地用人口統計學的因素來解釋；而且非隨機抽樣的問卷調查還存在樣本的代表性、結論的普適性問題。樣本的代表性問題也是同性戀研究普遍面臨的一個問題，甚至連「是否存在這樣一個具有真正代表性的樣本能反映如此多樣、開放的人群都難以確定」（Bhugra, 1997）。因此，本書主要採用質性研究方法，通過個案訪談、參與觀察和實地調查獲得有關同性戀社群的第一手資料，同時借助於大量的文獻研究以及來自互聯網的信息（包括一些音頻、視頻資料）。訪談對象主要是自我認同良好的同性戀者。

具體而言，本書採取以下三種研究視角與方法：

1.「主體建構的視角」（潘綏銘、黃盈盈，二〇〇七）。「主體視角」強調同性戀者在話語生產中的主體位置，通過主體敘述來呈現主體的聲音，儘量避免研究對象的客體化問題。因此，這也是一項同性戀者主體性的文本生產，以此探求和明辨中國的文化元素。

2.生活史的研究方法。本書亦試圖從個人生活的話語與軌跡展示個體與社會之間的能動與制約作用，非結構性的個案訪談和參與觀察儘量兼顧實地調查中的情境性因素，即個體所處的具體情境的特殊性。

3.身分敘述的方法。肯尼思．普盧默指出，出櫃的故事已經成為一種治療性的劇本或者「關鍵性的重生經歷」，它包含實踐、符號和政治的權力（Plummer, 1995）。出櫃故事關注確立一種真正的自我感——這種身分不只為自身而存在，還包括家庭和更寬泛的社會。通過向自己、同性戀社區及異性戀世界出櫃，同性戀者得以形成持續的、整合的自我感。肯尼思・普盧默的符號互動論強調將敘述故事作為政治過程的重要性，對他而言，敘述不僅是實踐的和符號的行動，「在自我選擇的情況下，講述或者不願意講述故事的權力都是政治過程的一部分」（Plummer, 1995: 26）。如果個體通過敘述而出櫃，這可以看作是他們在運用敘事的權力。敘述性的身分話語強調身分可以通過個體敘述他或她的故事來加以理解，生活故事是一種內化的、自我包含的敘述，它融合了對過去的重構、當下的感知以及未來的預期。這些故事的生產通常在維持或轉變個體的生活中扮演著各種角色，有助於形成一種共享的歷史，並對社會變遷產生深遠影響（Ryan, 2003）。

本書的資料來源包括以下五個方面。

1. 實地調查的主要地點之一是「北京同志中心」。該中心每個週末會邀請一些同性戀圈內外，甚至國內外的ＬＧＢＴ人士開展與同性戀議題有關的講座與文化沙龍。這些不同主題的同性戀活動讓我受益良多，並結識了許多不同圈子的同性戀者，包括一些同性戀精英與活動家。其他的實地調查地點還包括一些同性戀酒吧（如女同性戀的「水晶閣」等）和男同性戀游弋地（如北京牡丹園等）。

2. 第三屆「同志父母懇談會」[4]。這屆懇談會在北京一家酒店的會議廳舉行，為期兩天（二〇一〇年十月三十日至三十一日）。第一天就有近百名來自中國內地、台灣、美國和加拿大的同性戀子女及其父母、活動家、學者、防艾官員及記者到達會場。[5]在安排緊湊的會議議程中，許多同性戀子女與父母坦誠相對，傾吐心中原本無法說出口的心聲。這些發自肺腑的真誠對話為本書了解同性戀子女「家庭出櫃」、「同直婚」、「形式婚姻」等提供了珍貴的原始材料。

3.「陸姨」的同性戀圈子。「陸姨」是北京的一位退休離異的異性戀者，接觸同性戀群體多年，她提供的一些與同性戀者之間自由談話的錄音成為本書的另一個資料來源。「陸姨」是以非研究者的姿態介入的，通過自願做「媒婆」的方式，她獲得一個同性戀小圈子的高度信任。這類閒聊式談話錄音有時長達七、八個小時，但這種話家常式的閒聊「形散神不散」，主要圍繞著同性戀圈子裡的情感生活問題。本書中阿來／Dylan、糯米／糯葉等內容源自這些錄音資料。

4.個案訪談。這些訪談大多是以非結構性訪談為主（訪談提綱參見附錄二），訪談對象大多是男同性戀者。訪談時間長短不一，從二十分鐘到兩個小時不等，對部分訪談對象進行了回訪。

5.互聯網（虛擬社區）資源。由於建立實體的同性戀組織相對困難，許多同性戀者和組織將精力投向互聯網。一些同性戀個體在各大網站上的同性戀公共論壇和博客上記錄個人的情感經歷、思想感悟和生活瑣事；此外，還有同性戀組織針對同性戀／異性戀社群而策劃的介紹性的音頻、視頻網站（如「同志亦凡人」等）。這部分網路信息相當豐富，但這些信息來源很不穩定，由於網路審查的隨意性與不確定性，它們隨時面臨內容刪除、責令停止更新，甚至關閉網站的可能。

上述五種來源的資料構成了本書的分析主體。在資料獲取的過程中，除了主題的相關性，主要考慮的是資料的可信度問題。關於同性戀社群的調查中，對所獲得的資料進行真偽甄別需要花不少精力。當訪談內容涉及性行為等隱私話題時，有時候能夠較容易地識別對方是否如實回答。例如，我曾經問一位男同性戀者經歷過多少個性伴侶，他回答說沒有過性行為。我斷定他沒有如實相告是因為之前對他有一定的了解，比如他的綽號隱指他在同性性行為中傾向於扮演「0」的性角色以及根據他與圈子裡朋友之間進行的一些調侃式閒聊獲得的信息。同性戀研究中信息難獲取是一個問題，而判斷所獲得信息的真偽更是一個問題。在實地調查過程中，如果有機會碰到同性戀者共同參與討論某一話題，我主要是以旁觀者的角色去傾聽，這種方式可較大程度地避免研究對象的客體化和干預問題，以及由此導致的虛假信息。

資料來源的多元化也可以避免因過度依賴某一信息渠道而產生的信息偏差，並藉此進行比較、甄別與篩選真實有效的信息，以確保研究的信度和效度。遵照學術慣例，本書實地調查中涉及的所有名字皆為化名。

四、概念界定

這裡對在本書涉及的主要概念進行定義與說明，其他的一些同性戀社群內的稱呼與隱語將會在行文中第一次出現時加以說明。

1. 性（sexuality）

「sexuality」通常被譯為「性徵」、「性態」、「性存在」等。sexuality 是一種「生物－心理－社會－文化」現象，它的內涵包含四個方面（Francoeur, 1991: 4, 637）：第一，外生殖器解剖結構上的性別（即生理性別）；第二，社會性別的自我認同；第三，與生理性別的結構性差異相適應的角色和行為；第四，被吸引的和愛慕的性別。事實上，很難有一個精確而統一的漢譯詞彙與英文「sexuality」相對應。孫隆基（一九八五）認為，sexuality 很難找到恰當的中文翻譯，這與中國文化深層結構中的「無性」文化有關。在中國人之間，基本沒有個體化的 sexuality 觀念，「性」被等同於「繁殖」。本書通常根據上下文的語境，將 sexuality 譯為「性」或「性態」。

2. 同性戀（homosexuality/gay/lesbian）

《中國精神障礙分類與診斷標準（第三版）》（CCMD-3）（二〇〇一：一三九）對同性戀的定義：「同性戀是指在正常生活條件下，從少年時期就開始對同性成員持續表現性愛傾向，包括思想、感情，及性愛行為；對異性雖可有正常的性行為，但性愛傾向明顯減弱或缺乏，因此難以建立和維持與異性成員的家庭關係。」

「同性戀」這個詞頗有爭議，中國大陸較普遍的類似稱呼還有「同性愛」（張北川，一九九四）、「同志」（周華山，一九九八）、「gay」等。女同性戀者普遍使用的稱呼是「拉拉」，而各地男同性戀者則有自己的稱呼，如「兔子」、「玻璃」、「飄飄」等。在實地調查中發現，LGBT社群並不忌諱使用「同性戀」一詞，它可以與「同志」、「gay」甚至「酷兒」以及各種地方性的稱呼並行不悖。但這些稱呼之間仍有微妙的區別：一些自我認同良好、比較西化的同性戀者傾向於使用「gay」；同性戀社區的精英和活動家傾向於使用囊括性的詞「同志」，以最大程度地包含所有性少數族群，而且這一稱呼顯得較為隨意、非正式。另外，如其他研究者指出的，「同志」這一稱呼更傾向於被年長一代的同性戀者使用（Ho, 2008）。「同性戀」的稱呼在媒體、醫學領域或學術性的表述中較為常見。實地調查中發現，也有些同性戀者選擇沉默的方式，拒絕採用上述任何一種指稱來稱呼自己。

近百年來，儘管「同性戀」這個詞在中文世界裡歷盡坎坷（「homosexual」一詞在英語世界也遭遇類似的命運），曾被污名化、「罪化」、病理化，這些現象至今仍然不同程度地存在，但作為一種傅柯式的「逆向話語」，它被洗淨了凝結著的歷史與現實的污垢之後，仍可以被爭奪過來繼續使用。弗洛倫斯．塔瑪涅（二〇〇九：七）指出，「同性戀」的概念可以沖淡個體經驗的無限差異，使「同性戀」與其他社群分離，從而使這一名稱指向滿足「同性戀」的所有政治標準的個體與群體，即排他性的吸引、完整的性關係、自承其身分、公然的戰鬥精神，這在現代身分運動中顯得十分必要。本書的論述亦採取「同性戀」的表述。

在實際經驗研究中，「同性戀者」這一概念較難操作化，因為有時它的意義很模糊，既可以指性行為，也可以指自我的身分認同。本書在概念的具體操作化中，自我認同為同性戀者的人士都視為實際或潛在的研究對象。

3. 同志（Tongzhi）

「同志」原為革命用語，表示「志同道合」的革命戰友，它更由於孫中山對革命志士的一句勉勵而廣為流傳：「革命尚未成功，同志仍需努力。」在蘇聯、中國共產主義革命時期以及毛澤東時代，該詞被廣泛使用。後經港台華人學者的推動，海內外的華人同性戀圈以及性研究者也採用「同志」一詞。周華山認為，「『同性戀』是表示疾病和變態的醫學用語，而『gay』、『lesbian』和『queer』等這些比較積極的分類是獨特歷史條件下盎格魯－撒克遜文化的建構，它們無法體現中國人同性關係的本土性特徵」（Chou, 2000: 2）。因此，他主張使用「同志」，大中華區的同性戀社群對「同志」一詞的接受很大程度上歸功於他。類似於英語中的「酷兒」一詞，「同志」也是一個囊括性的詞彙，它包括男同性戀者、女同性戀者、雙性戀者、跨性別者以及其他所有不同於異性戀取向的性少數派。

4. 拉拉（lala）

女同性戀者的稱呼，又稱「拉子」，源自台灣女同性戀作家邱妙津的《鱷魚手記》，英文

les 的諧音。

5. 酷兒（queer）

「酷兒」來自印歐語系的詞「twist」（「彎曲、曲折處、纏繞」的意思）。「酷兒」原本是一個空間術語，當它轉變成一個性學專門用語時，指的是一種不遵照「直線」的性態，這種性態被認為是「歪的」、「彎曲的」[6]（Cleto 2002:13）。「酷兒的世界是一個由充滿了入口、出口、非系統化的熟人網絡、突生的視角、類型化的實例、錯綜複雜的路徑、結點以及不成比例的地理組成的空間」（Berlant & Warner, 2005: 198）。「酷兒」也是一個統括性的稱呼，類似於華語中的「同志」，它包括男同性戀者、女同性戀者、雙性戀者、跨性別者以及其他各種性多樣化的人士。

6. 男男性行為者（men who have sex with men，ＭＳＭ）

ＭＳＭ是行為學概念，多用於防艾語境中。二〇〇六年開始施行的《艾滋病防治條例》中將「有易感染艾滋病病毒危險行為的人群」解釋為「有賣淫、嫖娼、多性伴、男性同性性行為、注射吸毒等危險行為的人群」。該條例用「男性同性性行為」一詞來代替「男同性戀者」的表述。這在一定程度上有助於減少和消除對「同性戀」的艾滋病污名（周丹，二〇〇九：七四）。但是，（男）同性戀者不等同於MSM，MSM也不一定是同性戀者，例如，大多數MB[7]不是同性戀者。

7. 性取向（sexual orientation）

性取向是個體在身體、情感與認知之間的互動達成均衡的結果，它對同性、異性或兩性或其他產生吸引、愛慾，並最終形成穩定的習性。

8. 性身分（sexual identity）

身分認同是心靈、自我與社會交互作用的結果。性身分包括社會性別身分及其相關的角色行為和性取向（Shively & DeCecco, 1977；Patterson, 2000: 1059）。社會性別身分包括個人對男性、女性或其他性別的基本觀念和自我認同；性別角色行為指個體在社會文化塑造下的角色扮演（如男性氣質、女性氣質或兩者兼有等）；性取向則指的是個人對性伴（同性、異性或雙性）的選擇。通常同性戀身分指涉多種不同的意義，諸如：(1)將自己定義為同性戀者；(2)作為同性戀的自我感受；(3)將自我想像成同性戀者；(4)同性戀者的生活方式；(5)與同性戀行為相關的一貫表現等（Cass, 1983/1984: 108）。

由於性身分概念含有固定、靜態的特徵，安德魯・霍斯泰特勒（Andrew Hostetler）和人類學家吉爾伯特・赫德特（Gilbert Herdt）曾提出「性生活方式」（sexual lifeway）的概念，以取代「性取向」和「性身分」，他們主張根據「性生活方式」中的文化和歷史變化重新考慮性分類法（Hostetler & Herdt, 1998）。

9.「同直婚」（gay-straight marriage）

同直婚，即同性戀者與異性戀者之間的事實婚姻，它往往是在異性戀者一方不知情的狀況下結成的婚姻。二〇一〇年前後，中國同性戀社群對這種婚姻的表述形式是「異性婚姻」，後逐漸改為「同直婚」，後者的表述更為準確。因為從形式上看，在中國當前的法律框架下，所有合法的婚姻都是異性婚姻。形式婚姻的對象也是異性，也是一種「異性婚姻」；異性戀者之間的婚姻在形式上也是「異性婚姻」。當然，「異性婚姻」包含了同直婚。「異性婚姻」的表述無情感色彩，類似於「兩性婚姻」這樣的客觀論述；而「異性戀婚姻」則指異性戀者之間的婚姻，它對應於「同性戀婚姻」。

10.形式婚姻（convenient marriage）

形式婚姻簡稱「形婚」或「形式婚」，這種現象又被稱為「假鳳虛凰」，它指男同性戀者和女同性戀者之間的無性婚姻。它可以是在男女同性戀者雙方相互公開性身分的基礎上組成的合法事實婚姻（它在形式上符合中國目前的婚姻法），也可以僅僅是臨時的、不具備法律實效的兩性在形式上的結合。不管以何種形式出現，其目的是為了應對異性戀家庭和社會加諸的各種壓力（主要是婚姻壓力）。通常，形婚雙方平時並不長期定居在一起，只在必要時湊在一起「演戲」。他們會操辦正式婚禮、進行婚姻登記領取結婚證，甚至進行財產公證；也有些同性戀者僅僅是進行場面上的或純粹是形式上的應付，各種情況因人而異。形式婚姻是同性戀者在無法應對社會壓力，又不願意公開性身分情況下的權宜之計。

第一章

中國同性戀的現實環境與話語演變

蘇格拉底：「去一個美男子那裡，就得打扮得漂亮點。」「我除了愛本身，一無所知。」

——柏拉圖，二〇〇三：八，一八

同性戀問題並非只是性愛史的一個次要部分，它在社會形態和表現的歷史上自有其地位，它作為一種吸引或反感的作用揭示一個社會的幻想和恐懼。

——塔瑪涅，二〇〇九：一三

同性戀是一種複雜的、多維度的現象，其主要特徵以極為或然的（contingent）和多樣化的方式彼此相互聯繫著。

——Laumann, Gagnon, Michael, & Michaels, 1994: 320

在二十世紀的歷史進程中，作為現代性後果的中國同性戀話語經歷了顯著的轉變過程。尤其是自從二十世紀末以來，在「酷兒全球化」的趨勢下，中國同性戀從「疾病」、「變態」、「政治上不正確的性關係」轉變成「非病理化」和「非罪化」的主體間人格關係。但是，當前的同性戀敘述存在話語壟斷現象，主體自主性的話語、知識和聲音被總體化的宏大敘事所壓制，這種壓制不僅來自異性戀社會，亦來自同性戀社區本身。

一、同性戀者的社會環境：寬容或忽視

二十世紀九〇年代後期以來，中國同性戀者的法律地位、醫學分類以及社會能見度等都逐漸發生了一些變化。在國家層面上，一九九七年刑法修訂取消了原先在實際執行過程中隨意性較大的流氓罪，從此，之前作為法律依據懲處同性戀的「流氓罪」在中國的刑事法律中不復存在，[1]這被認為是中國同性戀的「非罪化」。二〇〇一年四月，「中華精神科學會」在出版的《中國精神疾病分類與診斷標準（第三版）》（CCMD-3）中，把同性戀從精神疾病分類中刪除，[2]這被普遍認為標誌著中國已將同性戀非病理化。伴隨著同性戀「非罪化」和非病理化的進程，尤其是九〇年代以來中國大陸湧現出大量同性戀題材的影視和文學藝術作品，公眾對這一現象本身的認識也有了顯著提高。在學術界，不同學科從各自的視角和立場出發對同性戀議題進行了探討，如法學針對同性戀權益和同性婚姻立法；心理學關注同性戀者的心理和精神狀況；醫學研究則從早期對同性戀者的診斷、醫治到現在對艾滋病的防治，它在理論和實踐方面發揮著重要作用；社會學主要對同性戀社群進行經驗研究，包括同性戀活動的場所和方式、所占人口比例、性格特徵、

生活方式、行為規範、感情與性行為等，以及大學生群體的同性戀現象和公眾對同性戀的態度、社會污名等；歷史學則梳理了中國傳統文化中的同性戀現象；其他的學科，包括文學、哲學、倫理學等，也從自身專業的角度進行了探討。

在當代世界，多元性已經廣泛融入到全球化與本土化的進程中。不同文化的性態通過數字化媒體、國際移民、消費、旅遊、大都市國際化等滲透到其他文化，從而產生性態的混雜現象以及相應的流散文化。對此，有人視之為性文明和性文化衝突的表徵，有人擔心全世界的性生活會變得趨同與單一，即日益標準化、同質化，甚至「麥當勞化」；同時，也有人看到過去多元的性態正展現在未來新的多元化趨勢之中。性態是多元的，而在全球化時代這種多元性正變得日益明顯和具有世界性，這種現象被稱為「全球的性大雜燴」、「性態的巴爾幹化」[3]或「性態的克里奧化」[4]（Plummer, 2011）。隨著這種同性戀「普世主義」的發展和生存環境的改善，中國國內不少同性戀研究開始了「尋根」之旅，即從歷史文獻中挖掘與再現中國傳統社會的同性戀現象，為今天同性戀身分的合法性尋找歷史與文化淵源。在這個過程中，海內外的一些學者認為，中國傳統社會和文化對同性戀持「寬容」的態度。在中國古代，同性愛慾的典故，如「分桃」、「斷袖」、「彌子」、「泣魚」、「龍陽」、「婁豬艾豭」和「鄂君繡被」等，成為佳話廣為流傳。文人騷客對「男色」現象的論述沒有類似於西方社會宗教譴責的論調；即使對「男色」有嘲諷，也不是基於宗教論點（周丹，二〇〇九）。中國傳統社會只在清代有過懲罰「和同雞姦」（非強制性的男性之間的肛交行為）的法律，而清末修律廢除了這樣的法律（郭曉飛，二〇〇七）。

李銀河（一九九八；二〇〇三：一四〇－一四一）認為，同性戀在中國傳統社會的處境不是面臨嚴酷的迫害和極端的仇視，而是主流社會的忽視和蔑視。在她看來，中國傳統社會對同性戀的「溫和態度」有其歷史和文化的原因：第一，中國人往往憑世俗的平常心和直覺來評價人與事。既然同性戀於他人無害，就與他們無關，因此不會對同性戀有太過偏激的看法。第二，中國文化強調生育，由於同性戀活動不會產生生育，所以容易被人忽視，不被認為是嚴重的罪行。第三，中國文化源遠流長、根深蒂固，中國人對自己的文化有足夠的信心，因而不必擔心被異己的文化或亞文化所同化。所以，中國人對於與自己不同的文化往往採取不屑一顧的態度，因而不至於殘酷迫害它。潘綏銘（二〇〇六）則從建構主義的視角出發，將同性戀置於「性態」的範疇中加以探討，認為中國古代的任何一種意識形態都從來沒有把性僅僅看作是一種生物本能，更沒有把它看作僅僅是一種快樂的來源。也就是說，中國古代其實不存在單純的性，只有經過社會建構與文化解釋的「性」。同性戀在中國古代一直沒有受到嚴厲的懲罰，是由於它被解釋為陰陽交合的一種變異形式，也就是「把男人當作女人來用」。正是因為陰陽哲學承認它客觀上的可能性，所以社會才寬容它。傳統社會不嚴厲鎮壓男同性戀者是因為在男女截然二分並利用女性的前提下，社會不知道該如何對待根本沒有女人參與的男同性戀行為。反對賣淫、通姦、強姦等都是為異性戀設立的社會規範。結果，在哲理上最為「反常」的同性戀，反而在實際上獲得了比異性戀更大的空間（潘綏銘，一九九五：四二六－四二七）。在潘綏銘（二〇〇六）看來，中國性文化的發展演化，既不是生物力量的推動，也不是思想觀念與道德取向的作用，而是統治階層的兩大目標「形塑」的結果：一個是以道德優越性來獲得政治合法性；另一個是「爭奪激情」。李銀河與潘綏銘對同性戀「寬容說」的解釋可以分別被稱為「文化優越論」與「男權至上論」。[5]張在舟（二〇〇一：一九－三二）指出，中國古代對同性戀普遍持「傾向於中立的反對態度」，並且這種態度具有一定社會和文化的穩定性和延續性，數千年來沒有發生顯著的變化。古代男風以一種「曖昧的狀態」存在於社會之中，它處於「中立的態度和堅決反對的梯度之間」。中國古代對同性戀比較寬容，男性只要能娶妻生子、延續香火，那麼他的私生活不會遭到道德的質疑；但由於傳統農業社會強調家庭秩序的穩定和價值觀念的統一，而同性戀對此是一種破壞性的因素，所以社會又極難以支持的態度對待同性戀。同性戀話語之所以具有這種模糊性，部分原因是由於同性戀現象在傳統中國社會的語言和文化中都是一系列「社會實踐」，而不是獨特的「社會存在」的體現，因此，它並不與異性戀實踐甚至婚姻相抵觸（Dikötter, 1995；周華山，一九九八）。

值得注意的是，上述闡述大多是從男性視角出發的，所討論的也主要是男同性戀現象。在傳統社會裡，家庭系統[6]、科舉制度[7]與男性旅居（如做生意、出遊等）這三種宏觀結構／過程是中華帝國晚期社會流動的主要渠道，它使得男性的社交圈、生活圈都以男性為主（Mann, 2000），這種情況下大大增加了男性與同性結交的可能性。男同性戀者被容忍，甚至被接受，至少在精英群體中如此，只要這種行為不影響生育義務。在清代，對男性和女性賣淫的容忍顯示了總體上對男性性態的自由放任態度。法律尊重男性從女性，甚至從男性那裡購買性服務。雖然在晚清時期，新儒家與滿族嚴格的道德主義相結合，使反對同性戀的態度有所增加（Ruskola, 1994），但這些反對僅限於與婚姻有關的性行為，而不是對同性戀行為本身的譴責。此外，儘管仍然受到父權制和生育使命的束縛，但一個基本的事實是，前現代中國社會對女同性戀沒有嚴加規訓與管制，更談不上病理化和罪化。在中華帝國晚期的檔案、醫學論文和法律條文中，根本沒有討論婦女同性之間的愛／慾望。蘇成捷（Mathew Sommer）在研究清代司法體系中「不合法的性」和相關的案件時發現，「在清代或更早的法律條文裡，根本沒有涉及女同性戀行為，更不必說禁止」（Sommer, 2000: 115）。女性的愛慾被視為非道德的灰色地帶避而不談，但它沒有被妖魔化為一種罪惡。女女情感上和生理上的親密關係不是道德訓誡的對象。二十世紀的評論者們將傳統中國社會容忍女性間的性關係解釋為「女性之間的性愛非常適合一夫多妻的婚姻制度」（Sang, 2003: 46）。

有意思的是，在被稱為同性愛慾黃金時代的古希臘社會，它對同性戀的寬容也具有強烈的父權制色彩，但這種寬容不包括女同性戀。古希臘人對女同性戀的反感可以理解為男性生殖器中心觀的必然產物。「正常的」性態都是男性的慾望居於中心。古希臘人不贊成成年公民之間的同性戀關係，它不允許一個成年的公民成為一個被插入者。這也許是蘇格拉底在《會飲篇》中倡導童貞的同性關係的另一個原因（波斯納，二〇〇二：五八）。在古希臘，與性發育不成熟的年輕人發生性關係要受到懲罰，有時甚至非常嚴厲（利希特，二〇〇八：三五五）。古羅馬人對同性戀的態度與中國傳統社會有些相似，即寬容但不縱容，「對這種非正統的愛情和放蕩的行為，既予以指責，又能夠容忍」（韋納，一九八二／二〇〇三：三〇）。中國文化既不支持也不接受同性戀，家族－親屬系統和對男女婚姻的壓力給同性性愛實踐設置了有限的邊界。人們也許會流言蜚語，但很少會採取實際行動反對同性戀。同性戀在本質上並不被視為邪惡或罪孽，中國社會幾乎不存在歐美國家常見的對同性戀者的各種攻擊現象。因此，西方意義上的「恐同症」這一詞，可能會闡釋過度——似乎中國文化反對同性戀是由於它是一種罪孽或變態，或者闡釋不足——以為中國人將同性戀理解為一種類屬或本質化的類型。這兩種意義上的「恐同症」都沒有抓住中國文化態度的獨特性（Chou, 2001: 30）。

傳統的觀點通常認為，中國人是集體主義取向的，畢竟傳統時代的中國人生活在幾世同堂的大家庭，中國文化背景中的個體並不被視為是屬於他自身或某個獨特的人，而是被所有重要他人共享。從儒家思想來看，個體是在一個結構化的、社會交互性的關係網絡中被定義為一種關係性的自我。因此，身分不是由個人本質性的東西加以定義，而是圍繞著家庭和親屬結構建構而成。倘若不存在身分的本質，而僅有受各種不同的社會關係約束的道德正確的行為，那麼可以認為不存在性本質，而只有根據不同的社會交互類型確定的正確的性行為。所以，如果一個人違反了社會期待或者縱慾過度，其性行為僅僅是受到譴責罷了。按照這種邏輯，可以說在傳統中國文化中不存在「同性戀」或「同性戀身分」。因此，中國文化強調行為，而不是其存在屬性，它譴責、拒斥的是類似於當代西方社會中獨立於異性戀的婚姻設置、脫離家庭的自我認同的同性戀者（Kong, 2011: 151-152）。中西方社會對同性戀的不同態度還與兩者不同的文化結構有關。潘乃德（一九四六／二〇〇九）認為，東西方文化之間是「罪感文化」（guilt culture）與「恥感文化」（shame culture）的差異，罪感與恥感由佛洛伊德所謂的社會化的「超我」意識產生，與受內心制約的罪感文化不同，東方的恥感文化依賴於外部的制裁。在這種差異文化下分別形成了兩種不同的社會類型，即罪感社會與恥感社會，前者的文化是罪感的，產生罪感取向人格，後者的文化是恥感的，產生恥感取向人格（朱岑樓，一九八八）。這種區分的另一個重要意義在於，罪是可以取消的，但是恥辱卻難以改變。這種社會文化結構的差異深刻地影響了中西方社會中同性戀者的生存方式。[8]

在歐洲性學[9]引入之前，中國社會對本土性的同性戀概念（如「好男色」、「對食」[10]等）的態度基本上是中性的。中國傳統社會和文化既沒有完全否定同性戀的價值判斷，也沒有視之為性慾的「變態」或「顛倒」，更沒有將它與「疾病」相提並論並要求矯治或罪化。馮客（Frank Dikötter）指出，在二十世紀的中國，同性戀甚至從未被看作一種特殊類型的越軌行為，它與其他一切婚外的性（賣淫、雞姦、強姦、通姦等）受到國家和社會的壓制，是因為它們無法導致婚內的合法生育。因此，對同性戀的反對不是將它作為一種特殊的、界限分明的「類別」和「身分」，而是將它與所有違規的性囊括在一起而受到規訓、懲罰與管制（Dikötter, 1995）。然而，我們這裡並無意建構當代同性戀者天堂的「東方烏托邦」，中國社會對同性戀的「寬容說」遠非現實的全部狀態。在毛澤東時代，同性戀行為遭到嚴厲的打擊甚至判刑；在後毛澤東時代，儘管政府沒有立法懲戒同性戀（同性性行為）本身，然而缺乏對同性戀的罪化並不意味著在中國同性戀者的生活是無憂無慮的。政府以各種難以預測的理由定期進行「公共道德」的淨化行動，諸如關閉酒吧、查封出版物甚至實施逮捕。「這種壓制方式不是共產黨所特有的，它與在美國仍在發生的警察騷擾很相似」（Rofel, 2007: 96）。而且，在一九九七年之前，「流氓罪」是懲處同性戀行為的法律依據。同時，家族對傳宗接代的期待以及艾滋病時代的社會污名等，使同性戀者陷於本能的慾望與社會教化的責任／道德的糾葛與鬥爭之中。

在繼續探討當代中國同性戀的處境之前，有必要簡單地回顧一下現代西方對同性戀的研究，尤其是「同性戀」和「恐同症」產生的現代性條件、同性戀話語與主體的身分建構以及性學／同性戀研究中本質主義與建構主義的範式之爭。本書將近代中國同性戀話語的產生及演變過程置於東西方知識生產的連續譜之中，從而探討其特殊性和普遍性，這對於我們更好地理解中國同性戀的現有生態不無裨益。

二、現代中國同性戀話語的發軔及演變

（一）民國時期的同性戀話語

二十世紀初的中國，國衰民弱，見識了西方先進科技文明的中國知識分子紛紛尋求救國救民之道，百年積弱，誰可中興？知識分子寄希望於「民主」、「科學」來強國富民。在西學引入的時代潮流下，現代中國同性戀話語的產生與演變不可避免地受到西方「性科學」影響。公共領域中同性戀話語的出現與西方性科學的譯介密切相關，民國時期也成為同性戀話語演變的關鍵時期。

同性戀話語在二十世紀初中國的浮現正是西方性科學參與中國現代性的知識建構和重構進程的結果。整個二十世紀，中國的性是「與西方權力進行不對等對話的文化產物」（Rofel, 2007: 95）。在這個進程中，引入西方「性科學」成為「性產生新意義的催化劑」（Sang, 2003: 277）。隨著將異性戀婚姻制度外任何一種性關係病理化話語的出現，同性慾望（尤其是女性之間）日益受到關注。性通過複雜的轉譯過程成為公共領域的話題和知識的對象，它不再局限於親屬關係和家庭之內，而成為社會精英共同關注的話題（Sang, 2003）。通過分析一九一五年至一九三五年間有關性方面的出版物，馮客認為二十世紀初西方的性話語與中國幾個世紀以來的古老觀念進行了碰撞，結果使中國社會的同性愛慾被西方「性科學」捕獲，成為醫學化、病理化的對象，最終被認為是「性倒錯」和「性反常」（Dikötter, 1995）。在西方「性科學」的旗號下，同性戀由傳統

中國社會裡的一種「雅號」、「癖好」和「風習」，逐漸演變成「性變態」、「異常」、「性倒錯」和「疾病」。

在西方歷史上，自一八六九年「homosexual」這個詞正式用以表達同性戀現象之後，homosexual/homosexuality 通過精神病學家和性學家的著作在歐洲流傳開來。十九世紀末，西方的性科學儼然將自己打扮成「一門專家話語、一種新知識的大典和我們身體真相的提供者」，作為一項運用於闡釋身體的啟蒙計畫，它不僅重新塑造原有的性關係，而且還發明了產生新規範和真理的分類法（威克斯，二〇〇二：二九六）。它將「同性戀者」劃為另類的族群，從而人為地建構了一種新的二元分類體系，正是這種「異性戀－同性戀」的二元對立體制統治著二十世紀的性學思想，並一直影響到今天的東西方世界。傅柯（一九七六／二〇〇五）亦呼籲關注在十九世紀的歐洲形成的性心理學所發明的「同性戀人格」。自此，同性戀成為醫學診治的對象，不斷地賦予病理化、污名化的標籤。

民國初期，同性愛慾開始被人們稱為「同性愛」、「同性戀」[11]現象，這一稱謂並非中國傳統文化的延續和發明，也並非從十九世紀末二十世紀初歐洲性學中的「同性戀」這一術語直譯而來，一般認為它是從日文轉譯而來。傳統中國文化中沒有這樣一個可兼用於男女同性性行為的術語，人們通常稱男同性戀為「餘桃」、「龍陽」、「斷袖」、「旱路」、「兔子」、「相公」等，而以「磨鏡」、「對食」等稱謂隱晦地指稱女同性戀。隨著西方性學思想的引介，漢字

「性」也被賦予新的含義。在這之前，「性」沒有sex的意思，在儒家學說裡，「性」的本意即「人性」。《孟子・告子上》中的「食色，性也」，《三字經》中「性相近，習相遠」等論述中，「性」都是「人性、本性」之意。直到二十世紀二〇年代，大量歐洲性學家的著作被介紹入中國，在這些醫學權威和性學家的影響下，諸如「性倒錯」、「性變態」等關於同性戀的病理化用語也開始傳入中國，並被當時的公共知識分子所採納。

中國社會發生同性戀觀念的轉變，也與其自身的社會與文化根源有關。事實上，前現代社會對男人之間的性沒有形成一致的看法，也並非被「普遍接受、甚至受到尊敬」。除「龍陽君」、「分桃之好」等褒義稱呼外；還有「斷袖癖」、「南（男）風」、「走旱路」等中性稱謂，以及「人妖」、「屁精」、「兔子」等貶損性指稱。同時，歷史上也存在對「南風之好」的負面理解（如「男寵亂政」曾被視為王朝覆滅的惡兆），正是這些本土性的觀點成為中國文化接受現代西方異性戀－同性戀思想的基礎，它與西方對同性戀的病理學定義結合，被用來解釋民族的病態，並譴責男同性戀導致政局動亂與民族災難。西方性學將同性戀病理化，或視之為行為越軌現象，從而將它降低為一種個體的心理問題；而在中國，作為現代知識形式的性學則將同性戀視為社會與民族問題（Kang, 2009）。中國同性戀病理化也與中國文化的深層結構有關。中國人人格特徵中的「身體化－聯結」（somatizing-and-consociating）的結構使中國文化缺乏心理化的符號介質，這不僅與過於心理化的當代美國文化相比如此，即使與亞洲的印度和日本文化相比也是如此。對西方人而言是個人的或情感的問題，卻被中國人身體化為生理疾病或外化為人際間的、道德的問題（Sun, 1991）。對中國人的精神病學研究表明，西方人傾向於將憂鬱症和其他神經官能症概念化為「內在精神的、實存的體驗」，而在中國人那裡，「這些問題則最頻繁地被經歷為身體性的和人際官能障礙」（Cheung, 1986: 179）。

民國時期的同性戀話語經歷了一個從包容到抑制的轉變過程。民國早期知識分子對同性戀的態度是不確定的，從二十世紀二〇年代到四〇年代的轉變過程中，讚頌同性戀的自由話語越來越弱，取而代之的是建構在「正常」與「異常」二元劃分基礎上的同性戀醫學病理化的理論，這個過程也是同性戀越來越多地受到批判、規訓與壓制的過程（Sang, 2003）。民國時期在法律上並未「引進」過同性戀，這一時期引入的西方同性戀話語主要是醫學話語，許多知識分子接納了這種病理化的同性戀思想。如周作人對納粹德國搗毀馬格努斯・赫希菲爾德（Magnus Hirschfeld）的性學研究所、大肆迫害同性戀時評論道：「夫同性戀愛為何物，性學中言之最詳，總之此是屬於醫生的範圍，而非軍警之事。」（周作人，一九三四／一九九五：二一九）在民國時期，作為西方現代性之產物的「同性戀」似乎從未進入過法律領域加以探討，在當時的公共知識分子看來，它是醫學領域的問題。正因如此，民國時期的同性戀從未在法律上明確地成為一個犯罪類別。總之，在西方性科學和本土同性戀文化的影響下，同性戀不可避免地被病理化，被認為是應該進行矯正和治癒的精神疾病，或者被視為個體生命歷程中暫時的過渡期現象，隨著年歲的增長，這些同性的相愛者會自然而然地步入異性戀婚姻，並完成生育使命。

（二）毛澤東時代及之後

一九四九年之後，同性戀被視為資產階級的腐朽產物和封建餘孽，而社會主義國家不存在這種現象。從此，雞姦行為取代了同性戀，同性戀慾望與身分被全部抹去，同性戀話語從公共領域中完全消失和隱退。[12]在毛澤東時代，除了對性、生殖和異性戀之間緊密聯繫的普遍假定，還將一切邊緣的性態形式驅逐出公共領域，並將它們建構為生物學上的變態、疾病或道德墮落的標記。由「本性」決定的固有性特徵成為唯一可接受的表達形式，它屬於異性戀的一夫一妻制邊界內，任何對這一邊界的違犯將導致疾病、生育障礙和家庭失調（Evans, 1995: 370）。二十世紀五〇年代之後，隨著中央集權的增強，國家權力控制了從中央到地方的一切媒體、出版和教育機構，官方性話語體現了國家權力意志——通過醫學、司法和教育等手段——的系統性部署，在這個過程中，醫學逐漸確立了作為官方性話語的主要生產者和推動者（Evans, 1995: 386）。儘管在毛澤東時代的法律文本中沒有明確懲處同性戀者的條款，但是在實際執行過程中，往往「法外施刑」。男同性戀行為遭到堅決地打擊，以「流氓」、「行為淫亂」、「壞分子」等名義進行懲處，有些甚至被判處死刑；而女同性戀則繼續被忽視。

這種狀況直到改革開放後的八〇年代末才有所改觀，此時民國時期關於同性戀病理化的、在西方早已過時的醫學思想又在公共領域中沉渣泛起，這些陳腐的觀念直至今天還影響著部分國人。也正因如此，尤其在二〇〇一年同性戀非病理化以前，中國國內醫學界對同性戀的「治療」可謂五花八門。對同性戀者的治療通常有行為療法（如厭惡療法等）和藥物療法（如性激素治療等）。根據當時一些報導來看，在實際治療中採用厭惡療法較為普遍，如厭惡條件反射聯合認知行為療法、內隱致敏合併厭惡治療（具體方法是：讓患者想像引起同性戀念頭的情景，當出現慾念時給予電擊，休息三分鐘再重複一次，每次治療重複三次電擊，每天一次治療，十天一療程；另外，令患者回家同樣想像引起同性戀念頭情景，出現慾念時聯想電擊情景）。另一報導稱，採用疏通、矯正、引導三階段方法可治療同性戀，中心環節矯正階段採用藥物作為刺激的厭惡療法，它利用同性裸體照片誘發患者產生性念頭再注射藥物引起噁心嘔吐。還有運用深度催眠情景誘導下的電擊（一百伏特高頻脈衝）厭惡治療同性戀（王志超，一九九七）。這些對同性戀者的各種「治療」手段如果施加在異性戀者身上，恐怕也會產生對異性（暫時的）厭惡心理，而且對所謂的「治癒者」今後是否會出現性取向回轉的現象也沒有持續地跟蹤研究。這些「治癒者」是否被永久改變性取向或者之後是否過著與異性戀者一樣「正常」的生活，從已有的文獻來看，我們不得而知。誠如張北川（二〇〇六）所言：「一個人進入痴迷狀態，其性取向是可以改變的，但這種改變不是一個愛同性的人變成一個愛異性的人，而是變成一個沒有性的人。」另外，這些報導「治癒」的例子中不排除可能是雙性戀者。這是一種酷刑，一種肉體上、心理上的殘酷折磨，是一種醫學建構的暴力。對那些主動尋求治療的同性戀者而言，社會的壓力已內化為同性戀者自身的壓力，從而使一個不是問題的問題成為真正的問題。這類似於十九世紀末二十世紀初西方醫學界將同性戀視為疾病的情況。當時的精神分析學家相信同性戀是由精神病患者的父親缺席／軟弱而母親強勢所引起的；內分泌學家採用荷爾蒙治療法，以減弱同性戀者的性慾；丹麥和挪威甚至粗暴地採取閹割同性戀「患者」的方法；英國的醫生們則施行厭惡式療法，誘使男同性戀者每次看到男性裸體就嘔吐（麥克賴倫，二〇〇七：三一九）。即使在中國大陸對同性戀非罪化、非病理化二十年後的今天，公眾、媒體、學界，甚至同性戀群體內部仍有不少人將同性戀視為一種需要醫治的變態、疾病或難以啟齒的道德淪喪行為。

從上述的簡要探討來看，二十世紀初以降——尤其是「五四」時期——創造了一大批與性有關的新詞彙，從而形成了新的性話語體系。隨著中國開啟現代化進程，中國同性戀者的生存狀態、社會處境開始與西方同性戀者的命運息息相關。與其他非西方社會一樣，中國也難以拒斥西方文化的影響，也就是說，同性愛慾者的身分、生存處境的變化在全球化的大趨勢中可能無法避免。回顧同性戀話語的歷史演變也提醒我們有必要關切當前語境下全球化與本土化之間的契合問題，探究中國傳統文化在遭遇西方文化時為何顯得如此被動。儘管我們可以探討東方文明與西方文明之間的種種差異現象，並以此類差異與不適而產生的被迫調適、妥協與揉雜視為所謂的「本土化」甚至「中國模式」，但這恐怕只是一廂情願的自說自話。

（三）後毛澤東時代的「性」

從毛澤東時代到後毛澤東時代，中國官方的話語經歷了從「革命話語」向「改革話語」的轉變，同時，「社會主義的公民身分」也轉向「市場導向的公民身分」（Plummer, 2011）。二十世紀九〇年代以來，官方的宣傳和日常生活語言中出現了第三種話語，即「文明話語」，它是愛國主義、傳統主義和消費主義的混合體，號召培養一種新的意識，它不是基於階級鬥爭或致力於物質上的富裕，而是強調「文明」、「素質」（Anagnost, 1997; Jones, 2007）。

在論述中國的性革命時，西方學者傾向於分為截然對立的兩個時期，即「清教徒式」的毛澤東時代和「解放的」後毛澤東時代，並認為性革命是對國家壓制的象徵性政治反抗。在當代文化研究中，對毛澤東時代的分析亦存在兩種不同的態度和處理方式，這兩種方式都將性表達作為理解過去、現在和將來的主要手段（Larson, 1999: 423）。第一種是將它看作一個性壓抑的時代，同性戀基本上被從公眾領域中抹去，在印刷媒體上也從此消失。艾華（Harriet Evans）的研究表明，在二十世紀五〇年代到七〇年代，婦女和青少年組織的刊物中沒有涉及同性戀的官方性話語，中華人民共和國早期更是宣布中國大陸不存在同性戀現象（Evans, 1997: 206）。在毛澤東時代，婚前男女親密關係可能比同性戀關係更加受到禁止，而男男性關係一經發現便遭致懲罰，儘管「這種行為被認為是性別越軌或雞姦，而不是同性戀」（Sang, 2003: 167）。另一種是以革命意識形態重新闡釋過去，將毛澤東時代重新闡釋為感官的、性慾的革命愛慾主義。傅柯在《性史》第一卷中顛覆了傳統維多利亞時代的「性壓抑假說」，認為維多利亞時代的性並非是不可言說的禁忌，與之恰恰相反，性「話語實踐」沒有屈從於限制，從性學到司法機構，性是一個被廣泛討論和監管的實體。傅柯的質疑在某種程度上轉變了近些年來西方學者對毛澤東時代中國人性壓抑說的看法。如伊萊恩．傑弗里斯（Elaine Jeffreys）指出毛澤東時代遠非「清教徒式」，因為色情書刊、同性戀行為、婚外戀甚至賣淫等現象在這一時期仍然繼續存在（Jeffreys, 2006）。但她同時指出，認為後毛澤東時代體現出一種直接對抗國家的性革命顯得過於簡單化，後毛澤東時代的確推動了性革命，性體驗變得更自由和多元化，產生了探討性以及性權利的新空間，但是性表達仍繼續遭到壓制。

不管怎樣，可以肯定的是，二十世紀九〇年代以來中國的公共領域中確實出現了傅柯所謂的性的「話語爆炸」，媒體、影視文學作品、互聯網等公共領域充斥著性的聲音。出現這種現象的原因，至少可以從三個方面去考慮。

第一，經濟改革促使中央政府推行一系列政策發展市場經濟，並將計畫經濟去中心化。經濟改革在社會、政治和經濟生活的方方面面產生了深刻變化，在官方或大眾的聲明中，「經濟改革是為了根除在修正主義者的立場看來代表毛澤東式社會主義的『非自然的』性別政治」（Rofel, 2007: 4）。性的表達成為現代社會生活不可避免的組成部分，性產生了「慾望主體的個體化」（Larson, 1999: 427），這種民主化進程第一次使得人們以積極的、獨立的能動者身分看待自身，並尋求真實的內在自我——無論是性的、所有權的或其他世界主義的。在羅麗莎看來，如果說社會主義的權力運作於「思想」領域，那麼後社會主義的權力則運作於「慾望」（Rofel, 2007: 6）。這種內發性的經濟改革及其產生的政治穩固化效果，進一步催生了「慾望」的消費主義。

第二，受艾滋病的影響。艾滋病曾被稱為「世紀瘟疫」、「上帝在祂花園裡的除草方式」。自從一九八五年中國大陸發現首例艾滋病病例，在人權意識的覺醒和預防艾滋病的雙重促動力下，中國官方開始「發現」同性戀者，從此，同性戀得以正式進入官方話語系統。傑勒德·沙利文（Gerard Sullivan）曾指出，獨特的環境會影響文化和實踐形式，艾滋病在一些極權主義國家導致了對同性戀者的寬容，因為它需要教育來預防疾病的蔓延（Sullivan, 2001）。可以這樣說，當前關於同性戀社群的研究以及ＬＧＢＴ族群有一個相對良好的社會環境，並得以開展各種組織活動（各類同性戀組織申請經費也是大多以「防艾」的名義，由於女同性戀社群的艾滋病感染率較小，因此其活動經費要比男同性戀組織少很多），都「得益於」艾滋病的出現。目前很多關於同性戀的研究都是針對ＭＳＭ人群性行為的研究，其目的大多是為了預防與控制艾滋病；而人文、社科方面的研究因為缺乏經費而嚴重滯後，更不必談同性戀人權保障與同性戀社會運動。童戈（二〇〇七ａ）曾說，我們是在一個沒有對「同性戀歧視」進行過自上而下大掃除的政治與社會環境中，而由艾滋病逼迫著、認識上滯後而又被動地開始ＭＳＭ人群的「防艾」干預工作。[13]

由於同性戀者的隱匿式存在，不願意公開自己的性身分，以及同性戀者與異性戀者的結婚率很高，並且存在雙性性行為，這些現實狀況使中國目前的「防艾」形勢依然很嚴峻。[14]另外，ＭＳＭ人口（尤其是ＭＢ）的流動性很大，互聯網的普及更是便利、加快了這種流動以及偶然性行為的發生機率。在同性戀相關議題的討論中，艾滋病的「去同性戀化」（Degaying AIDS）也需要提上日程，以將同性戀從艾滋病的污名中祛除。

第三，不可抗拒的全球化。當代中國同性戀身分和實踐的出現與同性戀者的跨國網絡溝通有著緊密聯繫。一九九五年，在北京召開的聯合國第四屆世界婦女大會吸引了來自世界各地數以百計的女同性戀者參會，激發了中國「同性戀身分／認同的半公開化嘗試」（Rofel, 2007: 87）。在全球化的背景下，通過互聯網等即時溝通媒介，中國同性戀者活躍在世界的舞台上，諸如參與同性戀社區精英培訓、世界同性戀運動會、世界同性戀健美先生大賽，以及各種跨地域／國界的巡遊活動和組織之間的聯誼等，本土同性戀者的生存和思想狀態日益與世界、尤其是西方發達國家的同性戀群體相趨同並彼此交織在一起。

值得注意的是，中國在公共領域中出現的同性戀話語並非完全是西方意義上的。在現代的、「流動的」（鮑曼意義上的）大眾社會裡，中國同性戀者目前尚未形成一種「集體性」的身分，大多數情況下只是作為原子化的存在，儘管這種狀況目前正在逐漸改變。民國時期的「同性愛」主要「以一種主體間的關係出現在公眾話語中，它不是西方意義上的『人格類型』或身分」（Sang, 2003）。而到了九〇年代，當外國居民大量湧入中國的國際性大都市時，也沒有帶來大規模的同性戀巡遊活動，「全世界人口的匯聚沒有產生一種同性戀的身分／認同」（Rofel, 2007: 86）。新的同性戀主體仍有待創造，它遠未達成一個自覺、自為的性少數族群。在儒家文化和共產主義意識形態結合的背景下，作為一種文化的或政治的建構（而不是在醫學建構的意義上），同性戀身分的意義以及同性戀本身都值得重新定義和商討。

（四）尷尬的主體

中國官方一直拒絕承認同性戀現象的合法存在，在同性戀「非罪化」和非病理化之前，同性戀者在法律、醫學和道德實踐中作為懲罰、醫治和譴責的對象頻頻出現。儘管最近十多年來同性戀者的法律地位得到了些許改善，但他們仍類似於范金納普（Arnold van Gennep, 1908/1960）所說的處於「閾限」（liminal）狀態的人，這類人在「法律、習俗、傳統和儀式指定並分派的各種位置之間懸而未決」。例如，中國現行的婚姻法規定婚姻雙方必須是異性，同性婚姻在中國仍不許可。[15] 法律也沒有對性取向作出任何區分，從某種意義上而言，對同性戀的壓制並非是為了促進性別中立的司法制度，而是為了維護僵硬的性別角色規範。與此同時，絕大多數同性戀者不得不選擇在「他者」面前隱匿自己的性取向，他／她們中的一些人甚至內化了社會污名、恐同症，成為自我憎恨（self-hatred）的同性戀者。作為一種「結構性不公正的道德奴役（moral slavery）」（Richards, 1998: 458）的結果，法律地位的含糊不清甚至缺失、強制性異性戀以及自我憎恨等狀況，正以非正當性的理由限制和剝奪著同性戀社群的基本權益。

由於這種主體的不可見性，西方社會較為明顯的「同性戀攻擊」現象在中國社會中較為少見，普通民眾針對與性取向有關的侮辱也較少。但中國社會依然存在偏見，許多人視同性戀為不正當的、令人反感的。國家新聞出版署《關於認定淫穢及色情出版物的暫行規定》（一九八八年十二月二十七日）第二條明確規定：「淫褻性地具體描寫同性戀的性行為或者其他性變態行為，或者具體描寫與性變態有關的暴力、虐待、侮辱行為」屬於「淫穢出版物」。[16]在這一規定下，很多同性戀題材的文學、影視等藝術作品的公開發行、出版、展覽都非常困難。更重要的是，「中國的言論審查並非是在法律框架下進行的，對相關表達的禁止，不是依據法律進行，自然也沒有辦法進入到訴訟當中，所以禁止表達的內容常常比法律規定更加擴大化」（郭曉飛，二〇〇八：九）。

此外，針對中國同性戀「非罪化」這一說，不少人持懷疑態度。郭曉飛（二〇〇七）認為一九九七年新《刑法》把流氓罪分解為若干罪名，這其中立法者並沒有為同性戀正名的意圖。中國「同性戀非罪化」是同性戀者為逃避流氓污名對西方的一些象徵性符號進行挪用的結果，這是一種話語策略，運用強勢話語來論證同性戀權利的正當性。但是，這種策略可能同時遮蔽了中國對於同性戀性行為的「罪」與「非罪」並不敏感的事實。倘若「非罪化」一說是一種「話語策略」，產生了立法者未意識到的「非意圖後果」，那麼，不管同性戀精英是否意識到，「非罪化」以及「非病理化」的這種話語的提出、流傳與廣泛接受，起到一種傅柯（一九七六／二〇〇五）所說的「逆向話語」（reverse discourse）的作用。在這種話語中，「同性戀開始為它自身的權益發出聲音，要求它的合法性和『自然性』得到承認，它們通常使用醫學上被取消資格的同樣的一套詞彙和類別」。它動員了一個相反的話語體系，來反對由它產生的規範化制度。「一種反向意義的可能性（在於）它開啟了另一種指稱，它超越了該術語以前被限制的範圍」（巴特勒，一九九七／二〇〇九：八八）。正如傑弗里・威克斯所言，性「個體化」類型學的鞏固對挑戰整個異性戀範疇體系產生了悖謬的影響（Weeks, 1985: 244）。最初，「同性戀」標籤被醫生、性學家用來描述與傳統規範相違背的類別，而一旦人們被貼上這樣的標籤，在「逆向」的肯定中，它開始訴求自身性身分的合法性。

這裡還應指出的是，目前的同性戀闡釋存在話語壟斷現象。同性戀社區能站出來發出聲音或願意發出聲音的是那些具備一定條件的社區精英人士，他／她們大多有著較高的學歷（不少人有海外留學經歷）、較強的經濟自我支持能力、良好的自我認同、能憑一己或眾人之力調動和利用各類資源為己所用，以及／或者已經向周圍的人甚至家人「出櫃」，他／她們的行為和思想源泉往往來自於西方的同性戀運動，受西方文化的影響較深。然而，同性戀精英視角並未能完全、充分代表中國普通同性戀者的聲音，制度／國家的視角很容易忽視微觀的個體生存狀態。普通同性戀者的失語存在於多個層面：首先，由於在國家法律、制度的層面沒有同性戀者應有的地位，它在法律上是不存在的，更談不上權利與保障，這一點對女同性戀者而言尤為明顯。這種制度性的忽視對普通同性戀者影響最深，因為他／她們往往比那些有很強自我意識和行動能力的社區精英更需要制度支持和文化包容。其次，媒體的集體失聲。同性戀者是一個不斷遭到社會質疑和大眾審視的客體，這種「政治上不正確的性關係」處於權力的神經末梢，它在公共話語中顯得尤為敏感。媒體的依附性使它屈服並投靠於政治權力的懷抱，與意識形態共謀形成對同性戀客體的一系列管控機制。再次，同性戀精英話語再一次掩蓋了普通的同性戀者，都市空間中的同性戀消費主義所提供的自由度取決於同性戀者所擁有的資本（魏偉，二〇一一），這種半公開的空間會產生新的區隔化。那些高學歷、有體面職業、身分認同良好的同性戀者的聲音取代了其他同性戀者，同性戀社群開始出現分化，這些積極分子大談同性戀社區中的「素質」問題，認為來自農村地區的ＭＢ破壞了同性戀者的公眾、媒體形象。與此同時，國外的性研究者在這些本土精英的協助下開展的一些調查研究，其對象也往往是這些同性戀社區的精英和活躍分子，即使不是將他們直接作為研究對象，也難以避免受這些人的話語和觀念的影響；這些西方研究者的調查範圍通常局限於同性戀活動家所屬的各種組織或經常光顧的酒吧，而難以接觸到更普通、也更真實的同性戀者。如果將西方學者的這些研究結論加以普遍化就抹殺了普通同性戀者的存在狀態。從某種意義上而言，同性戀精英助長了本土同性戀的全球化過程，他們不自覺地納入全球文化的生產體系，成為全球化翻譯機制的工具，成為文化宰制的推動者；而在日常生活的儀式與語言中，成為國家意識形態的同謀。

綜上所述，政治地位的不正確、法律身分的缺失、道德的唾棄、媒體的有意識遺忘、大眾的窺視慾、信息渠道與同伴群體的匱乏等一系列因素，促使普通同性戀者將自己隱匿在地下、躲避在「櫥櫃」裡、從公共領域中「自覺自願地」消失，由此形成的習得性無力感造就了同性戀者對政治的冷漠與權益意識的淡薄，阻礙著同性戀主體的形成和發展。

第二章

製造同性戀

同性戀者的性理想是自由自在的、快樂地愛著的(fun-loving)、羅曼蒂克的、非占有性質的夥伴關係。

——麥克賴倫,二〇〇七:三二四

對同性戀的分析以非常尖銳的方式強調了將性與權力、進而與政治連結在一起的紐帶。

——布迪厄,二〇〇二:一六三

傅柯一次在雅克·拉岡家吃飯時說:「當男人間的婚姻仍未被承認時,就沒有文明可言。」

——艾希邦,一九九七:一八三

作為十九世紀的發明,「同性戀」這一標籤重構了同性愛慾者,並使之成為具有共享身分與特性的族群。同性戀的歷史書寫、話語爭奪、性主體意識與現代性等要素共同參與了「製造同性戀」的進程。具體而言,同性戀身分的建構過程可以分為歷史尋根、經驗闡釋與族群建構三個階段,在不同的社會與文化中,可以區分出年齡-結構化、跨性別、職業化以及平等主義等不同的同性戀類型。現代性為同性戀亞文化的創造與發展提供了社會空間，現代同性戀世界呈現出一系列獨特的結構性特徵。

一、同性戀話語與身分的現代建構

（一）同性戀研究史

早期同性戀史的研究主要是努力搜尋和恢復那些由於史學的忽視和檔案管理學者、歷史學家等對這些資料的壓制而已經散失或者被埋入歷史塵埃的文檔、敘述和自傳。這些文檔和被復原的生活被首次構想為「同性戀」，這項工作也被稱為「歷史尋根」（Vance, 1991）。同性戀史的研究受湯普森（E. P. Thompson）社會史觀念的影響很大，它強調「自下而上的歷史」（Epstein, 1994）。二十世紀六〇年代，歷史學家的研究超越了民族政治、戰爭和外交，而轉向更為複雜的社會史。法國的年鑑學派、英國的劍橋人口研究小組和美國新社會史研究等，都促使史學研究轉向更廣泛的社會過程。此外，美國的黑人解放運動和第二波女性主義運動亦鼓勵人們研究普通民眾的生活史。在所有這些不同的促動因素中，女性主義的發展與同性戀研究的關係最為密切。最重要的是，女性主義將社會性別和性態轉變成政治議題，使之成為一系列關於權力和控制、抵抗和鬥爭的問題。女性主義將社會性別和性態視為一種社會建構而不是生物事實，這種觀念極大地改變了人們對同性戀的理解。

儘管西方學界對於何時出現同性戀身分的觀點並不一致。例如，傅柯（一九七六／二〇〇五）認為同性戀在十九世紀成為一種「生活類型」、「生活習慣」以及「人格」；英國社會學家瑪麗．麥金托什（Mary McIntosh）將現代同性戀的「結晶化」（crystallization）追溯至十八世紀早期（McIntosh, 1968）。而威克斯（二〇〇二：一六五）的觀點是直到十九世紀末甚至二十世紀中葉才出現同性戀身分。但是，這些研究都表明，出現「同性戀身分」的歷史並不久遠，至少在大多數西方文明中不會超過兩、三百年。前現代社會可能存在許多不同方式的同性性行為，但沒有同性戀身分，也不存在同性戀角色。十七世紀以後，性領域發生了一次話語爆炸，性話語在權力運作的範圍內不斷增加（傅柯，一九七六／二〇〇五）。傅柯將性行為到性人格的轉變歸因於三個因素，即性的重要性獲得總體性的增長；社會控制結構的普遍轉變，之前通過懲戒來反對特定行為，後轉變為建立在高度個體化規訓基礎上的控制；由專家（尤其是醫生）定義社會問題並執行社會規範的權力迅速增長。同性戀身分的確立過程伴隨著各種學術研究和社會運動。在傑弗里．威克斯看來，同性戀身分的歷史建構過程可以分為三個階段（Weeks, 1981a: 77-81）。

第一階段：主要以性學家——如理查德．馮．卡拉夫特－埃賓（Richard von Krafft-Ebing）、愛德華．卡彭特（Edward Carpenter）、伊萬．布洛赫（Iwan Bloch）等——的著作為代表，這些著作大多有著非常清晰的歷史階段劃分。這一時期的著者急於確立同性戀的特徵、與其他性形態的區別、歷史上對其病源論和社會作用的理解、與之相關的文化價值的變遷，以及政治、藝術和文學等領域中的同性戀歷史人物。這些努力以個體生活史的形式記錄著社會經驗，深刻地建構著現代同性戀的觀念。這些先驅性的工作為後人在其基礎上進一步研究提供了大量的資料，歷史上重要同性戀者的豐富文本大多在這種「聖徒傳記式」的研究中產生。

第二階段：主要與二十世紀五〇、六〇年代改革者的努力相關，該時期將前一代研究者確立的研究框架視為毋庸置疑的，同性戀被看成是一種獨特的社會經驗，研究者的任務是詳細地對此進行說明，其結果產生了一系列文本和大量的經驗研究，儘管這些研究未能將內在的矛盾充分理論化。復興歷史的一個重要方面是通過形形色色的運動以試圖改變法律和公眾態度，同性戀的歷史研究也不可避免地聚焦於此類議題。源自十九世紀性學家文獻中的假設性區別——即「性變態」（一種道德虛弱的產物）和「性倒錯」（天生的，因而無法避免）——在教會的爭論中具有重要意義。歷史學者利用金賽提供的統計數據、人類學家跨文化研究的證據以及一些民族志研究提煉出歷史上同性戀經驗的共性，開始尋求那些能夠影響公眾態度的力量。

第三階段：與第二階段有重合之處，但出現的聲音更加多元化，它可以被視為二十世紀六〇年代末和七〇年代歐洲和北美出現的更為激進的同性戀運動的直接產物。該階段的特徵是重新肯定「丟失的經驗」之價值，強調同性戀積極的一面並尋找社會壓迫的來源。早期主要致力於恢復同性戀運動本身的前史（尤其是在德國、美國和英國），之後是尋找所謂的「族性」，即恢復和確證曾被歷史否認的性少數族群的經驗特徵。

二十世紀八〇年代之後，西方同性戀者繼續自我書寫，在不同的歷史與文化中記敘不同的同性戀經驗。不同的文化中，同性性行為作為更寬泛意義上的性別和性態形式，以不同的方式建構著各種可能性。肉體上的行為可能相似，但它們的社會含義千差萬別，也正是在這種意義上，傑弗里·威克斯堅持認為「不再可能談論一個普遍存在的同性戀史」（Weeks, 1981b: 97）。

基於對同性戀史的敘述以及人類學家對某些被現代工業文明遺忘的原始部落的研究，學者們開始提出在不同歷史時空中存在不同的同性戀類型。一九八六年，人類學家吉爾伯特·赫德特（Gilbert Herdt）在印第安納大學金賽研究所的一次演講中提出了三種同性戀類型（Weinrich, 1987/1990）：

(1)「基於年齡差異的同性戀」（Age-Biased Homosexuality）。這種類型的同性戀關係遵循當地傳統習俗，通常發生在年齡、經歷或權力差異較大的兩個伴侶之間。比較典型的是古希臘時期的同性愛慾現象，愛者（the lover）被期待著能喚起被愛者（the beloved）的情慾或迷戀於被愛者，送給後者禮物並以自己的豐富經驗教導他。關於愛者應該送什麼樣的禮物給被愛者有著特定的規則，不同的禮物象徵著他們關係發展的不同階段。古希臘花瓶的繪畫中經常出現雄雞或野兔作為愛者向被愛者求愛的禮物。[1] 現代某些原始社會也存在這種基於年齡差異的同性戀現象。

(2)「倒錯的同性戀」（Inversion Homosexuality）。同性戀行為的參與者中，有一方正式占據著對立性別的角色。

(3)「角色扮演的同性戀」（Role-playing Homosexuality）。沒有人正式占據另一種性別角色，但在任何一種特定的互動中，有一方扮演著「接受者」的角色，而另一方扮演「積極主動」的角色。但沒有一個參與者固定地扮演某種性別角色。[2]

此外，斯蒂芬・默里（Stephen Murray, 1992）在巴里・亞當（Barry Adam, 1985）的基礎上，提出同性戀表達的四種類型，即：

(1)「年齡－結構化的同性戀」（Age-structured Homosexuality）。通常指青少年時期排他性的同性戀活動，但是在成年後一般都是異性戀或雙性戀。

(2)「職業化的同性戀」（Profession defined Homosexuality）。如薩滿教中主持儀式的巫師（shamans）、舞男，或性工作者。

(3)「跨性別的同性戀」（Transgender Homosexuality）。主要是指跨性別者的同性戀現象，例如一位生理上的男性在變性之後與女性之間的同性戀愛。

(4)「平等主義的同性戀」（Egalitarian Homosexuality）。同性戀身分及其共同體在某種程度上從異性戀制度中分離出來，從而成為一種獨立的文化類型。

在任何個體或社會層面，這四種同性戀類型並不相互排斥。前三種發生在（但不限於）前工業社會，最後一種通常只出現在現代工業化社會。在前資本主義社會，普遍存在以親屬關係為核心的行為道德準則，這些社會通常以親屬、家族的邏輯來理解同性戀／同性性行為，因此，同性戀被視為是年齡－結構化的、暫時的、男子氣的體現，或是性別錯位的少數群體。雖然現代同性戀世界依然存在代際間的或跨性別的同性戀，但它們僅是作為「小傳統」持續著，而作為「大傳統」的現代同性戀世界基本上呈現出平等化的結構性特徵。

（二）話語與主體的身分建構

從十九世紀後期開始，關於同性戀現象出現了許多爭論，產生了不同的觀點和分類形式，與之相聯繫的知名人物包括塔爾迪厄（Tardieu）、卡爾·亨利希·烏爾利克斯（Karl Heinrich Ulrichs）、韋斯特法爾（K. F. O. Westphal）、理查德·克拉夫特－埃賓、靄理士（Havelock Ellis）、馬格努斯·赫希菲爾德、愛德華·卡彭特以及佛洛伊德等，他們都試圖給出相應的定義，從心理學或醫學的角度建構一個嶄新的類別。然而，「同性戀」（homosexual）這個詞並非人們想當然地那樣是醫生們的創造。一八六八年，匈牙利作家卡爾－馬力亞·柯特奔尼

（Karl-Maria Kertbeny）在致卡爾・亨利希・烏爾利克斯[3]的一封信中使用了原創的德語詞彙「homosexualität」，以取代當時流行的「雞姦」用法；次年，該詞正式出現在他公開出版的著作中。已有的文獻表明，當初歐洲的醫生們接受和使用這個詞的過程相當緩慢，在某些情況下甚至顯得有些勉強。一八八六年，德國精神病學家理查德・克拉夫特－埃賓在出版的《性病理學》（*Psychopathia Sexualis*）一書中專門論述了同性性愛，他用「homosexualität」指具有同性愛慾和行為的人。一八九二年，美國精神病學家查爾斯・吉爾伯特・查多克（Charles Gilbert Chaddock）將該書譯成英文，「homosexuality」及「homosexual」的表述才從此進入英語世界。

但是，一直到十九世紀末，「同性戀」這個詞並未被廣泛接受，與之共存的還有其他許多描述同性愛慾現象的競爭性詞彙。十九、二十世紀之交，用於表達同性愛戀的詞彙包括：Uraniste/Urning/Uranian[4]（男同性戀）、Third Sex/Intermediate Sex[5]（第三性／中間性）、Homosexual/Homogenic/Homophile、Adhesive Comrades（癮君子）、Inverti（性倒錯）等（Adam, 1978: 667；塔瑪涅，二〇〇九），這些詞彙大多是貶抑或辱罵性的。通過集體採用「homosexual」這個詞，同性戀者完成了對自我身分的確認，但也帶來了沉重的後果，即將自己納入了病理化的醫學範疇。十九世紀七〇年代，韋斯特法爾關於「逆向性本能」的論述是同性戀身分形成的重要時期，這種論述後來發展出「性倒錯」的觀念，二十世紀五〇年代之前，「性倒錯」一直是對同性戀的主導性表達形式（Weeks, 1981a: 82）。直到二十世紀七〇年代之後，「gay」一詞才開始被廣泛使用，它的流行標誌著二十世紀後半葉同性戀話語的又一次重要演變。同性戀者使用「gay」試圖與「homosexual」指涉的負面含義相區別，它「以一種自由的、純粹以群體為基礎的語言來重新確認同性戀的身分」（塔瑪涅，二〇〇九：七－八）。而如今，曾經激進、前衛的「gay」這個詞也成了一個陳腐的術語，性少數族群更願意使用「酷兒」（queer）。詞的表達與權力相關，「gay」之所以成為一個「被污染」的詞，因為在很多酷兒理論家或性少數族群的活動家看來，倘若一個人聲稱自己是gay，那麼實質上這是一種自我標籤，容易使得將異性戀世界關於同性戀族群的所有想像與印象自動附著在明確這種自我宣稱的個體身上。因此，同性戀者更傾向於稱自己是「酷兒」，它包括除異性戀性取向之外的一切性取向形式。當一個人說自己是「酷兒」時，他所表達的是自己的性取向與異性戀不同，而沒有說自己是同性戀還是雙性戀還是虐戀，也沒有說自己是「攻」還是「受」。換言之，所有的刻板印象與他者的話語在此時都失去了根基與依據，這樣，所有關於「酷兒」的定義都是由主體來自我定義。該詞背後是一種對話語和主體身分的自我主導與掌控，對性少數族群而言，這具有重要的政治含義。倘若一個人說自己是「gay」，實際上是主動將自己定義身分政治的權力交付於他人，而放棄自我定義的權力。[6]

在同性戀身分的建構過程中，通過介入「變態」的新領域，精神病學創立了「同性戀」這一嶄新的類型。醫學抹去「同性戀者」的其他身分特徵，極力放大其中一面，醫學模式的介入對有同性慾望的人施加了一種外來的、陌生的身分。在將同性戀確立為心理學的、精神病學的和醫學的研究對象的過程中，「不是通過一種性關係，而是借助性感受的某種特性、顛倒男女性別的某種方式來規定同性戀……過去雞姦者只是個別的異端，而現在同性戀者則成了一個種類」（傅柯，一九七六／二〇〇五：二九）。喬治・昌西（George Chauncey）認為，同性戀的醫學建構固然是事實，但不可以忽略更為廣泛的社會、文化因素：

> 這種設想是錯誤的……即認為醫生在（十九、二十）世紀之交創造並定義了「性倒錯者」和「同性戀者」，人們不加質疑地內化了新的醫學模式，甚至同性戀在十九世紀七〇年代的醫學話語中成為一種被充分定義的類別。這種假定賦予意識形態過度自主的社會力量，而過於簡化產生同性戀身分的各種社會條件、意識形態和意識之間的複雜辯證關係。它們掩蓋了（同性戀）文獻本身所包含的先前存在的亞文化和身分的各種證據。（Chauncey, 1982-83: 115）

此外，話語對同一現象所表達的指涉性含義的連續性和接洽性也需要澄清。在任何古代或中世紀的語言裡，幾乎沒有可以與「gay」和「homosexual」確切對應的詞彙，有一些名詞或動詞用來對同性性行為或參與這種活動的人進行分類，但是不存在「同性戀」或「同性戀者」這種抽象概念。喬納森・卡茨（Jonathan Katz）在其「尋根」的第二本著作裡指出，從十七世紀美國殖民地文件中所報導的雞姦行為可能無法與現代同性戀相提並論（Katz, 1983）。殖民地社會沒有構想一種獨特的類型——同性戀，也沒有可以理解為今天意義上的性偏好或性認同的同性戀亞文化的相關證據以及個人對身分的主觀感受。建構主義者認為這是歷史上不存在同性戀類型的諸多跡象之一，強行用現代術語來論述過去的歷史是一種歪曲。「homosexual」這個詞只是一個用於指涉行為的形容詞，而不是一個名詞。在這種社會建構主義的表達中，能超越不同的文化和時空進行探討的是同性性行為，而不是作為某種獨特的身分類型。從這種立場看來，古希臘和羅馬的性態從根本上不同於現代西方社會，它們應以自身獨特的術語與類型加以評價。傅柯亦認為，「同性戀」這一概念的使用需置於特定的情境之中：

> 同性戀概念不適合用來概括與我們完全不同的一種經驗、各種評價方式與一種區分體系。希臘人並不把同性戀與異性戀對立起來，當作兩種互相排斥的選擇和兩類截然不同的行為。在他們看來，讓人們能夠對男人或女人產生慾望的，完全是自然安插在人心之中的愛戀「美」人的慾望，它才不管美人的性別如何。（傅柯，一九七六／二〇〇五：二四〇－二四一）

然而，在約翰・博斯韋爾（John Boswell, 1990）看來，將性的現代類型運用於過去，即使它們之間不是精確吻合，但在確定兩者之間的關係上仍不失為一種有效的策略。古代和中世紀的性觀念與同性戀／異性戀「取向」、「身分」或「偏好」等現代劃分固然不相關，但這並不意味著在更早的社會中沒有關於同性戀或異性戀「取向」的認識。很多跡象表明存在類似的概念，它們很少在文化記載中受到關注不是因為沒有人認識到它們，而是由於它們缺乏社會和倫理的影響。約翰·博斯韋爾指出，關於性的現代理解中，「同性戀」和「異性戀」之間的概念差距甚至要比在古代和中世紀更大，「同性戀／異性戀」是一切現代性話語——科學的、社會的和倫理的——的主要辯證基礎，儘管前現代社會沒有採用與現代二元論具有完全可比性的範疇，但這並不意味著這種兩極並存的狀態不適合用來理解這些社會成員的生活和經驗方式。

「同性戀者」、「戀童癖者」、「跨性別者」、「戀物癖者」、「虐戀狂者」等社會類別具有重要的社會功能，對性少數族群而言，它們是一種控制、限制或抑制；對其他人而言，它們則提供了安全、舒適與確信。也就是說，類別化賦予紊亂、複雜和未分化以秩序和結構，尋找複雜性即是解構類別化，尋找秩序即是進行類別化，這兩者都是必要的，也因而彼此緊密聯繫（Plummer, 1981a: 29）。十九、二十世紀之交不僅發明了同性戀，也發明了異性戀，兩者幾乎為同一歷史時期的產物。異性戀並非是無可置疑的自然存在，對每個人而言也非恆定的，它的含義經歷了歷史演變過程。十九世紀末，「性本能」通常被認為是男性或女性的生殖慾望，性只為生殖而存在。在當時，「異性戀」這一術語是用來描述那些與許多異性進行肉體享樂的人；它不等同於「正常的性」，相反地，是指一種「變態」。當時所區分的對立類型是「享樂的性」和「生殖的性」，而今天普遍的劃分則是「同性性行為」和「異性性行為」（Katz, 1995）。「同性戀」與「異性戀」兩者之間的意義是相互建構的（即拉岡意義上的「補充」），也正因如此，酷兒理論認為需要關注不同的性範疇如何被創造、受管制以及相互爭奪，進而重新商議它們之間的邊界。

喬治・昌西指出了出現二元對立的同性戀和異性戀身分的社會因素：第一，同性戀者的高度可見性；第二，十九世紀末，女性的角色發生變化，並出現女性權益運動，中產階級男異性戀者的社會焦慮日益增加；第三，中產階級與工人階級的男異性戀者在男性氣質等問題上產生競爭；第四，二十世紀同性社會網絡的發展取代了十九世紀末單一結構化的社會網絡；第五，在醫學話語中，異性戀作為一種規範類型的出現（Chauncey, 1994）。在喬治・昌西看來，同性戀－異性戀之間二元對立的背景正是現代社會與前現代社會之間文化差異的體現，通過聚焦於性對象的選擇並將它與內在的、明確的個人特徵相聯繫，從而徹底改變了性行為及其社會意義。社會中的大多數人確信自己具有異性戀的特徵、條件或偏好，他們都是「健康的」和「正常的」，只有少數人有著「相反的」行為與心態，是「不健康的」和「不正常的」。由於主流行為被普遍認為是「正常的」或「健康的」狀態，這種差異逐漸變得更加深刻和廣泛。

隨著國家對性管控的增加以及相應的宗教管控的減弱，十九、二十世紀的立法和公共政策領域成為性政治和知識鬥爭的重要場域，它涉及各種性病、賣淫、手淫、社會道德淨化、草根政治組織、立法遊說、大眾遊行示威以及利用各種複雜的符號、修辭和表徵手法進行文化干預等

（Weeks, 1981b; Peiss & Simmons, 1989），這一時期的社會運動風起雲湧。由於國家干預日益形式化為一種公共健康的語言，生理學家和醫學家也成為新的性話語的重要管理者，他們積極參與這種話語體系的精細化與專業化，以進一步合法化職業技能（Vance, 1991）。這些現象都進一步強化了既有的同性戀話語與身分。西方學術界對性建構史的繼續研究表明，現代社會的性態仍是一個爭奪政治、激情和符號的場域，性少數族群倡導並踐行各自的性議程和綱要，以期改變與性態相關的社會設置和意識形態。

(三) 同性戀與現代性

從表面上看，同性戀身分的出現與醫學診治對象的類別化直接相關，然而其背後卻有著深刻而廣泛的現代性根源。可以說，同性戀是現代性的產物。同性戀的醫學類型化本身是以某些社會條件為前提的，包括與工業革命密切相關的家庭結構的變遷和城市化、親屬關係圈之外的生產性勞動、男性從強制性的家庭成員關係中脫離出來得以從個體性的關係選擇中尋找和確認他們的身分等，這些因素都為同性戀亞文化的創造與發展提供了社會條件（Weeks, 1977; Plummer, 1981b; D'Emilio, 1983; D'Emili,o 1993）。現代同性戀世界呈現出一系列獨特的結構性特徵，諸如：(1)同性戀關係擺脫占統治地位的異性戀親族制度的束縛；(2)在傳統家庭形式之外，排他性同性戀成為伴侶雙方的另一種選擇；(3)同性結合產生了一種不受結構性的特定年齡或性別類型限制的新形式；(4)人們發現彼此的存在並形成大範圍的社交網絡，而這不僅僅是由於原先既存的社會關係網，也是由於他們的同性戀旨趣；(5)同性戀成為一種以自我意識和群體認同為特徵的社會形式（Adam, 1985: 658; Adam, 1995: 7）。這些特徵與歷史學和人類學裡描述的前現代同性戀形式已經不可同日而語。總之，作為十九世紀的發明，「同性戀」這一標籤重構了那些具有同性愛慾的人，使之成為一個相對分離的獨特群體，在這個分離過程中，它同時也為現代的「同一性別內部的親密關係」成為一種自由的、多元的和意識形態上的「種族」鋪平了道路（Adam, 1978: 668）。

現代西方同性戀身分的形成過程伴隨著一系列重要的社會變遷，如工業化和城市化、個體經濟獨立、資本主義時代的自由競爭以及科層制形式的社會化等（Sullivan, 2001）。資本主義創造的物質條件使表達自身的同性慾望成為個人生活的核心構成。資本主義的發展，尤其是自由勞動力的產生，使人們有機會去認識自己的同性戀身分，參與到志同道合的共同體中，並進行政治性的組織動員（D'Emilio, 1993）。因此，巴里·亞當認為同性戀身分和共同體只存在於「發達資本主義社會和現代世界體系的半邊緣性大都市」（Adam, 1985: 659）。十八世紀中期，在大規模機械化生產的競爭和衝擊下，家庭手工業逐漸遭淘汰，家庭生產方式的衰落促使女性走出家庭，與男性那樣進入工業社會的工資勞動體系。這一進程中，最重要的是經濟體系中工資勞動部門的擴大、社會流動性增加，同時通過親屬關係獲得生計的重要性逐漸下降。這一經濟變革的結果降低了婚姻年齡，年輕一代不必再等到繼承土地財產後才具有維持自我生計的能力，而可以依靠自身的工資收入獨立生活。此外，城市的非正式社會控制相對較弱，它給個人帶來了擴大社交圈的機會。這自然也增加了性表達的機會，使得以同性為愛慾對象的人們有更多機會發現和認識彼此的存在，並形成一定範圍的社會關係網絡（Adam, 1985）。隨著避孕技術的改進，性和生殖之間的聯繫也大幅度減弱；婚外性關係不再對主要由經濟關係維繫的家庭構成重大威脅。工資勞動制度通過肯定新的個人價值挑戰了教會的價值觀：能否勝任其工作成為生存的主要衡量標準。工業制度試圖將工人規訓和塑造成沉穩、可靠、無情緒性、勤勞和利潤最大化的工具性手段，甚至社會風氣也反映出對男性的價值重估，貴族氣派的炫耀、浮誇被商人「吹毛求疵的錙銖必較」和男性工人樸素的實踐作風所代替（Ewen & Ewen, 1982）。類似於親屬關係，宗教作為生活機會決定因素的作用開始衰退，這使公共領域變得具有更大的容忍度和可塑性（Adam, 1978: 666）。

同性戀與現代性之間的親和關係也可以解釋女同性戀身分的出現。工業化及其對家庭的影響創造了女性外出就業的機會，作為工資勞動者，她們享有家庭主婦所缺乏的一定程度的選擇自由。當女性逐漸進入工資勞動體系獲得經濟獨立，她們得以在一定程度上擺脫父權制與異性戀婚姻制度的束縛，並形成女性間的浪漫情誼，女同性戀世界開始浮現（Adam, 1985）。民國時期也印證了這種情況，如廣東地區的自梳女和「不落家」現象。[7]相比於男同性戀，女同性戀共同體的發展較為緩慢，這是由於歐洲法律限制女性獲得勞動工資，因此女性不得已而退回到家庭領域，並在經濟上被迫依附於男性。雖然女性之間的「浪漫情誼」在這一時期有所發展，但它必須服從於家庭親屬制度，它不是婚姻之外的選擇，也不是個人或文化認同的基礎。對大多數經濟上依附於男性的女性來說，女同性戀關係所假定的自由選擇是無法獲得的。因此，父權制霸權在很大程度上忽視這種尚未對其地位構成威脅的關係。

而在前資本主義社會，同性戀關係很少能從親屬關係中脫離出來。例如，在年齡等級制度普遍盛行的地區，如美拉尼西亞、亞馬遜、中非、錫瓦（Siwa）以及古希臘，親屬制度像對異性戀一樣直接規範著同性戀關係，它或成為禁忌，或成為偏愛的性結合類型。在這些社會裡，同性戀關係嵌入在既存的家庭、性別和性意義的文化叢中，而現代同性戀世界已完全脫離其前身，開始產生某些自身特有的文化制度。

（四）「恐同症」的宗教與現代性根源

西元三九〇年，羅馬人在歷史上第一次見證了從同性戀妓院裡拖出來的男妓被公開燒死的場面。在羅馬帝國皇帝狄奧多西（Theodosius）的法典中，清楚地表明了這種道德義憤的轉變。從此，「一個男性扮演女性的角色，允許自己在性行為中扮演消極被動的角色，已遭致嫌惡和反感」（Brown, 1988: 383）。

一九二〇年，當首次出現「同性戀恐慌」（homosexual panic）這一概念時，它指的是一種精神疾病。在它最初的表現形式中，「同性戀恐慌」不是指由於另一位男性的示愛而產生的恐懼，而是指男性在強烈的同性戀氛圍中意識到的一種他們無法控制、也無法訴諸實現的同性戀慾望。一戰後，在美國精神病醫院的一些士兵和水手的診斷報告中，最早出現關於這種疾病的描述。這些人並不暴力，相反地，他們顯得消極而被動。這種疾病的症狀表現為長時間的回顧性沉思冥想、自我懲罰、孤僻和絕望甚至自殺。所以，同性戀恐慌不是暫時的、暴力的經歷，而是一種不斷發展的疾病，並且會導致嚴重的絕望症，患者主要表現為緊張症狀，而不是暴力。同性戀恐慌的診斷對象是那些意識到自己的同性戀取向但又不敢公開的人。事實上，一些早期的精神病醫生認識到，治療該疾病最好的方法是病人接受自己的同性戀慾望，並付諸實踐。然而，這種最初對「同性戀恐慌」的理解後來逐漸發生了改變，不僅它的含義，而且它的主體也發生了變化，它甚至被運用到異性戀男性在他人暴露同性戀者慾望和身分之後做出的暴力反應。在相關精神病學的文獻中，對「同性戀恐慌」是否應該或能夠用來解釋這種突發的暴力行為，並未達成一致意見。但在某種程度上，這種狂暴被認作是「同性戀恐慌」，它的暴力表現被解釋為個體潛在的同性戀慾望和異性戀自我形象的挑戰和崩潰（Kulick, 2003）。至此，對「同性戀恐慌」的認知與定義已完成了從非暴力到暴力的行為轉變和從同性戀者到「異性戀者」的主體轉變。

中世紀末，大多數天主教教士和國家都認為生殖正當性原則不容置喙，結果，在整個西歐，非生殖性的性行為被認為是嚴重的罪過。大多數民事法典包含了對「不自然行為」的懲罰，這些行為主要是在非生殖性的情況下排泄精液，如非生殖性的異性戀活動（口交或肛交）、手淫、同性戀行為、獸交等。奧古斯丁時期的神學家認為，婚內非生殖性的性行為要比婚外的性更為罪惡，但是由於公共司法制度很難對此察覺並進行懲罰，因此民事法典和公眾態度通常弱化婚外性與婚內性、異性戀與同性戀行為之間的區別。各種性越軌行為類型與性對象選擇之間的關聯顯得很鬆散，同性戀行為與非生殖的異性戀活動形式和手淫等共同遭受類似的道德懲戒。儘管中世紀末的社會、司法制度將同性戀活動置於低劣的分類位置，但它沒有創造關於性的二元論並使同性戀取向或性偏好被污名化為某種特殊的類別。這些僭越了性行為禁忌的人——無論是同性戀者還是異性戀者——是罪人，但是在天主教歐洲，人人都是有罪的。所有人在一切時代都是罪人；「罪人」是普遍存在的，不是一種特殊的類別（Boswell, 1990: 158-159）。這種道德譴責的對象不僅針對同性戀行為，而且也針對避孕、手淫、夫妻之間尋求快感的性表達、離婚等人們所熟悉的日常活動。因此，宗教的譴責並非專指同性之間的性行為，也包括異性之間「不合常規」的性。

許多關於恐同症的研究認為，中世紀和現代社會的反同性戀傾向是基於傳統的「慣性」。然而，僅用傳統的因素來解釋反對同性戀可能並不充分，關於中世紀對非生殖性性行為的懲戒已表明這一點，同時還因為它無法解釋恐同症在現代社會的不斷再生性。約翰·博斯韋爾的《基督教、社會容忍和同性戀》（*Christianity, Social Tolerance, and Homosexuality*）一書跨越西方一千四百年的歷史，他駁斥了通常認為的觀點，即宗教信仰——基督教或其他宗教——是西方社會對同性戀不寬容的原因。約翰·博斯韋爾指出，在同性戀亞文化公開盛行時期，基督教歐洲也存在過長時期的寬容。他關於恐同症的解釋不是一味地指責教會，而是認為這種不寬容部分是由於城市生活的衰落和鄉村社會的興起導致的，部分是由於專制主義政治統治的結果。約翰・博斯韋爾的理論闡釋與傑弗里・威克斯、傅柯等建構主義者完全不同，他為一種超越歷史的、普遍永恆的同性戀身分作辯護。在他看來，同性戀「分散在整個歐洲的普通民眾中；他們在任何時代都構成一個實質性的少數族群」（Boswell, 1980: 5）。對約翰・博斯韋爾而言，問題在於「同性戀少數族群」是否能夠公開、可見，而這反過來取決於社會的寬容度水平。同性戀身分不是社會的建構而是一個常量，它從一個時代到下一個時代不斷地再生產著。雖然資本主義的興起為同性戀者的表達打開了新的途徑和可能性，但同時也為舊的教條重新組織、捲土重來禁止同性戀埋下隱患。在十二世紀至十四世紀之間，基督教教會在反同性戀信條上曾達成一致，這與古代社會對同性戀關係的認可形成鮮明對比。約翰・博斯韋爾指出，基督教時代見證了寬容和不寬容之間巨大的波動；同時，十八、十九世紀西歐各國對同性戀的態度存在巨大差異，其中以英國最為壓制，法國和義大利較為寬容，而荷蘭處於兩者之間。即使在英美的維多利亞時代，也為男同性戀者在身體之間的親密關係和愛的表達留下了充足的空間。

大衛・哈爾博林（David Halperin）在《百年同性戀及希臘愛情文選》（*One Hundred Years of Homosexuality and Other Essays on Greek Love*）中反駁約翰・博斯韋爾等人認為在基督教歐洲「同性戀曾得到寬容、同性戀關係曾被接受」的觀點。他認為古希臘雅典「在男性之間交互性的愛慾是未知的」，並且「在古代世界沒有一種同性戀類型……是固有的」（Halperin, 1990: 21）。同性戀被接納僅僅是在這樣的情況下，即嚴格的年齡－結構化的關係，而且期待進行同性性行為的男性將來進入異性婚姻。對古希臘人而言，性是一種深刻的兩極分化的經驗，男同性慾望被嵌入在等級序列結構中，它與政治和社會生活保持著一致。用大衛・哈爾博林的話來說，在古代是「社會身體先於性身體」，現代學者在研究古希臘社會時要對性進行「去中心化」。對大衛・哈爾博林而言，在古希臘雅典沒有現代意義上的同性戀。

事實上，這種爭論的核心是本質主義與建構主義的不同立場。約翰・博斯韋爾認為，存在一種超歷史的同性戀本質；而大衛・哈爾博林則持建構主義的觀點，認為現代同性戀話語與古代的同性性行為（尤其是古希臘）之間存在闡釋斷裂，沒有連續、一貫的「事實」本身可供比較。關於性學／同性戀研究中本質主義與建構主義的範式之爭，我們在下一小節中還會具體展開論述。約翰・德埃米利奧（John D'Emilio）指出，約翰・博斯韋爾和大衛・哈爾博林都指向一種類型化的性表達，這實際上是圍繞著「積極」和「消極」觀念的論述，而不是同性戀和異性戀本身（D'Emilio, 1992: 101）。從這個角度來看，「社會性別、年齡和公民地位明顯地塑造著性慾望和經驗的建構，而性主體的選擇則隱退到帷幕後，變得無足輕重」。約翰・德埃米利奧認為，對男同性戀迫害的解釋是簡單而直白的：羅馬帝國晚期的勝利導致產生對同性戀行為無法緩和的敵意，其根源在於《舊約》和聖保羅的再次闡釋（D'Emilio, 1992: 105）。早期現代歐洲興起的強大的、中心化的國家組織將宗教的教義滲透到公民的道德準則和行為規範中。到了十九世紀，有關同性戀的醫學化又增加了另一層敵意，毫無疑問，醫學話語成為懲罰和壓迫的工具。總之，隨著社會結構性條件的變化，一方面使同性戀世界日益變得可能，另一方面也產生了新的壓迫形式。

雖然關於持續不斷的敵意的傳統觀點不再成立，但學界也沒有提供一個對不同時期的態度發生變化的滿意解釋，尤其是不同時代對同性戀迫害的強化。如前文所述，約翰・博斯韋爾提供了農村／城市假說：在前一種社會類型裡，不寬容占主導地位，而後一種社會類型更可能促使形成寬容（Boswell, 1980: 31-36）。然而，約翰・博斯韋爾亦意識到，在將針對同性戀的不寬容被基督教教義法典化的十三世紀，恰恰是歐洲城市化激增的時期。更重要的是，在西方被徹底城市化的二十世紀前半葉，很可能代表了對男同性戀者壓迫的頂峰時期（D'Emilio, 1992: 105）。另一種解釋認為，人們之所以對同性戀產生恐懼是由於害怕社會失範。例如，十九世紀八〇、九〇年代處於「性混亂」狀態，一切管理和支配性身分和性行為的規範都分崩離析，正是在這個文化失範的時期，充滿了對倒退和墮落的恐懼，故而渴望對性別以及種族、階級和國籍等的嚴格控制（Showalter, 1990）。歐洲第一波對同性戀的強烈反對在時間上也與十九世紀末關於性的公共討論相一致。與社會失範相關的解釋是替罪羊理論。傑弗里・威克斯曾提出「道德恐慌」的概念，即在極端壓力時期，某些西方社會傾向於將性越軌視為社會失序的象徵，將性越軌者作為替罪羊被認為是民族病態的原因（Weeks, 1981b: 14）。約翰・德埃米利奧認為，同性戀者在資本主義社會裡享受著經濟自由，甚至建立同性家庭，但文化上他們卻成為發洩各種焦慮的替罪羊——家庭壓力、階層挫折感等，這些焦慮可能威脅到原有的經濟秩序（D'Emilio, 1983）。資本主義削弱了維繫家庭的紐帶，使其成員在一個原本可以期盼幸福和情感慰藉的地方卻遭遇了日益增長的不穩定性。在這種背景下，同性戀者成為資本主義體系中社會不穩定的替罪羊。還有一種解釋與性別角色關係有關。同性戀被視為對居於支配地位的性別規範構成了威脅，破壞其基本的性別意識形態，因此，攻擊同性戀者有助於強化既存的性別階級結構。對女同性戀者而言，當女性威脅到男性的支配性地位、試圖掙脫男性的掌控時，女同性戀者又被聚焦為一種受壓制和辱罵的身分。類似地，約翰・德埃米利奧將美國冷戰時期對同性戀的迫害解釋為一場由大蕭條和二戰導致的性別角色危機（D'Emilio, 1992: 106）。到了二十世紀二〇年代，同性戀者在「追憶似水年華」中如不幸受迫害的以色列人一樣，在不應遭受的憎恨和羞辱之下，開始表現出一種集體性的特徵和族群的面貌。同性戀族群的集體意識受反同性戀的社會氣氛影響，他們開始尋找一種新的話語，來鞏固和加強同性戀經歷。

儘管資本主義生產關係對同性戀身分及其社會關係網絡的建構起著促進作用，但是它也產生了恐同症，以及傳播「回歸家庭」、提倡生育的異性戀意識形態（Sullivan, 2001: 258）。也就是說，同性戀自身的母體——現代性，具體而言，是工業社會的組織結構形式——正是產生恐同症的重要根源。社會組織的科層制形式是現代性的顯著特徵之一，大衛・格林伯格（David

Greenberg）和瑪西亞・貝斯特林（Marcia Bystryn）認為科層制通過鼓勵自我約束倫理、敵視（性）慾望，從而（主要在男性中）培育競爭性的品格（Greenberg & Bystryn, 1984）。由於企業家關注利潤，工資勞動體系的參與者必須具有競爭性、有進取心，不受競爭對手和雇員的情感關係影響。為達到這些目的，中產階級父母將他們的男孩撫養成為具有自我決斷和競爭性的品性，而不鼓勵情感表露和依賴性。與之相對應，男性之間情感上的親密性與性關係遭到排斥。此外，資本積累對資本主義擴展的重要性意味著小資產階級形成限制消費的節儉習慣和文化自律的必要性。科層制賞識並獎勵具有這樣特徵的人們，即善用方法、理性、謹慎、自律和非情緒化，而同性戀者被視為對成功的男性氣質價值觀的侵蝕與威脅（Sullivan, 2001）。在維多利亞時代，精液被視為同資本一樣，是一種應該保存起來的生產性資源。「對維多利亞時代的商人來說，性衝動是一種不審慎的行為。金錢上節儉的原則被同樣運用於精液。性行為隱含著貪婪、狂迷和對激情的失控，是不合商業規則的行為表現」（Poster, 1978: 169）。新的工業體制需要一夫一妻制，它希望作為工人的男性不要將精力浪費在失範和追逐性刺激的滿足上。

直到今天，科層制仍主要由男性主導，它所提供的社會化類型常常滲透到個人生活中，因此它對男性的影響甚於女性。這也解釋了為何同性戀恐慌在男性群體裡更為普遍，「因為在男性中，科層制人格的形成必須克制對其他男性情感的、情緒性的反應……由此產生對男性之間情感親密性的表達或性接觸，甚至出現曖昧關係念頭時的焦慮」（Greenberg & Bystryn, 1984）。為支持工業化和經濟發展的需要，同時受醫學界的鼓勵，從十九世紀晚期開始，許多西方國家（及其殖民地）的司法系統引入或擴大雞姦條款。社會純潔運動禁止非生育的性表達，由此逐漸產生「同性戀個體」以及許多其他性類別和性觀念。在其他地方，這種話語可能不普遍，尤其是那些醫學地位比較弱或者存在其他競爭性的醫療提供者（如精神治療師、巫師等）的地區（Sullivan, 2001: 260）。

因此，從現代工業社會初期所崇尚的科層制人格看來，同性戀成為懦弱無能的表現形式。在資本主義話語裡，結成同性伴侶的男性成為一種違犯和失敗，是對作為成功之必要美德的男性氣質的背叛。社會中任何趨向於「性的多元化」的動機與行為都受一夫一妻制家庭的抑制，妻子和孩子的依賴確保丈夫將成為一位「勝任的」工人；合格的丈夫和父親意味著穩定和成熟。通過這種方式，許多男性反對同性戀活動，並確信這群人是對社會無用的人。取代男性結交的是競爭性和「團隊精神」（Adam, 1985: 663）。男同性戀被視為對男性性態整體上的威脅，是對資本主義制度中男異性戀角色的挑戰（Weeks, 1981a: 88）。任何模糊或反常的性態，如易裝、男女同體、變性、同性戀、雙性戀等都被歸類為不恰當的性別行為或者被貶斥成變態的、危險的和病理性的。

二、範式之爭：本質主義與建構主義

本質主義與建構主義之爭由來已久，約翰·博斯韋爾曾將本質主義與建構主義的爭論追溯到中世紀關於世界的唯實論與唯名論之爭（Boswell, 1982/1989: 91）。唯實論者認為，實在（宇宙）的存在是因為人感知到真實的秩序並加以命名，而唯名論者認為它只是人們約定俗成的事物名稱，人所看到的「秩序」是他們的創造，而不是他們的感知。約翰·博斯韋爾後來承認，社會建構主義者不能簡單地等同於社會唯名論者。二十世紀六〇年代之前，本質主義話語在同性戀研究中居於上風，但之後建構主義大有後來居上之勢。歷經一個多世紀的激烈爭辯，這場爭論極大地豐富了同性戀話語，同時也使問題變得更加錯綜複雜。

（一）本質主義的淵源及基本理念

約翰·德拉瑪特（John DeLamater）和珍妮特·海德（Janet Hyde）認為本質主義有三個思想流派與淵源（DeLamater & Hyde, 1998）。

第一，柏拉圖的古典本質主義。本質主義的概念起源於柏拉圖，在他看來，一個三角形無論邊的長短還是角的大小如何，始終具有區別於圓或長方形的獨特形式。自然世界的各種現象是無數確定和不變的形式或共相的反映。這種「共相」被後來中世紀的托馬斯主義者重新命名為「本質」。古典本質主義主要有三個特性：(1)存在根本性的真實形式或本質；(2)不同的形式之間具有斷裂性，而並非是一種連續性的變異；(3)這些真實的形式在時間上保持恆定不變。恆定性和非連續性是本質的重要特徵，本質主義者將連續性的變化視為本質的不完美表現。本質主義是二十世紀實證主義的哲學基礎。

第二，以生物決定論為基礎的現代本質主義。這種本質主義承認某些特定的現象是自然的、必然的，它受生物學因素決定，其研究方法包括社會生物學、進化論心理學、基因研究、腦科學和激素研究等。卡爾·波普（Karl Popper）將本質主義帶入科學哲學的現代話語中，他認為本質主義有兩條原則：其一，一個好的、真正的科學理論應表達事物的「本質」，即隱藏在表象背後的本體；其二，科學家能夠超越一切理性的懷疑，最終確立這種理論的真理。在波普看來，理論僅僅是假設，它們是猜想而非真正的知識。

第三，文化本質主義。文化本質主義認為，某些文化要素具有本質的、核心的特質，可以超越時空而存在。該理論主要來源於女性主義，認為女性與男性之間本質特性的差異是由某種穩定的、本質的文化因素造成的，尤其是嬰兒期和童年期的普遍經驗，即母親與嬰兒之間的強烈紐帶關係和父親在這種早期關係中的相對缺位。

這三種本質主義的共同核心是承認存在一種固定不變的、超越歷史情境的本質。在性學研究中，本質主義最堅實、最「硬」的證據主要來自第二種。從性科學的發展歷程來看，十九世紀晚期的醫學、精神分析學對同性戀研究中的本質主義產生了極大影響，這些科學強調生理／解剖結構、精神／心理因素的影響，認為早期的家庭經歷、荷爾蒙失調、精神紊亂、大腦結構等先天性因素是性取向與性身分的決定性因素。在早期醫學權威的支配下，同性戀的本質主義解釋占優勢，同性性取向被認為是一種變態、性慾倒錯，是一種疾病、精神失常，而且可以被「矯正」、「治癒」。在現代科學的研究中，本質主義的觀點認為激素、基因等因素決定了個體的性取向。如一九九三年《科學》雜誌發表迪恩·哈默（Dean Hamer）與其同事的研究報告，宣稱已分離出一個可能是同性戀編碼的基因序列，它位於X染色體的一個DNA上，這個包含了數百個基因的DNA片段被稱為「Xq28」，同性戀取向的基因就以某種方式鑲嵌在Xq28中。同時，生物學家提出新的理論來解釋沒有自我繁殖能力的同性戀如何在人類進化的過程中避免淘汰。如果人類的性是進化動力的核心機制，那麼無法生育的排他性同性戀不應該存在，因為自然選擇會很快淘汰有這種傾向的個體和基因。對此，進化論理論家提出「總體適應性」的概念來解釋進化的壓力下同性戀行為持存的原因。與「個體適應性」（如某一個體的基因通過其子女傳遞給下一代）不同，總體適應性包括其自身和近親的成功繁殖，基因的傳遞不僅通過他本人的子女，還通過其兄弟姊妹和其他親屬的後代（他們也攜帶著他的基因）。另外，同性戀者可能通過幫助撫養或提供物質支持，促成其近親的適應性，使他們自身的總體適應性最大化，從而同性性取向得以繼續進化。

穆斯坦斯基（B. Mustanski）、奇弗斯（M. Chivers）和貝利（J. Bailey）將現代生物學對性取向的研究分為四個方面，即(1)神經／激素理論，包括神經內分泌學、產前壓力、大腦非對稱、神經解剖學、聲光輻射和人體測量學等；(2)基因的影響；(3)出生次序效應（主要是弟兄之間）；(4)成長過程中反性別的角色扮演（Mustanski, Chivers & Bailey, 2002）。儘管大量的研究關注病源論並試圖尋找性核心的本質，但研究者仍未能分辨出產生同性戀的真正因素。神經激素理論雖然得到部分支持，但它主要針對男性，而且重複研究的結論之間存在諸多不一致。基因研究通過運用家庭和雙胞胎的比較方法表明基因影響性取向，但微觀層次的分子研究仍有待確定具體的基因。而儘管長兄是同性戀者的機率較高，但對其過程機制仍缺乏解釋。基因、大腦和荷爾蒙等研究，或因僅是部分驗證，或因樣本選取問題，或因無法重複實驗等原因，目前並未取得一致結論。約翰．蓋格農（John Gagnon）認為，人們之所以繼續研究導致同性戀的「原因」，這是因為科學（家）是這樣一種文化的組成部分，即深信同性戀必定是由於一些功能性的和獨特的缺陷所導致的（Gagnon, 1987）。生物決定論的觀點認為，同性戀是天生的，而不是一種生活方式的選擇，同性戀者因此不該為他們無法控制的原因而受責備。儘管生物決定論的出現有助於推動同性戀權利，然而樂觀地接受這種生物學理論卻貶低了兩個關鍵歷史（Spanier, 1995）：第一，利用生物決定論支持種族主義、性別歧視、階級偏見、民族中心論和異性戀主義，這些現象中的差異被用來形成優劣的價值等級，使不應得的特權／優勢合法化；第二，使拙劣的科學研究與生物決定論的宣稱聯繫起來。不少科學家仍在尋找生理差異和行為差異之間的相關性，而忽略結構化的宏觀－微觀過程及多維度的文化複雜性。

此外，一些文化普遍主義者也持本質主義的立場，如弗雷德里克・懷特姆（Frederick Whitam）和羅賓・馬蒂（Robin Mathy）認為男同性戀文化本質上不同於異性戀社會，因為男同性戀者在跨越不同的民族和歷史時空中共享不變的特徵，這些特徵包括：創造性、戲劇技巧、裝飾藝術的天賦和對跨性別的興趣。這種特質超越歷史、文化、階層、種族和國別（Whitam & Mathy, 1986）。這種超越個人特質的同性戀文化如同榮格意義上的集體無意識，在馬凌諾斯基（1936/2002: 10）看來，它可以用經驗來解答，即「社會精神的或心理的實體，其最後的媒介總是個人的心理或神經系統。至於集合或完整的現象不過是各個人反應的相同罷了」。還有一種是策略性的本質主義，例如，約翰・德埃米利奧曾提出「永恆同性戀的神話」，即「同性戀者無時不在、無處不在，不僅現在如此，整個歷史上亦是如此」。這個神話在同性戀解放運動初期有著積極的政治功能。七〇年代早期，當遭遇到一種拒絕同性戀者的存在或將他們定義為精神病理學的個體或畸形的意識形態時，宣稱「同性戀者無處不在」顯得很有力量（轉引自Vaid, 1995: 287）。

柯采新（Cheshire Calhoun）區分了關於同性戀身分的兩種本質主義，即自然論的本質主義和普遍論的本質主義（Calhoun, 1993）。自然論的本質主義認為本質性的身分根源於個人的自然事實，以解釋跨文化和跨時間的普遍性身分。它將同性戀特質看作是一種自然事實，無論個體生活在何種文化中，這種事實都是真實的，它不依賴於文化機會的可獲得性。而普遍論的本質主義則認為同性戀身分只適合於淺描，它是一種跨歷史和文化的、穩定的身分類別，而對這種穩定性身分的根源持中立的態度。這種穩定性可能來源於前社會的、固有的身分屬性，也可能來源於某些社會事實的超歷史和超文化的穩定性。超歷史穩定性的身分類別並不必然意味著在一種文化中個體占據的某種身分類別在其他文化中也會實際存在，但它確實意味著獲得跨文化身分的可能性。簡而言之，自然論的本質主義認為某些身分可以保持不變，因為它們基於前社會的、自然的個體事實；而普遍論的本質主義則對可能性持開放立場，固定不變的身分之所以存在是由於一些文化機會在跨歷史和文化過程中也保持著不變的可獲性。因此，本質主義探討的可能是關於個體的前社會的、自然事實的同性慾望，也可能是個體獲得持久同性慾望的文化機會。

在某種意義上，本質主義理論可以說是關於同性戀而不是性取向的理論。本質主義理論通常假定不需要對異性戀作出解釋，或者認為已經有了對異性戀的解釋，所需要的只是解釋同性戀。也就是說，本質主義只是關於同性戀起源的理論。從科學探究的立場來看，僅單方面地研究為什麼某些人是同性戀（這種方式）是不恰當的，而要對任何一種性取向的起源作出解釋。關於同性戀理論任何一種嚴肅討論都必須評估這些理論對一切性取向的解釋是否合理。

（二）建構主義的思想脈絡

關於同性戀的建構主義視角可以追溯到一九六八年英國社會學家瑪麗·麥金托什的奠基之作

〈同性戀角色〉（The Homosexual Role）一文。在該文中，瑪麗．麥金托什將社會學的標籤理論應用於同性戀研究，這篇試圖解決性身分問題的論文現在被公認為是最早的關於性的建構主義的闡釋。瑪麗．麥金托什指出，「同性戀者應被視為在扮演一種社會角色，而不是患上了某種疾病」（McIntosh, 1968）。為了論證自己的觀點，她將同性戀置於比較的歷史框架之中，並對同性戀行為和同性戀角色作了區分。現代社會可以辨識不同的同性戀角色，同性戀者的心理感受和行為表現亦頗為不同。這篇具有里程碑意義的文章提出了許多關於英國性史建構的建設性洞見。然而，瑪麗．麥金托什的研究最初並未引起反響，直到二十世紀七〇年代中期，它才被關注女性主義和同性戀權益的學者注意到。此時才首次真正出現一種明確的建構主義方法。大體而言，社會建構主義的基本假設是「現實是社會建構的」，強調語言是解釋經驗的重要方式。在彼得．柏格（Peter Berger）和托馬斯．盧克曼（Thomas Luckmann）的基礎上，約翰．德拉瑪特和珍妮特．海德總結了建構主義範式的五點基本主張（DeLamater & Hyde, 1998: 14）：

第一，經驗世界是有序的。人們感知的世界由各自分離的事件和特定的行動構成。經驗世界如一種客觀的現實，是由獨立於感知的事件和個人組成。

第二，語言是理解世界的基礎。語言提供了類別或類型化，人們藉之將事件和個人進行分類並加以排序，它是理解新經驗的工具。

第三，共享日常生活的現實。他人以同樣的方式感知現實，就像現實是由類似的事件、個人、行動和秩序組成。這種共享或主體性的特徵把日常生活的現實與個體性的現實相區別。現實是社會互動的產物。

第四，制度化共享的現實類型。對人和事物的共享觀念進行分類並規範化，一旦某種類型或實踐成為習慣性的，他人就可以進行預期，從而促進一致行動，由此產生社會調控機制促使其繼續存在。尤其重要的是，具體環境中制度化的角色在不同行動者之間進行的類型化。

第五，知識在社會的層次或在亞群體的意義上被制度化。特定的群體持有社會性分割的知識儲存，它們在亞群體中具有特定的文化意義。

以上五點主張體現了建構主義的基本假設、理論工具和關鍵過程。社會建構主義宣稱同性戀關係只存在於文化中，並表現出歷史性的和跨文化的變異。同性戀身分通過一系列步驟或階段逐步形成，或是通過社會化而形成的亞文化的產物。類型和觀念形塑了人們看待性的方式，這些「類型和觀念」不能被簡單地看作是客觀有效的「事實」定義。「同性戀」是一種社會歷史的產物，它並不普遍適用，同性戀行為的類型反映出不同社會的價值體系和社會結構。性別角色、親屬和婚姻關係、勞動關係的性別分化等因素，對同性戀行為的建構都起著重要作用。

社會建構主義受許多學科發展的影響，包括符號互動論、標籤理論、越軌社會學、社會史、勞工研究、女性史以及社會人類學等。社會建構主義的開拓者中，瑪麗・麥金托什、肯尼思・普盧默以及傑弗里・威克斯等都是英國人，其主要思想來源是美國社會學的標籤理論和符號互動論以及法國的後結構主義和解構主義，尤其是傅柯晚期的著作。二十世紀六〇、七〇年代，社會學家對性和同性戀理論的根本性轉向起著重要作用，它反對將性自然化為生物性的概念，也反對金賽式地執意將性行為「表格化」（tabulation）。社會學家認為性的意義、身分和類別是主體間相互協調的社會與歷史的產物，性根植於各種意義系統，並被社會制度所塑造和建構。社會學家最熟悉的同性戀話語最早出現於越軌社會學，在該研究領域中，同性戀者通常與酗酒者、精神失常者等並列在一起。越軌社會學的「標籤」方法提出了一系列有意義的問題，如社會控制機制、污名化過程等。但是，將同性戀置於「常態／越軌」的框架內實際上抹殺了性別／性政治的向度（Connell, 1992）。建構主義將同性戀視為一種角色、劇本化的性表演以及作為組織監控和類型化的結果。性成為社會關係的穩定化力量，或至少是實現社會控制的場域，一些研究者甚至認為「性分化」和「支配系統」是同性戀研究的核心（Plummer, 1981b），或者採用個體能動性的視角來研究同性戀性別角色衝突中的社會抵抗與遵從行為等。這裡扼要介紹四種建構主義流派的主要思想。

1. 標籤理論

標籤理論對同性戀的研究可以追溯到一九四八年金賽的性學報告，金賽認為不該用「同性戀者」這一標籤來指稱那些同時有同性戀和異性戀經驗的人，它可能產生潛在的危害。二十世紀六〇年代中期，標籤理論對同性戀的研究形成一定氣候，該理論主要以不同的方式表明歷史上圍繞同性經驗產生的污名如何對這些經驗本身產生重大影響。瑪麗・麥金托什認為，同性戀應被理解為一種「社會角色」而不是一種「條件」，因為隨著時間的推移，同性戀的定義會發生改變。她通過歷史舉證表明，西方現代意義上的性身分概念只是最近才發展起來的，同性戀實踐普遍存在於西方社會，但它又被視為社會危險物，社會創造出這種特殊的、被污名化的個體以保持其餘社會的純潔性，從而建構了一種「在允許的和禁止的行為之間明確的、公開化的和可辨認的界限」（McIntosh, 1968: 261）。這種角色的期待、污名的製造、邊界的劃分體現了社會控制的淨化器功能。另外，肯尼思・普盧默對「社會污名」進行了社會學的分析，提出標籤範式存在兩種理論形式，即「標籤理論」（labelling theory）和「標籤視角」（labelling perspective）（Plummer, 1975; Plummer, 1981a）。通常而言，金賽的研究開啟了標籤理論對性態的研究，而瑪麗・麥金托什、肯尼思・普盧默以及後來的同性戀運動確立了更廣義的、研究具體問題的標籤理論傳統。

2. 符號互動論

符號互動論主要基於約翰・蓋格農和威廉・西蒙（William Simon）對「性行為」的開創性研究，他們認為同性戀生活模式是社會結構和價值觀的結果，性的構成及其表現形式「總是已被預先設置」。蓋格農和西蒙提出「性腳本」（sexual scripts）的隱喻以代替「性驅動」和「性本能」，以之作為概念工具來理解性行為，強調性行為過程中的學習、表演和修改的一面。「性腳本」具有跨文化的、歷史的差異，各個社會形成的性腳本各不相同，其主要內容通常包括發生性行為的對象、內容、時間、地點及原因等（蓋格農，二〇〇九）。「性腳本」是高度可變的和流動的，總是不斷地進行修改和剪輯，它指導著將來的性互動（Gagnon & Simon, 1973: 19）。在符號互動論看來，性意義是在社會互動中建構的：同性戀身分並非與生俱來，而是社會性地創造的；性應該從它的主觀意義的層面進行研究。性行為沒有內在的、固定不變的意義，它是個體與社會在互動過程中編織而成的意義之網。

3. 建構主義人類學

人類學的跨文化研究影響了人們對同性戀的思考方式。比較典型的如吉爾伯特·赫德特關於美拉尼西亞社會的研究提出「儀式化同性戀」（ritualized homosexuality）這一觀念（Herdt, 1984）。他在田野調查中發現，某些社會中性取向的界限是流動的，譬如在薩姆比亞（Sambia）社會，男性青年首先要進入排他性的同性戀階段，結婚後他們同時與成年男性和妻子過性生活，等到自己的孩子出生之後，他們才成為排他性的異性戀者。在薩姆比亞文化裡，沒有伴隨終身的同性戀特質或生活方式。由此，吉爾伯特·赫德特又提出「制度化同性戀」的概念和「年齡－結構化」的同性戀類型。吉爾伯特·赫德特的研究具有開創性，它為文化、制度參與性行為的塑造與建構提供了堅實的證據，並對人類學研究同性戀的合法化起到重要推進作用。

4. 傅柯的性史研究

一九七六年，傅柯出版《性史》第一卷，該書後來被許多建構主義者視為經典而廣為引證。二十世紀八〇年代之後，傅柯的研究範式成為建構主義新的聚焦點。傅柯將性態視為「尤為重要的權力關係的轉換點」，因而性史也成為現代西方權力運轉方式的歷史，成為理解權力與求真意志運作的切入點，他使性學家從簡單地對壓制模式的研究轉向更為複雜的對權力、知識和抵抗的研究。《性史》強化了建構主義的視角，傅柯將他的注意力投向更廣闊的圖景：圍繞著性和愛慾的各種實踐、策略、話語、制度以及知識來解構它們自身的歷史必然性，並將它們展現在一個權力分散的場域內。在傅柯看來，性類型是權力和知識的產物，西方社會中「同性戀」和其他性類別的出現反映出權力策略的轉變，即從強調性行為轉移到性人格，性態由此成為主體性建構的中心點。

上述四種理論／思想流派對建構主義的發展以及對它與本質主義的對話過程中起著重要作用，對建構主義產生過重要影響的其他因素還包括女性主義思潮、黑人權利運動等。[8] 簡言之，建構主義認為，生理性別相同的人進行的性行為具有不同的社會意義和主體含義，這取決於它們在不同的文化和歷史時期是如何被定義和理解的。性行為本身不含有普遍的社會意義，性行為和性含義之間的關係也不確定，不同的文化提供了不同的類型、模式和標籤來解釋性和情感的經驗。這些建構不僅影響主體性和行為，也通過性身分、性定義、意識形態及管控方式等，對集體性的經驗進行組織化並賦予其意義。建構主義甚至認為，愛慾的對象選擇（異性戀、同性戀和雙性戀等）也並非是個體固有的或內在的，而是通過各種可能性被建構出來。最激進的建構主義形式認為，根本沒有本質性的、無差別的、由於心理機能和情感而存在於身體內的「性刺激」、「性衝動」或者「性慾」，它們都是受文化和歷史的建構而產生的。採取中間立場的建構主義則含蓄地承認先天的、本質性的慾望，但它受行為、身分、共同體和主體選擇的建構。

(三) 兩者爭論的核心

本質主義與建構主義的爭論主要體現在性取向與性吸引兩方面，也即性身分與性慾望。本質主義的信條是存在關於性取向之客觀、內在、獨立於文化的事實，諸多跨文化和歷史的比較研究已經表明這種「核心」與「事實」的存在。一些本質主義觀點認為，同性戀身分的本質不是同性之間的慾望，同性慾望是一種社會事實，它不是自然的，它只是定義男同性戀和女同性戀身分的諸多社會事實的其中一種。同性戀身分的本質是一種違背異性戀規範的身分，這一（越軌）身分具有超歷史和文化的穩定性，在不同的文化裡異性戀規範有不同的表現形式。只有確立異性戀規範才使對它的違犯得以可能，同時也使同性戀的身分得以可能（Calhoun, 1993）。相比而言，建構主義認為，倘若缺乏文化建構的考量，性取向將是無法想像的，它不滿本質主義對身分的淺描，[9]尤為反對自然論本質主義對身分的「生物化」；若將同性戀身分描述為不變的，顯得過於「淺」、過於反歷史，並且對文化差異的反應遲鈍。建構主義認為本質主義犯了時代錯置的謬誤，它假定一種穿越一切時代與地域而恆定不變的同性戀類型，這種類型的同性戀背後存在大量「被隱藏的歷史」，一旦審查之幕消失，它們便可以浮出水面。建構主義的目標就是與這種用心良苦但又幼稚的時代錯置論進行爭辯，認為「性不是……在所有歷史時期和文化空間裡都一樣的普遍現象」，它是通過文化將某些行為和關係定義為「性」，社會成員通過學習這些定義或腳本而創造出來的（Gagnon, 1990: 3）。

本質主義認為，每一個個體都是真實的或本質的，不會改變性態的核心自我。同性戀跨文化特徵的一致性是性取向存在生物基礎之有力證據；而建構主義則認為，「是社會機會和意義系統，而不是核心的人格特徵，影響著性對象的選擇」（Risman & Schwartz, 1988: 127）。本質主義將性視為生物力，認為性身分是真正的、根本性差異的認知體現，存在一種使同性戀者之所以成為同性戀者的「本質」，這是他們的存在、精神或遺傳基因之「核心」；而建構主義強調性和性身分是社會的建構，是「社會標籤和自我認同的交互過程的結果」（Epstein, 1994: 193），它屬於文化和意義領域，而不是生物學。「Homosexual」、「gay」、「lesbian」等只是標籤，它們由文化創造並運用於文化本身。

在某種意義上，本質主義與建構主義爭論的核心類似於「自然」與「教化」（Nature vs. Nurture）之爭。本質主義的立場認為，性以預先設定的各種方式尋求表達，而建構主義認為性是白板一塊，能承接社會產生的任何意義。此外，爭論雙方持對立的認識論立場，本質主義者大多是「唯實論者」，堅持各種社會範疇（如同性戀、異性戀、雙性戀等）反映了根本的現實差異；建構主義者則大多是「唯名論者」，他們認為這些範疇是任意的，是人為的對經驗連續譜的劃分。表 2-1 反映了本質主義與建構主義包含的二元對立思想。

表 2-1　本質主義與建構主義包含的二元對立思想

本質主義	建構主義
唯實論	唯名論
束縛	選擇
淺描	深描
同一	差異
先致	後賦
原生主義	選擇主義
自然的	文化的
內在的	外在的
實在的	虛構的

有關同性戀身分的探討中，本質主義和建構主義都認為同性戀身分是一種性身分，但本質主義者把同性戀身分理解為「同性慾望」，而建構主義者理解的同性戀身分則是一種「性存在的越軌方式」，其歷史根源於十九世紀晚期性科學話語下的醫學建構。「慾望－身分」與「本質主義－建構主義」的交互分類可以產生四種理解同性戀的不同類型（Wilkerson, 2007: 139）：第一，身分的本質主義。所有受同性吸引的人們共享同一種身分，發展出相同的自我，應對相同或相似的社會環境。第二，身分的建構主義。所有的身分都是由社會建構的，因此，不同的社會中，身分也各不相同。不同社會的人們，即使他們名義上是同性吸引，但並非共享同一種身分，因為這種身分很大程度上是自我構想的、是在社會關係裡發展出來的。第三，慾望的本質主義。所有具有同性慾望的人共享一種將他們自己定義為同性戀的本質，他們共享這種慾望和性取向，即使身分各不相同。第四，慾望的建構主義。慾望與性取向本身就是被社會建構的，它可能與建構身分是同一個過程，不同身分的人們具有不同的慾望，即使他們進行同性性行為，甚至名義上有著相似的慾望。在這四種闡釋類別中，因果性的宣稱探究產生同性戀慾望與身分的原因（如早期的家庭關係、基因、話語實踐等），構想性的宣稱則探討促成定義一個人具有同性戀慾望或者身分的因素，以及同一種話語能否超越歷史時空定義不同的人。

實質上，本質主義與建構主義之爭也可以被看作是傳統實證主義與後現代主義之間的爭論。由於建構主義過於強調初始社會化和語言的習得，因而經常遭致過度社會化的批評，認為它給個體的能動性和創造性留下的空間不足。但是，建構主義陣營內部亦存在相當大的分歧與差異，如溫和的建構主義沒有否認身分、慾望的實在性，它拒絕的是將這種實在性從歷史中分離出來（Wilkerson, 2007），故這種指責不能一概而論。建構主義的另一個軟肋是由於強調易變性與流動性，而使其理論解釋力和預見性受損（DeLamater & Hyde, 1998）。關於身分形成的大多數建構主義文獻沒有直接解釋最初的愛慾偏好是如何發生的以及為何會發生，儘管它們對同性戀偏好的社會管控形式進行了充分研究。建構主義搖擺於自由論個體主義的某種類型之間，性範疇似乎可以被任意地挪用、超越和解構，這種思想與「性身分由社會和歷史創造」的觀念相對立（Epstein, 1987/1990: 259）。

同性戀／性學研究中範式爭論的另一個後果是導致各種觀點、視角的碎片化，這種爭論最終致使性科學沒有出現統一的範式，無論是作為整體宏大的性理論還是被性科學家普遍接受的理想型範式，「沒有一種關於性的理論視角完全符合系統性的、相互關聯的和以經驗為基礎並將其關係概念化為命題的理論定義標準」（Weis, 1998: 3）。本質主義的身分理論越來越多地受到質疑，而建構主義亦無法充分解釋個體自我的結構化慾望，因為建構主義者關注慾望的流動性和可塑性，他們對諸如「同性戀」、「異性戀」等標籤在個體的內在世界引起的強烈共鳴也無法作出令人滿意的解釋。芭芭拉．李斯曼（Barbara Risman）和珮珀．史瓦茲（Pepper Schwartz）在評價本質主義時指出：「歷史上，關於同性戀的研究和理論曾關注同性戀者的性取向是為何發生以及如何發展的。尤其是家庭病理學成為同性戀的主要解釋，（這種趨勢）直到金賽性學研究報告產生影響之後（才逐漸淡化）。但在今天看來，這種關注是不必要的。」（Risman & Schwartz, 1988: 127）而建構主義者瑪麗·麥金托什認為，範式之爭之所以相持不下，其根本原因並非由於缺乏科學性的嚴謹或任何可獲得證據的不充分，而是由於這樣一個基本事實，即它提出了一個錯誤的問題（McIntosh, 1968）。因此，建構主義和本質主義之間的爭論經常淪為「一場缺乏道德和政治意義的毫無結果的形而上學論戰」（Seidman, 1993: 105）。

在性取向的成因方面，生物學的各種理論（包括遺傳因素、胎兒期因素、大腦結構等）、親子關係、父母角色認同、早期異性戀經歷、學習理論等目前沒有得到完全證實。許多研究表明，沒有某種類型的家庭或環境會決定產生同性戀者，即後天的環境因素／社會習得不會對性取向的形成產生決定性影響。關於同性戀成因的研究被西方學術界認為是「最徒勞無益」的研究，這一爭論持續了百餘年，至今仍沒有定論。最近一些西方學者的研究結論可供我們參考，例如，尼爾·懷特海德（Neil Whitehead）和布萊爾·懷特海德（Briar Whitehead）曾指出，性取向中生物遺傳特徵的重要性本身在不同的文化和歷史條件下會有所不同（Whitehead & Whitehead, 1999）。在一種文化中，性伴侶選擇範圍越廣，那麼基因的影響更能解釋同性戀行為的類型。相反地，在一個同性戀行為被嘲諷、被污名化或者被嚴厲懲罰的社會中，無論他們的基因傾向如何，人們在很大程度上會遵從異性戀行為的文化規範。巴特勒運用美國「社會普查」（ＧＳＳ）和「全國健康與社會生活調查」（NHSLS）數據得出結論，認為社會的、法律的和經濟的變遷改變了文化和結構條件，使得更多的人——尤其是女性（因為她們在性方面具有更大的可塑性）——選擇同性作為自己的性伴侶（Butler, 2005）。目前流行的關於性取向的解釋是：先天與後天、生物與文化的因素共同產生影響；但是，人們尚未弄清楚其具體的作用機制。

第三章

關於認同與「出櫃」的研究

個人的認同賦予了「我」以意義，社會的認同除了保證「我」的意義外還允許談論「我們」。

——鮑曼，二〇〇一／二〇〇九：四〇

本質性的同性戀身分是一種政治上有用的虛構。

——Calhoun, 1993

同性戀遠不只是一種生活方式、一種社會地位或一種性行為。它是一種身分、一種生活、一種存在方式。

——Vaid, 1995: 137

菲利普．格利森（Philip Gleason）對身分認同進行「語義歷史」的考察中注意到，作為一個新出現的概念，它直到二十世紀五〇年代才進入一般的社會科學文獻中（Gleason, 1983）。精神分析學家艾瑞克．艾瑞克森（Erik Erikson）最早提出「身分」概念，之後它通過社會學中的各個分支，如角色理論、參照群體理論和符號互動論等得到了發展。到了二十世紀六〇年代中期，這個術語的使用已經變得極為廣泛，以至於很難在某種單一的學科脈絡下清晰地確定它的來源。二十世紀七〇年代之後，隨著「石牆事件」的爆發、同性戀運動的興起以及性學研究中建構主義思想的浮現，西方理論家開始廣泛關注同性戀者的身分認同過程。在新社會運動的旗幟下又出現了新的概念：「身分運動」（identity movement），它更多地通過追求的目標、運用的策略和共享的特徵（如種族或性的事實）來加以定義。新社會運動理論家認為，身分運動可以通過表意性的策略改變居於支配地位的文化類型或認可新的社會身分（Cohen, 1985）。在強調身分認同的社會運動理論中，「身分」的概念至少包含三個不同的分析層面（Bernstein, 1997: 7）：第一，共享的集體身分是任何社會運動進行動員的必要條件；第二，身分可以成為社會運動激進主義的目標，它可以是對污名化身分的接受（如「同性戀」、「雙性戀」等），也可以是對諸如「男性」、「女性」、「直人」、「黑人」或「白人」等身分類別的解構；第三，身分的表達在集體層面可以成為一種政治策略，從而致力於文化或工具性的目標。一旦身分的概念分解為這樣三個分析維度，就可以探究產生特定身分策略的政治條件。

關於身分認同的定義很容易陷入兩極對立之中，即心理學還原論和社會學簡化論（Epstein 1987/1990: 274）。第一種可以被稱為「內在精神性的」（intrapsychic）身分，它是一個人相對固定和穩定的特徵，這種身分也是本質主義的：談論身分就是描述某個人真實的存在。第二種是「習得性的」（acquired）身分，它是內化或有意識地採用社會施加的或社會建構的標籤或角色。這種身分沒有深深地確立或嵌入於個體的內心，並且在個體的生命歷程裡會發生很大改變。在「內在精神性的身分」和「習得性的身分」之間還存在許多中間狀態，並由此產生各種政治表達。早期研究同性戀身分的學者主要以身分認同發展的階段模型描述個體如何意識到他們的同性愛慾，並在這種愛慾的基礎上發展出身分認同，進而通過「出櫃」向他人揭示自己的性身分，最後成功地適應同性戀生活方式。

一、同性戀身分認同與「出櫃」理論

（一）「櫥櫃」、「出櫃」與身分敘述

「櫥櫃」（Closet）是一個空間隱喻，是同性戀者躲在自我世界裡、不向他人表明性身分的婉詞。直到二十世紀六〇、七〇年代早期，該詞才用來指同性戀者隱藏與抹除自己的性身分。對很多西方同性戀者而言，「櫥櫃」在二戰後成為生活的事實。它是一個特定歷史階段的社會類型，只有當同性戀作為一種核心身分的觀念存在時才有意義，社會污名與對同性戀的罪化導致同性戀者躲在「櫥櫃」裡。

一九六九年，荷蘭精神分析學家森格斯（W. Sengers）在其著作中最早使用「出櫃」（coming out）這個概念，他用來指同性戀者的「自我接受」，但該詞在學術圈之外的同性戀社群早已存

在。二十世紀初以來，出櫃的含義發生了微妙的變化。在二〇年代的美國，它通常指同性戀者首次進入同性戀世界；而在狹義上，它指某人開始認識到他對同性有性吸引的過程。這個過程將同性戀者描述為是「被人帶出來的」，也就是說，是在他人的引導下開始同性戀實踐，而不是他自己「走出來」（came out）。因此，最初「出櫃」的含義是指初入同性戀圈子的人被正式介紹或「走出來」，從而進入文化同伴群體的儀式（Chauncey 1994: 7-8）。例如，在二戰前的美國，男同性戀者的出櫃原本指正式現身於同性戀社群的集體展現活動，如在紐約、芝加哥、紐奧良、巴爾的摩以及其他城市經常舉行的變裝和化裝舞會。[1]同性戀者不會說「走出」我們今天意義上的「同性戀櫥櫃」，而是「走進」他們所說的「同性戀社群」或「同性戀世界」。二十世紀五〇年代，男同性戀者通常在狹義上使用「出櫃」一詞，特指他們與同性的第一次性經歷。而到了七〇年代，儘管出櫃仍被用來指一個人的初次同性戀經歷，但更經常地指向異性戀朋友和家人宣布其同性戀身分。至此，「出櫃」的主要對象已經完成了從同性戀世界向異性戀世界的轉變。[2]

現在，「出櫃」通常指公開地向他人暴露自己的同性戀身分。具體地說，「出櫃」是指接受自己是同性戀者，並將這種性身分／取向整合到個體的社會生活中的過程。它包含兩個維度：自我認同同性戀取向，並向他人表達這種性取向。儘管如此，關於「出櫃」的定義仍未達成共識，研究者在使用它時存在許多細微的差別，諸如：

出櫃過程的本質不是自我暴露，而是以一種積極的方式自我接受同性戀特性（gayness）。

出櫃是「成為同性戀」的過程，在同性戀社區中「實踐性地創造自我」引導著這一過程。（Kus, 1985）

出櫃是持續終身地學習如何在當下成為同性戀者，並創造作為同性戀者的意義。（cius, 1992: 655）

出櫃是公開聲明某人的性身分，以減少其生活中因偏見帶來的消極影響。它包括減少個體內在的消極態度與降低／遏制他人的歧視行為。（Bridgewater, 1997: 68）

「出櫃」常被視為個體過程，即接受並公開表明個人的同性戀特性。但它也可以被看作歷史進程，即在公共領域中逐漸浮現並闡釋同性戀身分。（Weeks, 1977）

「出櫃」指這樣一個過程，在該過程中包含著一系列重要事件，個體從對自身的同性戀特性毫無認識，到某種程度的敏感化，即意識到自己與他人的某些不同，再到自我認同他／她本人的確是同性戀者（Savin-Williams, 1990）。

這些關於出櫃的定義側重點有所不同，或強調過程性，或關注目的性，或肯定實踐性；同時，同性戀者本人對出櫃的理解也有差異，或指認識到自己是同性戀者的時刻，或指意識到自己的同性戀特性與公開承認該事實的這一時段，或指上述兩者的結合，以及一個可能最令人痛苦的時刻：向父母與家人吐露自己的性身分。早期出櫃的含義強調社會性的一面，即向他人吐露自己的身分；而現代的含義通常包括社會史學家約翰．德埃米利奧所說的三個維度（D'Emilio, 1983）：認可同性慾望，將這些慾望與偏好付諸行動，以及向他人承認性取向；或者分為三種類型，強調內在過程（「自我認同」），外在展現（「現身」），以及這兩者的結合（轉引自Savin-Williams, 1990）。

總之，現代意義上的出櫃不是指簡單地暴露之前隱藏的性取向，它是同性戀者創造自我的一個過程。通過不斷發展的過程，同性戀者認識他們的性偏好，並將這種認知整合到他們個人和社會生活。這個過程中有許多重要的經歷，如同性吸引的覺醒、首次性體驗、在同性戀世界現身、自我標籤為同性戀者、向朋友和家庭以及同事出櫃，最終達到性身分的完全公開化，並與其他身分和諧共處。

不同的學者對出櫃意識形態提出了不同的劃分形式。例如，肯尼思．普盧默認為從歷史的角度而言，同性戀出櫃大致經歷了三個階段（Plummer, 1995）：十八、十九世紀早期，確立了各種地下聚會的場所；二戰後，巨大的社會變遷促使形成保守性的同性戀權利組織；而到了「後石牆時代」，則培育了「出櫃時代」並使性政治化。尼克．韋斯特斯爵特（Nic Weststrate）和凱特．麥克萊恩（Kate McLean）認為，半個多世紀以來，現代西方（主要是美國）同性戀歷史上先後出現過三種關於身分認同的宏大敘事，分別為「沉默敘事」、「抗爭與成功敘事」和「解放敘事」（Weststrate & McLean, 2010）。在這個過程中，「櫥櫃」的意識形態也相應地發生變化。

在「石牆騷亂」以前的二十世紀六〇年代，西方社會占主導的是沉默敘事，這種沉默主要由於醫學、司法與宗教等因素所導致。二十世紀五〇、六〇年代，美國的一些同性戀組織，如「馬太辛協會」（Mattachine Society）、「比利提斯之女」（Daughters of Bilitis）等，[3]他們利用出櫃敘事來引導同性戀身分的自我接受。

一九六九年的「石牆騷亂」是美國同性戀歷史傳統敘述與現代同性戀運動的分水嶺，這之後的十多年間則以「抗爭與成功敘事」為主，同性戀權利運動以公民權運動和黑人權利運動作為政治組織和身分的參照模式，與之伴隨的還有艾滋病恐慌。二十世紀七〇年代早期，美國的同性戀活動家將向異性戀者出櫃作為獲得政治權力與提升自尊的策略，這被稱為「哈維・米爾克哲學」[4]。後石牆時代的同性戀組織視同性戀身分為重要的社會和個人身分構成，而出櫃敘述在同性戀身分和社區中占據核心地位。出櫃敘述成為一種「通過儀式」，成為同性戀解放運動的核心，出櫃第一次與櫥櫃的隱喻確立關係，它譴責製造這個櫥櫃的具有恐同症傾向的主流文化，也譴責躲在櫥櫃裡甘受壓制的同性戀個體。在這個時期，「櫥櫃」被認為是一種強制性的避難所（「一個藏身之地」），解放者們施壓於同性戀者，要求他們出櫃、讓他們自己現身。在該時期，「出櫃」意味著在政治運動中獲得一種「身分」。然而，在「石牆事件」中，出櫃的不是中上層階級，很大部分是「易裝皇后、女同性戀者（dykes）、街頭毒品兜售者、酒吧男孩」，這些人之所以「迫不及待」地渴望出櫃，並不是因為他們個人和集體性的「興奮」，而是因為長期遭受性和階級壓迫，因此相比於其他性少數族群，他們因出櫃承擔的風險相對較少。

二十世紀八〇、九〇年代的「解放敘事」要求公開出櫃以確保同性戀個體和共同體的安全與持存，因此這一時期曾出現了這樣的口號：「出櫃！出櫃！無論你身處何方。」而到了二十世紀九〇年代，隨著酷兒理論的發展，「櫥櫃是崇高的」（The Closet Is Sublime）成為新的意識形態，早期對櫥櫃的認知被「逆轉」，如今它被視為享受至上愉悅的空間，是自我包容、自我封閉的場所。逼迫他人出櫃不僅抑制櫥櫃裡的愉悅，而且是對酷兒的暴力形式。早期的櫥櫃被理解為一種不同社會群體關係（異性戀和同性戀）之間由客觀歷史條件決定的政治經濟問題，後來的櫥櫃則被重新理解為表徵和被表徵之間的關係，它具有自主性，而非客觀條件的結果。

二十世紀九〇年代後期，隨著「酷兒左派」（Queer Left）話語之間逐漸增長的緊張而產生了一種新的趨勢，即最小化「出櫃」的重要性。酷兒左派理論認為，「從櫥櫃中走出來」是主體性變化的結果：這些變化在社會實踐中是一種正在浮現的集體意識之結果，男同性戀／女同性戀／雙性戀等性少數族群的解放是具有自主意識的行動者發展出反話語、調動新的策略和戰術來開拓同性戀／酷兒／雙性戀等空間實踐的行為結果。在這種意義上，同性戀解放運動注定會出現同性戀者「站起來，並提出他們的權利訴求」，從而通過同性戀個體創造新的歷史。與傳統的自由觀和近代葛蘭西式左派運動的思想不同，唐納德·莫頓（Donald Morton）認為，男同性戀／女同性戀／酷兒／雙性戀等與異性戀公民之間的關係，既不是一種正在浮現的意識問題之後果，也不是反歷史的相互關係，而是生產方式變革的結果（Morton, 2001: 8）。

（二）階段論及其批判

巴里・丹克（Barry Dank）第一個提出同性戀「出櫃」的階段理論，他發現在第一次同性戀行為和自我定義為同性戀者之間存在六年的時間差（Dank, 1971）。他關於身分認同的階段論包括對同性戀刻板印象的重新定義，與同性戀社群的身分認同、自我接受以及公開化。之後，伊萊・科爾曼（Eli Coleman）又提出身分認同的五個發展階段：(1)前「出櫃」；個體知悉自己（與異性戀）的不同之處，但尚未意識到自己對同性的感受。(2)「出櫃」；個體承認自己有同性戀感覺，雖然對性尚未有一個清晰的理解。(3)探索；在這一階段，他們體驗著新認同的性身分，個體在該階段的任務包括「培養與相同性取向者的人際交往能力」、「增添個人魅力」等。然而，懂得性行為本身並不能確保建立良好的自尊。(4)首要關係的整合；個體學習同性關係的各種技能。(5)身分整合；將「公我」和「私我」結合形成一個整合的同性戀身分（Coleman, 1982）。

在這些研究中，性學家們發現同性戀身分認同的形成過程包括大量的認知、行為和情感的維度，在這些不同維度的基礎上，薇薇安・凱斯（Vivienne Cass）整合出同性戀身分形成過程中最重要的六個階段（Cass, 1979; Cass, 1984）。

第一階段：身分困惑（Identity Confusion）。個體意識到自己可能因某些行為舉止、感覺、想法等被認為是同性戀者，這帶來許多困惑與迷惘，開始質疑與性取向相關的身分。

第二階段：身分比較（Identity Comparison）。認識到自己有可能是同性戀者之後，個體面臨著一種疏離感，因為自己與非同性戀者的他人之間的差異變得更加明顯。這時個體可能會考慮通過與同性戀者的接觸來減緩與排遣這種疏離感。

第三階段：身分容忍（Identity Tolerance）。隨著對同性戀自我形象的日益投入，個體為了滿足性、情感和社會交往的需要，開始尋找同性戀伴侶。這一階段對同性戀自我形象更多的是容忍而非接受，他們很少會向異性戀者表明自己的同性戀身分。他們通常在公共場合表現出異性戀者的形象，在只有同性戀者相伴的私人場合才表露出自己的同性戀形象。

第四階段：身分接受（Identity Acceptance）。隨著對同性戀亞文化的接觸和了解日益加深，個體對同性戀的看法更積極，並且逐漸發展出同性戀的關係網絡。他們學習如何適應社會的哲學，這同時也意味著如何保持一種同性戀的生活方式。但在某些時候，他們仍採用偽裝策略，這一策略可以使他們有效地避免遭遇消極的社會反應。同時，向朋友和親屬選擇性地公開性身分。這一時期，通常他們的心緒相對平靜與穩定，因為像「我是誰」、「我屬於哪裡」之類的問題已得到解決。

第五階段：身分驕傲（Identity Pride）。這一階段的特徵是對同性戀身分感到驕傲，並強烈忠實於作為一個群體的同性戀者，這個群體被認為是重要的和可信賴的，而異性戀者則是可疑的，並遭到貶低。他們對異性戀社會施加的各類污名感到憤怒，這使公開表達性身分成為一種策略，並有目的地與非同性戀者進行對抗，以促進同性戀者身分的合法性和平等性。

第六階段：身分整合（Identity Synthesis）。與非同性戀者的積極接觸使他們意識到，將世界二分為「好的」同性戀者和「壞的」異性戀者是過於僵化和不正確的。先前階段的憤怒和驕傲雖然仍存在，但已沒有以往的那種情緒性色彩。同性戀身分不再被視為是一種壓倒性的身分，個體開始意識到他們的人格特徵有多個方面，而與同性戀相關的僅僅是其中的一個方面而已。他們不再隱藏同性戀的生活方式，因而公開表達身分不再是問題。本人對自我的印象與他人對這種自我印象的看法綜合成一個整合的身分。至此，同性戀身分形成過程最終完成（薇薇安．凱斯對同性戀身分認同階段的詳細劃分可參見附錄一）。

薇薇安．凱斯持本質主義的立場，她認為在某種意義上個體確實存在「本身持久的一致性」，這種「一致性」在不同的人身上可以呈現出不同的形式，在她看來，「同性戀者的身分在他們的個人世界中是作為一種心理性的實體被經歷的」（Cass, 1984: 165）。然而，在一些經驗研究中，薇薇安．凱斯的階段論模型並未得到證實。對此，斯蒂芬．布雷迪（Stephen Brady）和威爾瑪．巴斯（Wilma Busse）曾建議將薇薇安．凱斯的六階段理論分成兩個對等的階段，這兩個階段之間的關鍵區別在於個體是否自我認同為同性戀者，並產生歸屬感（Brady & Busse, 1994）。

此外，理查德．特萊登（Richard Troiden）在總結前人研究的基礎上，提出了同性戀身分形成的四階段模型（Troiden, 1989）：

第一階段：敏感化（sensitization）；它始於青春期之前，個體有同性戀感覺或經歷，但沒有理解自我認同的含義。

第二階段：身分困惑（identity confusion）；通常發生在青少年時期，個體認識到他或她自身可能是同性戀者。

第三階段：身分假設（identity assumption）；個體作為一個同性戀者「出櫃」，它一般先是發生在同性戀共同體中，隨後在條件具備的情況下，向異性戀社區「出櫃」。

第四階段：參與投入（commitment）；個體最終接納同性戀生活方式。

理查德．特萊登的模型相對較為簡潔，它經常作為階段論模型的典型而被引用。

在諸階段論模型中，各個階段的遞進和發展受個體的自我感知與其所處的環境之間的張力所促動。認知失調理論認為，個體是理性的、遵從性的社會存在，當認識到由於非遵從性而帶來的緊張時，個體會產生一種重新調適其觀念、態度與行為的意圖。在各種不同類型的階段論模型裡（見表3-1），並不是所有的同性戀者在經歷這些階段時都有著相同的序列或速度，接受新身分的進度和程度存在個體差異，同時可能伴隨著公開或自我封閉的交替時期。而且，「出櫃」導致的結果也不盡相同。接受自我的身分是一回事，向他人宣布真實身分又是另外一回事。對一些自我認同良好的同性戀者而言，出櫃並不是他們的目標；甚至對那些政治意識非常強烈和對污名管理非常成功的同性戀者而言，自我表露性身分也不是很普遍的現象。

階段論模型將出櫃視為一連串心理的和社會的發展進程，大體而言，其階段和步驟包括以下幾個方面：(1)自我定義為同性戀者；(2)容忍並接受自我定義的身分；(3)與其他同性戀者的頻繁接觸；(4)性體驗；(5)探索同性戀亞文化（Troiden, 1988）。這個過程也可以表述如下：首先，個體開始有意識地對同性發生興趣並表達對同性的情感與身體吸引；接著，體驗和感知社會環境對這種同性愛慾的反應；最後，重構個體身分並調整與他人的關係，即「公我」與「私我」身分之間的調適。在階段論的認同發展範式中，研究者記錄同性戀個人生活中具有重要生命意義事件的先後順序和特徵，並探討個

表 3-1　出櫃的不同階段論模型

Dank (1971)	Cass (1979)	Coleman (1982)	Troiden (1989)
重新定義刻板印象	身分困惑	前出櫃	敏感化
群體認同	身分比較	出櫃	身分困惑
自我接受	身分容忍	探索	身分假設
公開化	身分接受	首要關係整合	參與投入
	身分驕傲	身分整合	
	身分整合		

體在這些事件發生時以及在不同事件之間的心理變化。整個過程有一個開始的點和結束的點，中間通過一系列有序列的步驟相聯繫，最後階段成為整個過程的目標，而在達成這一階段之前的一切活動都被假定為直接面向這個目標，並且發展過程是線性和單向的。在這種理論中，出櫃成為一個發現的過程，個體擺脫與自身不相符合的異性戀身分從而開始正確地認同和接受他／她的真正性本質，即同性戀。在同性戀身分認同研究之初，階段論思想尤為盛行。

階段論模型自提出以來就不斷地遭致批評，這些批評可以總結為以下幾個方面（Boxer & Cohler, 1989；Eliason, 1996；Kaufman & Johnson, 2004）：第一，將環境、種族／民族、性別、社會階層以及其他特徵產生的差異最小化。這些階段論模型通常是根據對白人男同性戀者的研究提出的，然後將結論過度概化到所有男同性戀、女同性戀和雙性戀等性少數族群。第二，模型只有一個結果，即一種超越一切情境的固定而統一的男同性戀或女同性戀身分。第三，低估社會環境的重要性，過於強調身分與行為之間的關係。第四，不承認或沒有充分承認污名管理與身分公開是一個從未被「完全解決」的、伴隨終身的過程。第五，忽略更廣泛的社會歷史背景，這些模型通常根據小樣本得出，並且大多數都是線性模型。最後，這種同性戀身分認同的研究大多是基於成人回顧性的自我報告。個體生命歷程的經驗和當下的認知會潛意識地產生選擇性記憶，使個人的敘述往往帶有建構色彩，從而產生表面上完整連貫、條理清晰的生命故事。概而言之，本質主義的假定構成了階段論模型的整個方法論基礎，即固有的、靜止的身分類型被視為理所當然，從而可以理想地將人劃分為「男同性戀」、「女同性戀」、「異性戀」、「雙性戀」等這些相互分離的類型。當考慮到身分類型的社會變化或各種身分的文化意義時，這種固定的身分尤成為問題（Weeks, 1995）。

階段論模型沒有徹底檢視性身分認同的形成過程，從而導致當代性身分概念、描述性身分形成的模式以及性實踐之間的斷裂與脫節，這些傳統的模型通常是類型化或等級式的。保拉．拉斯特（Paula Rust）指出，在實踐中，「出櫃」並非是線性的、目標導向的和不斷向前發展的過程；也就是說，同性戀身分認同的形成並非是有序列的和可預期的，它可能經歷跨越階段或反覆的過程，有時甚至返回到異性戀的身分認同（Rust, 1993）。此外，後結構主義思想對近來的同性戀身分認同研究產生很大的影響，後結構主義者主張不是只有一種同性戀歷史，而是有很多種；也不僅只有一種同性戀身分，因為它是流動的、處於不斷地變化之中。性認同的形成必須被重新建構為在變遷的社會背景中對一個人社會位置的描述過程。相應地，性身分認同的變化可以被視為個體在面對其他個體、群體和機構時，期望維持對他們地位的精確描述而進行的調適。在保拉．拉斯特看來，社會環境的變遷會導致個人性身分認同的變化。這些社會變遷包括：第一，性在概念化的過程中產生的變化改變原有的意義，並產生新的概念，而新類型的建構使這種變化得以可能。例如，同性戀概念經歷了從臨床診斷的類型、遭貶抑的精神分析類型，再到一種充斥著各種社會和政治意義類型的轉變過程。第二，在不同的（亞）文化中，社會建構的作用存在差異，個體可能使用不同的建構來準確地描述其在不同社會背景中的地位。第三，定位自身的社會政治場景會發生變化。最後，個體自身在社會政治背景中的位置也會發生變化，個人為承認自身的某種關係會作出相應的描述和解釋。簡言之，保拉・拉斯特認為，社會建構主義者必須避免將本質主義的意圖帶入性身分形成的理論中，而允許創造自我身分認同的個體引入他們自己的目標。

近些年來，同性戀身分認同與出櫃的理論研究取得了新的進展，使相關的理論闡釋更具多元性。例如，有研究者提出身分認同的動態擺鐘模型，認為個體在受到嚴重創傷後的身分重建過程中，身分觀念的形成像擺鐘一樣來回擺動（轉引自 Taylor, 1999）。而江紹祺（Travls Kong）受後結構主義身分觀的影響提出「權力－抵制」範式，指出身分由主體化的雙重進程構成，即分散的支配權力在各種不同層次（系統的、社區的和個體的）的治理藝術下既「自我生成」又「被生成」，權力通過規訓、控制、管理和監督得以彰顯、生產、協商以及生成抵制（Kong, 2011）。此外，有些理論闡釋，諸如符號互動論、生態學理論、生命歷程理論等不再將身分形成視為固定的、線性的、以「出櫃」為最終導向和目標，而是視之為一種流動的、多因素作用的、非目的性的和持續終身的過程。

（三）符號互動論

符號互動論者挑戰了階段論／發展歷程範式，它視性身分認同的形成是社會互動的過程，而非僅是個體反省、「發現」身分的過程。從這種角度來看，身分遠非只是一系列角色扮演，而是社會性地參與建構現實的結果（Epstein, 1987/1990: 273）。肯尼思．普盧默從互動論視角提出性身分形成過程中的「敏感化」階段，同性戀者在這一階段體驗後來使其獲得性意義的各種經歷（Plummer, 1975）。這些經歷只有在他／她「出櫃」之後並回顧性地重新將它們解釋為同性戀的早期標誌，才正式成為出櫃經驗之構成。普盧默認為，敏感化階段不是獨特的「前同性戀」存在狀態，同性戀也不是一種有待發現的本質特徵；同性戀身分和出櫃過程是回顧性地建構的。黛安．理查森（Diane Richardson）和約翰．哈特（John Hart）認為，任何性身分認同都是不斷進行中的、動態的社會互動過程的產物（Richardson & Hart, 1981）。在生命週期的任何階段，個體的性身分都可能發生改變，性身分的意義在不同個體身上也會隨著時間的推移而有所不同。與身分認同的變化相比，身分認同的穩定性更是相互作用的產物。

關於性身分形成的理論需要辨別個體採取的一系列潛在的發展策略、與重要他人的關係、他們的經驗感受以及對既有性別和性範疇的理解等。在標籤理論中，一旦個體觸犯初級越軌行為（如「同性戀行為」），結果被貼上污名化的標籤（如「你是一個酷兒」），這種標籤內化之後進而固化為一種次級越軌身分（如「我是一位同性戀者」）。在現實世界中，這一連串的發展序列可能發生很大變化，而且個體對性身分的理解過程是不停歇的，它涉及有意識和無意識的心理成分。人們通過「身分工作」（identity work）積極尋求將他們的思想、動機、經驗與他人構成一個有機的整體，從而使自身在現實中的地位合法化（Epstein, 1987/1990: 270-272）。

符號互動論為解釋同性戀身分認同的形成、發展與維持提供了新的思想源泉。後來的學者從互動論的視角出發，以社會因素與生物因素之間的相互作用來理解人類的性慾（Weinrich, 1987/1990）。喬安妮・考夫曼（Joanne Kaufman）和凱瑟琳・約翰遜（Cathryn Johnson）以符號互動論為理論框架，重新反思性地評估傳統的階段論模型（Kaufman & Johnson, 2004）。他們的模型結合了歷史、社會以及即時的情境，充分考慮微觀和宏觀的要素（見圖3-1）。他們認為個體的「反思性評估」在同性戀身分認同以及污名化身分的管理與發展過程中具有重要影響。

（四）生態學理論

凱文・奧爾德森（Kevin Alderson）認為「同性戀身分」是個體的一種身分認知狀態，這些個體認同自身的同性戀認知、情感和／或行為，並且接受「同性戀身分對他們自身而言具有重要個人意義」的觀念（Alderson, 2003: 78）。他提出身分認同的「生態學理論」，該模型汲取了解釋身分形成的「發展階段」和「過程組成」理論，並試圖辨識所有影響個人的心理因素和外在的社會環境因素。事實上，凱文・奧爾德森的生態學理論基於索菲（J. Sophie）提出的四階段模型，將其中的前兩個階段——即同性戀情感的覺醒和在缺乏同性戀身分自我認同狀況下進行的試驗／探索行為——合併成「出櫃前」階段；而「出櫃期間」和「出櫃後」分別對應於索菲的四階

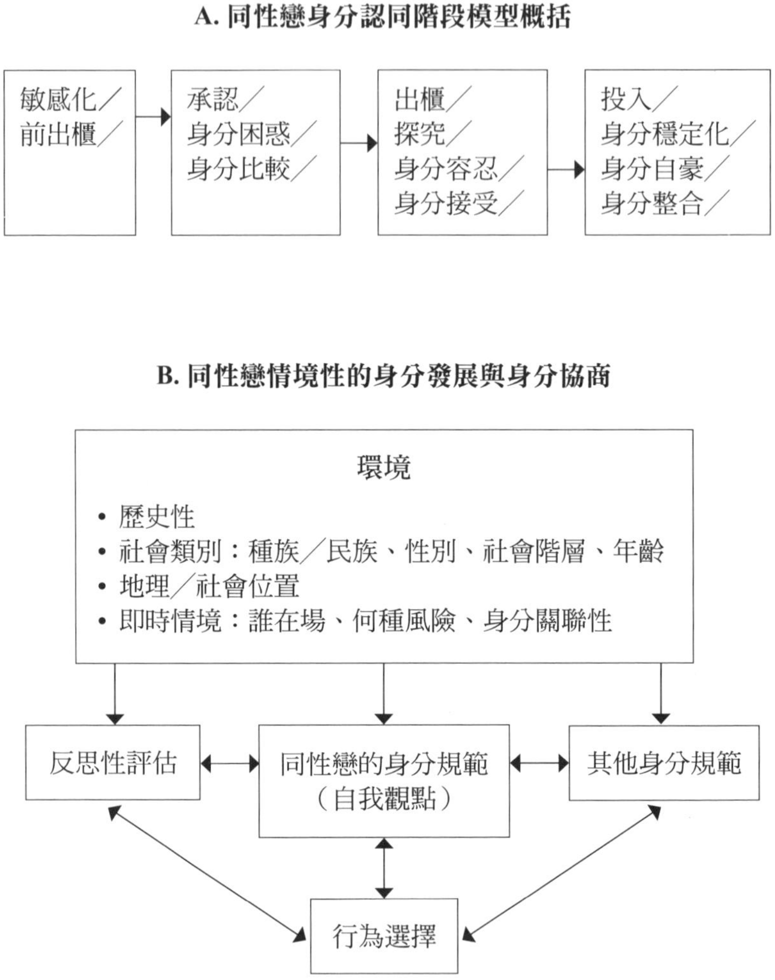

圖 3-1　階段模型與符號互動論的身分觀比較（Kaufman & Johnson, 2004: 827）

段模型中的「採納同性戀身分（身分接受）」和「身分整合」兩個階段，由此構成他的生態學理論框架。

在圖3-2中，前「出櫃」階段指最外面的三角形，它代表父母／家庭、文化／精神，以及同伴群體的影響。第二層三角形中的行為、情感和認知影響代表「出櫃期間」的影響因素。而第三層三角形代表「出櫃後」階段，個體承認同性戀身分並找到

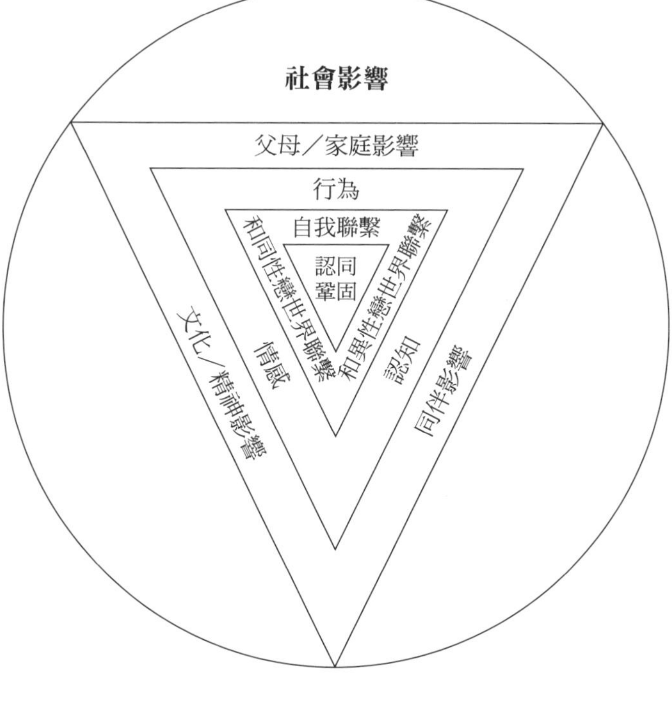

圖 3-2　男同性戀者身分認同的生態學模型
（Alderson, 2003: 76）

獨特的方式整合自我、同性戀世界以及異性戀世界之間的聯繫。在不同的階段，同性戀者通過整合不同層次的影響，最終達到「認同鞏固」的核心。

生態學理論提供了一種整體的視角，結合了同性戀者自我定義的內在心理因素和外在的社會因素，在凱文・奧爾德森看來，認知失調是同性戀者繼續在各個階段內和階段之間推動身分發展的促動力。社會因素對身分認同與「出櫃」起著促進或阻礙的作用，如父母和家庭、文化和宗教、同伴群體以及社會寬容度等，並不是所有的父母對他們的同性戀子女持否定態度，某些文化可能對同性戀持更積極的立場；也不是所有的同性戀者會到達同一個終點，每個同性戀者都會有獨特的身分認同過程。

（五）生命歷程理論

生命歷程理論調和了生物學、社會科學和人文主義的研究範式，認識到在人的發展歷程中社會、歷史與文化的相對性，該範式主張在本質主義和建構主義之間採取一種溫和的立場。生命歷程理論強調個體生存的社會文化（尤其是歷史環境）的重要性，個體的發展軌跡隨著不斷變化的生態發展史而發生改變，從而在人類發展觀中明確了人與環境之間的交換關係（Hammack, 2005）。

格倫・埃德（Glen Elder）指出生命歷程理論包含兩大原則：第一，歷史時空原則。個體的生命歷程根植於其一生所經歷的歷史時空並受其形塑，不斷發展的歷史時空決定著行為的可能性和身分認同的獨特話語。第二，人的能動性。歷史和社會環境既提供機會，又形成約束，而個體則在各種機會和限制中通過選擇性的行動建構其獨特的生命歷程。生命歷程理論持一種強烈的能動性觀念，它試圖平衡生物性因素與歷史、文化的影響（Elder, 1998: 3-4）。在示意圖3-3中，性取向是指「性慾的生物性情感傾向，它激發了行為和身分的假定」。這個定義中有三個重要命題（Hammack, 2005: 276）：第一，個體擁有一種生物性的性情傾向，以有效地

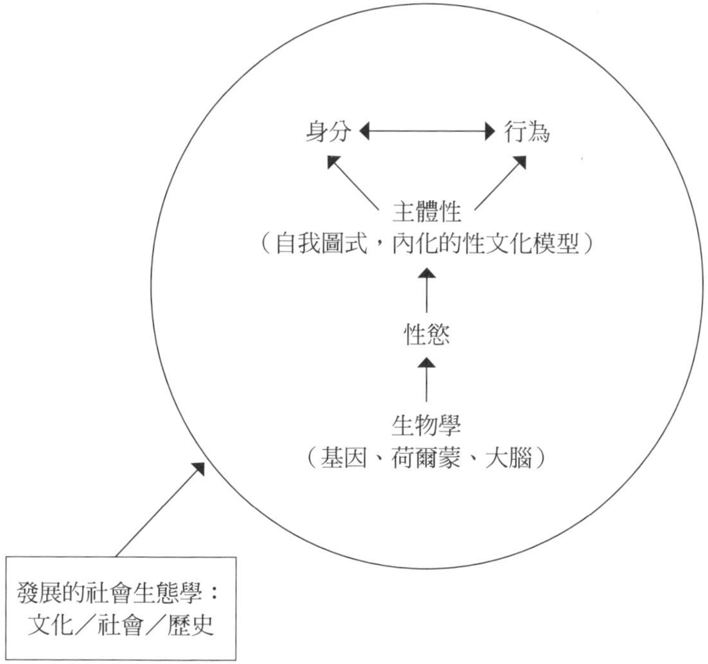

圖 3-3　性取向發展路徑示意圖（Hammack, 2005: 277）

對某種特定性別的成員做出反應；第二，這種性情傾向體現在性慾中；第三，在人類性態的特定文化模式中，對人慾望的主觀理解導致不同的行為實踐和身分認同假設。

在生命歷程理論提出的關於性身分的發展模型中，生物性因素是產生情感的基礎，個體對同性做出反應並體驗性快感和親密性。社會提供身分認同的類型，通過內化社會結構，個體習得了認同「男同性戀」或「女同性戀」的同性慾望。文化則提供性身分發展的場景——物理環境、規範結構、習俗和符號實踐、行為可能性及其限制等。最後，歷史提供了文化和社會的傳統來源（Hammack, 2005: 282）。

生命歷程理論涉及個體生命過程中的重要影響與變遷，並考慮宏觀結構（諸如窮困、種族主義、性別歧視、恐同症等社會政治力量）對個體產生的影響。因此，生命歷程理論也可以稱為「發展的」人格結構理論，它彰顯正在進行中的身分認同發展過程，而不僅僅是顯示時間過程和相對靜止的身分認同結構。這種發展的視角將「具體情境中的個體」——而不是抽象的「個體」——作為它們的基本分析單位（Gonsiorek & Rudolph, 1991: 162）。

二、「出櫃」的經驗研究

「身分認同」與「出櫃」其實並不是兩個完全重合的過程，有研究指出，兩者的關聯度為六五%（Harry & DeVall, 1978）。出櫃需要在具體的個人與社會的情景中加以理解。儘管出櫃是個人化的行為，但它充斥著文化和意識形態，性行為、情感、政治和道德等因素在其中交織在一起，共同影響著出櫃的決策與進程。目前關於（家庭）出櫃的經驗研究通常包括以下幾個方面，即出櫃的年齡、對象、策略、結果以及父母的反應等。

1. 出櫃的年齡

在出櫃的年齡方面，男女同性戀者之間、同性戀者與雙性戀者之間都存在差別。在異性戀社會，由於男異性戀者的定義更為嚴格，男性相對更頻繁地對自己的性取向進行拷問，因此，他們通常比女異性戀者更為排斥同性親密關係。在同性戀社群裡，一般情況下，男同性戀者出櫃的年齡比女同性戀者更早、也更為迅速（Rust, 1993）。北美社會中許多男同性戀者從第一次產生同性吸引的意識，到自我認同為同性戀者，這之間存在時間差。雙性戀者出櫃的時間比同性戀者要晚。在現代社會，出櫃的年齡有逐漸提前的趨勢；當前美國同性戀者出櫃的平均年齡比三十年前的同齡群體要低（Riley, 2010）。這與整個美國社會對同性戀的態度以及同性戀本身共同體文化的發展不無關係。一項對舊金山海灣地區男同性戀者的調查表明（見表3-2），首次同性戀經歷與出櫃之間的時間差正變得越來越小，一九六六年之後，兩者已經沒有明顯的時間差。二戰前出生的男同性戀者出櫃的平均年齡是三十一點五歲，這個平均值比後來在較為寬鬆的環境下出生的同性戀者要明顯高出很多。後嬰兒潮一代在高中畢業之後不久便出櫃，那些未能上大學的人出櫃年齡更早。一個普遍的趨勢是：二十世紀七〇、八〇年代出生的同性戀者，平均出櫃年齡更早。

此外，艾滋病的出現對同性戀者的行為與態度有很大影響。在出現艾滋病以前，家庭出櫃通常發生在經歷一段時期的同性戀生活之後；而在後艾滋病時代，同性戀者出櫃的年齡普遍較早，家庭出櫃通常發生在進行同性性行為或進入同性戀社交圈之前（Grierson & Smith, 2005）。[5]

表 3-2　海灣地區男同性戀者首次性經歷與出櫃平均年齡的代際差異（Murray 1996: 220）[6]

出生年代	首次同性戀經歷的平均年齡	出櫃的平均年齡	樣本數
1901-1935	14.5	26.0	44
1936-1945	17.0	25.5	46
1946-1952	18.0	22.0	74
1953-1960	17.5	21.0	72
1961-1965	17.0	19.0	31
1966+	18.0	18.0	8
總計	17.0	22.0	275

2. 出櫃的對象

通常而言，出櫃的第一個對象是同性戀者本人。出櫃的對象先後分別是自我、他人，最後才是父母。同性戀者更傾向於向母親出櫃而不是父親，而且向母親出櫃時更多地採取直接的方式。向父母都出櫃的同性戀者，往往具有較強的自信。在出櫃過程中性別差異明顯，家庭代際間的交流對出櫃有重要作用。倘若父母較為年輕，並與同性戀子女保持著良好的關係，那麼女同性戀者更有可能向家庭出櫃（Savin-Williams, 1990）。

同性戀者向姊妹出櫃的種族差異較大，華裔、日裔和韓裔美國人更傾向於先向姊妹出櫃而不是父母，而非裔和拉丁裔美國人則認為姊妹對出櫃的支持率僅為母親的三〇％（Riley, 2010）。此外，關於香港男同性戀者的出櫃研究發現，男同性戀者通常先向同性戀朋友暴露性取向，接下去分別是異性戀朋友、兄弟姊妹、父母和同事（Wong & Tang, 2004）。中國男同性戀者經歷的重要出櫃階段比西方國家晚五年左右，西方同性戀者向父母出櫃的原因是為了減輕欺騙和守密帶來的壓力以及試圖改善與父母的關係，而中國同性戀者向父母出櫃可能會是又一個壓力來源，並導致與父母之間的關係惡化。

3. 父母的反應

作為重要他人，父母在同性戀身分認同的過程中扮演著重要角色。出櫃是個體與社會之間的互動過程，它深受家庭與社會價值規範的影響。父母的反應與同性戀子女出櫃的年齡有一定關聯。母親比父親更容易接受同性戀子女的出櫃。許多人終身不向父母出櫃，因為害怕這種身分暴露會對代際關係以及自己的家庭地位產生消極影響。包容、接納性的家庭是出櫃過程中的積極因素，父母與同伴群體、教會團體和異性戀者等其他一般性群體一樣，共同決定著個體是「偽裝」成異性戀者還是出櫃。

由於父母的反應大多是消極的，出櫃被視為一場（潛在的）家庭危機；因此，不少對家庭出櫃的研究都是從心理輔導的角度進行。父母對子女出櫃的消極反應包括拒絕、責備、懼怕、悲傷和自責等（LaSala, 2000）。性別反串（如女性化的男孩、陽剛氣的女孩）尤為容易遭致父母與同輩群體的反對。父母的反應通常有兩個方面：一方面，父母將關於同性戀的否定性觀念運用到子女身上，出櫃使父母的主體性認知產生變化，即自己的子女突然成為「陌生人」；另一方面，由於對同性戀的偏見，父母以為是他們導致子女「變成」同性戀者，進而認為他們對子女的這種新的、外來的身分負有不可推卸的責任。

一些研究採用家庭系統的視角研究父母對同性戀子女出櫃的反應，以辨別出一些特定的類型、過程和影響因素。如傑克・迪瓦恩（Jack DeVine）將家庭出櫃看作是家庭系統（主要是父母）經歷一系列意識覺醒與接受子女的同性戀特性的過程，具體包括：(1)潛意識察覺；由於同性戀子女的行為和交往方式使他們的性身分在家庭中受到懷疑。(2)衝擊；實際發現或出櫃，導致家庭危機。(3)調適；同性戀子女被要求改變性取向或對同性戀身分保守祕密，以保持家庭的體面與完整。(4)整合；賦予同性戀子女新的角色，以新的方式對待子女的同性戀身分（DeVine, 1984）。在同性戀子女的出櫃過程中，家庭可能滯留在這其中的任何一個階段，不一定達到最後的整合階段。家庭系統對同性戀子女出櫃的反應受到三個因素影響，即家庭成員之間的「團結感」或親密度；管理家庭成員行為的規範結構或規則；以及家庭在社區中的自身定位以及它所認同的價值觀與行為。傑克·迪瓦恩亦指出三種與家庭出櫃產生嚴重衝突的原因：(1)「不惜一切代價保持家庭體面」，將拒絕與嚴格審查家庭中的同性戀成員作為避免在社區中失去地位的方式；(2)「家庭能解決自己的問題」，對替代性的或非熟悉的價值理念缺乏包容與開放的心態，並認為越軌的家庭成員是一個「需要被搞定的問題」；(3)「遵循宗教訓誡」，如果家庭的宗教觀念否定同性戀，那麼也意味著它將拒絕同性戀家庭成員。

儘管不少研究者相信同性戀子女與父母之間融洽的關係是解決問題的良好預兆，但是許多研究表明，父母對子女出櫃的反應是「難以預期的」（Savin-Williams, 1990: 139）。出櫃過程沒有規則可言。母親與同性戀子女之間的關係可能更為密切，這與父母的角色扮演有關：父親的角色通常更為工具性（強調紀律、提供收入、指導子女職業規劃等），而母親的角色更為表意性（照料、疏導情感、社交與精神發展等）。關於父母雙方對同性戀子女出櫃的不同反應有兩種解釋（Wisniewski, Robinson & Deluty, 2010）。其中一種解釋是「進化論視角的雙親性別假說」

（evolutionary parental gender hypothesis），它認為生物學上的母親比父親會經歷更多的痛苦，並將更多的壓力施加在她們的同性戀兒子身上，以期改變其性取向。這一假說基於不同性別之間的兩個重要的不對稱現象。第一個不對稱是兩性為了增加總體性適應，採取不同的生殖成功策略。男性通過獲得更多的授精機會，以不斷增加成功生殖的機率；相比之下，女性將資源更多地投入到（她能夠生育數量有限的）子女的監護權或者生殖潛力上。第二個不對稱是由於兩性對其子女的父母身分確定程度不同造成的：女性可以保證所生的子女是自己的，而男性則無法保證。這兩個不對稱使母親對出櫃子女的投入增加，而導致父親對出櫃子女的投入減少。關於父母雙方對同性戀子女出櫃產生不同反應的另一種解釋是「文化視角的雙親性別假說」（cultural parental gender hypothesis），它認為父親會比母親經歷更多的痛苦，並會對他們的兒子施加更多的壓力，以期改變其性取向。該假說從社會文化規範出發，認為男性對男子氣概形象的要求比女性對女性氣質的要求更為迫切，男同性戀者違犯性別文化角色要比女同性戀者嚴重得多。正如很多研究表明的，針對同性戀兒子的出櫃，父親的反應通常比母親更為消極。這兩種假說分別解釋了父母雙親對同性戀子女的出櫃做出不同反應的生物學和文化原因。

4. 出櫃的策略

出櫃的決定通常受到同性戀者對父母關於同性戀態度的感知的影響，許多同性戀者為了使損害與風險最小化，在出櫃前需要做精心準備，並不斷進行試探。同時，一些父母在子女出櫃之後，他們自己也經歷了「出櫃」和／或「入櫃」的過程，即他們也同樣面臨著這樣的抉擇：要麼接納子女的同性戀身分，並向周圍人公開；要麼拒絕接受子女的同性戀身分，或者即使接受也不公開，自己反而躲進「櫥櫃」內。父母對同性戀子女性取向的偏見通常包括幾個方面：(1)「傳統偏見」，認為同性戀特性是一種會隨著個人的成長而消失的屬性；(2)「社會學習偏見」，認為同性戀行為是從朋友圈中習得的；(3)「孝道偏見」，無論是不是同性戀者，必須一律結婚，以履行對家庭與父母的義務；以及(4)「宗教偏見」等。男同性戀者相應地會採用四種策略，分別是向家裡隱瞞、管理出櫃風險、試探與教育父母以及迂迴式出櫃等（Wang, Bih & Brennan, 2009）。

5. 出櫃的結果

出櫃的過程與結果涉及同性戀本人的身分認同狀況以及社會、政治和文化等諸多因素。對很多同性戀者而言，出櫃具有重要的功能，諸如(1)心理治療作用，它能增強自尊，舒緩孤獨；(2)有助於建立或緩解社會關係，因為對他人隱瞞真實的性身分可能使人際關係的溝通與維持變得困難；(3)有利於解決家庭問題，避免「被結婚」的社會與家庭壓力；(4)出櫃是預防性的，它是內心誠實的標誌；(5)出櫃又是政治性的，它可以改變社會對同性戀的偏見（Bohan, 1996）。此外，向父母出櫃對同性戀伴侶關係的影響有不同的結論。有些研究表明，父母的敵意對同性戀伴侶關係沒有不良影響，他們會通過保持強烈的獨立性、強化代際邊界來保護伴侶之間的情感（LaSala, 2000）。儘管父母最初都可能反對子女的同性戀關係與生活方式，但是大多數同性戀者認為，向父母出櫃有諸多益處。然而，也有研究認為出櫃並不必然能提高同性戀者的心理健康程度，這兩者之間沒有直接的因果關係（Taylor, 1999）。

第四章

生存狀態與呈現方式

晚明直至清末民初，同性戀作為一種性愛的形式在這四百年左右的時期裡幾乎享有與異性戀同樣的地位，而相當一部分士人還把它視為風流韻事而趨之若鶩。

——吳存存，二〇〇〇：一一四

主體早已面對你們，只是你們看不見。

——胡淑雯

當代中國毫無疑問地證明了社會主義和父權制可以和諧共存。

——Margery Wolf, 1985: 261

二十世紀九〇年代以後，中國城市裡同性戀的可見性日益增長，同性戀身分認同也是在這一時期逐漸凸顯出來。與這一現象幾乎同時出現的還包括艾滋病的蔓延、城市化的推進、通訊手段（互聯網、智能手機等）的逐漸普及、不可抗拒的全球化進程、西方同性戀權利運動的影響以及國際間性健康交流與合作的加強等。由於大城市人口集中、交通發達、通訊便利、娛樂設施齊全、匿名性強、生活選擇多元化等因素以及尋找同性戀伴侶成本相對較低，使大量同性戀人口從農村遷往城市，因而大都市聚集了大量的同性戀人群，形成具有地域色彩的同性戀生存圈，從而使同性戀者在地理分布上具有顯著的聚集特點。這種情況在現代社會尤為普遍，如美國的洛杉磯、紐約、舊金山等二十座大城市聚集了近六〇%的男同性戀者和四五%的女同性戀者，而這些城市的總人口不到全國人口的二六%（Black et al. 2000）。[1]因此，同性戀可謂是一種「現代都市的生活方式」。類似地，中國的同性戀者也大多聚集在北京、上海、成都、廣州、昆明等大都市，並且在這些都市裡建立了許多為同性戀者服務的同性戀組織、「同志熱線」等。工業化、城市化、財富的增殖和新的通訊技術等為人們在不同社會更公開地表達性差異提供了機緣。二十世紀九〇年代後半期以來，互聯網為一些身處限制公共表達機會的威權主義和「恐同症」國家的人們提供了新的手段（Jackson, 2001: 2-3）。

一、個體生存與聚集方式

二十世紀八〇年代以後，以市場為導向的社會和經濟改革使得普通中國人的生活「重新私人化」。隨著市民社會的出現，國家不再有能力或興趣去直接干預人們的日常私人生活（Evans, 1995）。傳統的制度以及相應身分的式微，促使人們重新選擇和思考自己的生活方式。二十世紀晚期出現的性話語爆炸影響著普通民眾的日常生活和思想觀念，進而影響同性戀者的生存處境和呈現方式：

現在同志的生存環境比過去好了很多，過去大家還處於一個封閉的狀態，沒有網絡、沒有公共場所，彼此之間認識的機會非常少，各方面的因素都制約了同志群體的交往。所以我覺得現在環境已經很好了，網絡、同志的聚集場所、公園等，擴大了同志之間相互認識的機會，現在（同性戀）跟異性戀（在交友方面）的認識機會相差無幾，我是這麼認為的。（「Dylan」[2]訪談，二〇〇九）

以前同志會把自己包裹起來。現在機會相對多了，像北京這樣的移民城市，寬容度和包容度可能比一般城市更大，人和人之間結識的方式比過去要容易一點。城市越大，包容度越高；它活動的場所越多、人也多，同志結識的機率更大。像北京這樣的大城市，對生活和事業（尤其是事業）可以提供一些幫助；與中小城市相比，它提供了更加便捷的生活條件。（「阿來」訪談，二〇〇九）

外部環境的變化與社會轉型對中國同性戀者的生存狀態產生了重要影響：一方面，這種影響使越來越多的同性戀者浮出水面；另一方面，也使異性戀社會對同性戀變得「敏感化」。如「阿來」談到：

原來在小城鎮，看到兩個男人處在一起，你可能沒有什麼想法。現在社會敏感度越來越高，看到兩個男人在一起，你可能就會想，他們是不是一對兒呀？如果他們看著比較親密，看上去是一對兒，這在幾年前、十年前，可能會覺得很怪異——現在也還會有人這麼認為，但很多人會覺得這事跟我沒什麼關係，我就好奇而已，「事不關己高高掛起」。這個事情，如果不是自己的兄弟姊妹，如果不是自己的兒女（是同志）的話，那麼很多人在某種程度上可能更容易理解，更覺得「正常」、「沒事」、「也對」，只有當這個事發生在自己身邊的時候，才會讓家人、親友等難以接受。（「阿來」訪談，二〇〇九）

這種「社會敏感化」固然提高了同性戀者的社會可見度，但也帶來了負面效應，使同性戀「問題化」。對許多人而言，「脫敏」與「敏感化」是同時存在的。從「阿來」的話語中可以看出，社會對同性戀的「寬容」更多的可能是一種冷漠、忽視與避嫌。同時，在正處於急劇轉型期的中國社會，區域、城鄉發展差異很大，尤其是東部沿海地區的大都市與西部偏遠地區的小鄉村相比，同性戀者的生存處境不可同日而語。這是我們在研究中國同性戀現象時不可忽視的基本現狀。在社會結構單一、缺乏信息交流、相對閉塞的偏遠地區，異性戀社會與同性戀者本人對同性戀的認知仍可能相當陳腐，同性戀者還沒有被社會「發現」，甚至尚未被「自我發現」，這導致了許多身分認同的困惑，甚至釀成家庭慘劇。

當同性戀共同體內外的有識之士積極倡導同性婚姻、要求更多的同性戀權益時，同樣的社會仍有許多人認為，同性戀是一種可以治癒的「疾病」，父母為同性戀子女到處奔波，向被冠以「科學的」、「權威的」（心理）醫生尋求幫助，以期還給他們一個「正常的」、「健康的」子女。一位來自中國北方農村的老父親講述了他的同性戀兒子尋求醫學治療的經過：

我兒子從初小就開始意識到同性傾向，不像好多人都是到讀大學時才感覺到，他在小學就有這（同性愛慕）感覺。他上學時不怎麼與同學們接觸，一回到家——我們離市區不遠——就埋頭讀小說，從小都是這樣，我們說他都不起作用。後來到十幾歲、高中要畢業的時候，我們覺得他的心理不大正常，就帶他去心理醫院，那個心理醫生跟他一交談，就說「你兒子是同性戀」。我說：「是嗎？你怎麼認為他是同性戀呢？」在我的印象裡，所有的同性戀就是——過去呀，像我們這個年齡的，都知道舊社會的一些事——一群人在一起瞎搞些比較下流的行為，在我的印象中，同性戀就是這樣。它即使有（同性戀性傾向），恐怕也只是一時的，該到了年齡，自然會結婚的。

他（心理醫生）說，這個是性取向的問題，所以對女性、對異性不感興趣。我問「那還有沒的治啊？」他說，這要看是「器質性的」還是「非器質性的」。這個醫生的老婆是一家檢測所裡的醫生，他就把我們推薦到那兒去了。後來一檢查，說是「非器質性的」，可以治。

我們就去接受治療，治了一個多月，沒有一點效果。後來這位醫生說，「我給你介紹一個全國有名的心理學專家」——這個人的名字我就不說了，他已經不在了——說「在他那兒，這個問題是小兒科」。我們就去了，他（那個「有名的心理學專家」）讓我們（兒子）吃藥，盡是吃一些精神病的藥，吃了一個月，沒精神病也吃出精神病來，孩子的整個思維、思想有些不對勁了。最後他說，「你回去，給他找個對象，一結婚就好了。」後來我們發現，這個醫生在一本書裡面早就表態了，說給同性戀治療是浪費醫生的精力，不可能治好的。他明明知道治不好，還給我們治了一個多月，而且治出了精神問題。後來，我們回到原來那個醫生那裡，他說，「哎呀，我告訴你，我在這方面做了一千多例試驗，沒有一例好的，你就死了這條心吧！」我心裡就想，你怎麼不早點告訴我，叫我死心？不是說「非器質性的」可以治好嗎？……因為市場經濟開放，他們都自己搞些私人玩意兒，純粹是為了錢，來糊弄我們。（這位父親在說這些話的時候，老妻默不作聲地坐在旁邊，不停地擦眼淚。）（李爸爸，懇談會，二〇一〇／十／三十）

在這位滿臉皺紋、白髮蒼蒼的老父親看來，同性戀是「舊社會的一些事，就是一群人在一起瞎搞些比較下流的行為」。換句話說，同性戀是一種「惡習」，是一種後天習得的「行為」，並且與性亂聯繫在一起。而且它是暫時的，「即使有，恐怕也只是一時的，該到了年齡，他會自然結婚的」。在這位老人的記憶裡，同性戀並不與異性戀婚姻相矛盾，也根本不涉及「性取向」、「身分」之類的問題。而醫生甚至仍未放棄「治癒」同性戀的企圖，認為「非器質性的」同性戀可以治，而所謂的治療卻是「吃一些精神病的藥」，以及最後的「治癒辦法」是荒唐地將同性戀推向異性戀婚姻，「你回去，給他找個對象，一結婚就好了」。從這位老人封存的記憶裡，我們彷彿回到了二十世紀二〇、三〇年代，這位老父親與其尋求治療的心理醫生的話語和當時民國時期的知識分子對同性戀病理化的看法以及六〇、七〇年代將同性戀視為「流氓行為」的社會態度遙相呼應。在這位父親看來，同性戀仍然是一種疾病、一種罪，儘管在他說這些話時，中國同性戀非病理化、「非罪化」已經十多年。

在這種情況下，中國的同性戀者更需要經歷一種生活方式、思維觀念的轉變與文化適應、文化創造的過程。文化適應是人們有意識地發展出不同的生活方式，以應對他們所處環境中的各種挑戰。人類的文化遠非僅指具有象徵意義的禮儀和規則組成的「生活方式」，諸種文化是生存的適應性策略，不同的生活方式是人們應付自然和社會中複雜問題的結果（Rotello, 1998）。「成為」同性戀者，除了良好的自我認同之外，還需要其他的一些「硬件」。例如，某女同性戀組織的一位工作人員半開玩笑地談到：

中國的拉拉不是隨便什麼人都可以做的（笑），而是有條件的：經濟要獨立；又要受過教

育；會上網認識人……要是不具備這些條件，在中國就甭想當拉拉……（「蘭」，北京同志中心，二〇一〇／七／四）

目前，同性戀者的聚集方式主要有以下幾種形式：

1. **以當地的同性戀組織為紐帶**。比較知名的如「北京同志中心」、「同語」、「上海女愛組織」、「成都同志關愛小組」等。這些組織通常能獲取外部的資金（尤其是海外資金）、人員（主要是當地的志願者）等援助，有較強的組織能力與動員能力，對推動中國同性戀運動可以起到很大的作用。他們依託志願者開展各種非營利性的工作，平時通過影展、藝術展、全國範圍內的巡遊、文化沙龍、各類培訓等形式來提高同性戀社群的自我認同，反對各種性／別歧視，促進同性戀運動和多元文化的發展，改善同性戀群體的社會形象，以期逐步改變異性戀社會對同性戀的態度，最終達成平權之目的。聚集在這些同性戀組織周圍的同性戀者通常文化程度較高、自我認同良好，很多人曾有過為同性戀組織充當志願者的經歷。這些組織對外呈開放姿態，包容性較大，其中人員的流動也較為頻繁，但往往有一個規模不大、全職的核心成員小組，由它長期維持著組織的日常運轉。

2. **以關鍵人物為中心**。這些關鍵人物往往是年齡較大的長輩級人物，目前出現的這些人物主要是對同性戀群體持善意和抱有同情心的異性戀者，如廣州的吳幼堅、大連的「孫爸爸」等，他們希望以自己的行動改變異性戀社會的偏見。尤其是吳幼堅女士，她籌辦了「同性戀親友會」（PFLAG China），在廣州地區乃至全國範圍內產生了很大影響；她的兒子是一位已出櫃的同性戀者。這些關鍵性的或紐帶性的人物通常比聚集在他們周圍的同性戀者更年長、輩分更高，因此，許多同性戀者願意將他們當作情感傾訴或生活求助的對象。

3. **以酒吧、公園、公廁、公共浴場等公共場所為地點**。這些公共場所具有較高的匿名性。酒吧的同性戀者具有較為年輕、經濟收入較高、以職業白領為主（學生群體相對較少）等特點，不同酒吧的情況也不同。[3]經常在公園等公共場所游弋的同性戀者以中年以上的男性為主，這些場所的活動不是以情感交流為目的，而是以直接獵取性對象發生性行為作為目標。這些場所人員複雜，男男性交易也混雜其中。這些游弋者通常是年齡較大的男性、文化程度低下、經濟收入微薄，各種因素使得他們只能以這種方式滿足自己的同性性慾望。他們往往容易成為警方的監管對象和社會抨擊的目標。同時，同性戀社群內部亦對他們無甚好感，認為他們敗壞了同性戀共同體的整體社會形象。

4. **家族式的同性戀結合**。這裡的「家族」並非指血緣家族，而是從它的形式上而言。在該「家族」外的人很難對這種聚集方式的具體情況有所了解。「家族」內成員相對固定，保持經常聯繫，以「家族」內核心成員的私人空間作為家族成員的活動場所。[4] 根據中國艾滋病防治相關政策分析課題組總報告（二〇〇八）：《戰略預防、融入體制、深耕社群——中國艾滋病防治可持續發展政策》（內部研究報告）指出：

> 北京地區男男性行為人群多以「家族」形式存在，家族的結構猶如水中漣漪，內核部分是一對情侶（類似異性戀人群中的夫妻），兩人既有一定的經濟實力，也有一定的條件（主要指場所），且人緣特別好。在這對伴侶周圍，匯聚了一幫志同道合、非常要好的朋友，組成家族的核心圈。在核心圈外，各同志基於自己的人脈，又延展出更大的圈子，依此外推。由於男男性行為人群的家族一般要經過幾年、甚至十幾年的實踐才能成形，因而結構相對比較穩定。

5. **以同性戀網站以及即時聊天工具為聯繫紐帶的虛擬社區**。同性戀網站如「飛贊」網、「夫夫」網、「同志亦凡人」、天涯社區的「一路同行」以及「豆瓣」網上的同性戀活動區等，這樣類似的同性戀交流網站目前有很多，每天都有被關閉的，同時又有新設立的，其總量究竟有多少恐怕難以精確計算；即時聊天工具如MSN、QQ、微信等通訊軟件。利用這些網站和聊天工具可以聚集形形色色的同性戀者，從各個不同的年齡層次、階層、職業，甚至跨越地域、種族和國界，真正形成一個邁克爾．沃納（Michael Warner）所謂的「酷兒星球」（queer planet）（Warner, 1993）。

對年輕的同性戀者而言，同性戀聚集點是一個充滿悖謬的空間。一方面，它可以是一個積極的、解放的和支持的空間，提供一種身分感、共同體感和歸屬感。對於很多同性戀組織的志願者來說，他們提供服務的組織就是類似的空間。不少人之所以願意成為各類同性戀組織的志願者，是由於他們對自己的身分認同感到困惑，通過積極地參與／組織同性戀活動，他們中的很多人最終確認、完成或強化了自我身分認同。另一方面，它又可能是一個危險的地點，年輕的同性戀者會遇到各種社會風險、甚至遭受虐待關係和社會排斥（Valentine & Skelton, 2003/2008）。這在公園等同性戀者以尋找純粹性伴、發洩生理慾望為目的的公共空間裡表現得尤為明顯。由於生理健康狀況以及進行同性性行為的歷史較短等原因，年輕的同性戀者更受青睞。儘管公園裡的同性戀者「玩得很瘋狂」（「海魂」訪談，二〇一〇／九／二），但他們對艾滋病還是時刻感到一種隱憂，它像一把「達摩克利斯之劍」一樣懸掛在他們頭上，不知何時會突然劈下來。

除了上述同性戀者的聚集形式之外，一些個體式、原子化存在的同性戀者更應該受到重視，但他們往往難以被發現，他們也不情願主動現身。但是，這並不意味著他們對自己的性取向缺乏認同，相反地，他們之中的大多數人害怕、恐惑的不是自己的性取向，他們擔憂、疑懼的是來自他人異樣的目光，來自異性戀社會的污名、歧視和不公正對待。在這個世界上，少數族群面臨著各種形式的壓迫，主要表現為被剝削、邊緣化、無權力，以及由文化帝國主義、族群仇恨和恐懼引起的各種暴力和折磨（Young, 1989: 261）。對同性戀者而言，這種壓迫的具體形式包括：對同性戀者使用帶有貶損意味的稱呼；講污衊同性戀的笑話；剝奪同性戀者的房屋居住權、工作權或其他社會權利；辱罵（語言誹謗）；毆打同性戀（軀體上的虐待）（拉瑟斯等，二〇〇七：二一三）。同性戀恐懼的部分原因在於人們害怕自己身上的同性戀傾向，通常情況下，那些對性別角色刻板印象很深的人比一般人更容易感受到同性戀的威脅，因為同性戀者會混淆、甚至顛覆這些性別角色。同性戀特性本身對個體人格的發展影響不大，但是其他人對同性戀者的態度會產生一種壓力環境，而這對同性戀者的人格發展有深刻影響，甚至會導致一種阻礙有效融入社區的、扭曲的人格特徵。因此，同性戀者選擇了隱藏自己，不介入任何（半）公開的組織，對外界發生的關於同性戀共同體的事件也較為冷漠。我在實地調查中所接觸的大多數同性戀者都有著良好的自我認同，[5]即使他們不願意向周圍的人（甚至是其他同性戀者）透露自己的個人信息。這種自我保護是通過與他人／他群的徹底隔絕來實現的。這些個體式的生存類型具有以下特徵。

1. **地下式生存**。地下室是一種陰暗的空間，被迫塞入這裡的人充滿了孤獨、焦慮與死寂，對污名的恐懼而轉入地下生活，「地下室」成為同性戀者生存處境的空間隱喻。

我害怕周圍人知道我的同志身分……在高中時大概已意識到自己是同志，周圍的男孩子對身邊的女孩子有興趣，而我只對（男）影視明星和身邊帥氣的男生會多留意一番。但當時由於我在農村，信息比較閉塞，又有高考壓力，沒有很多時間去關注這個問題，一直到了上大學以後，通過網絡才逐漸接觸到關於這個群體的東西。那個時候，同志群體給我的印象比較淫亂，經常與艾滋病畫上等號。當時我特別害怕、也很惶恐，擔心有一天自己也會感染艾滋病。即使現在，我還是不敢向周圍人透露自己的身分，因為害怕別人異樣的目光，我周圍的大多數人不會接受我的同性戀身分，我也不敢想像自己未來的路在哪兒。（「老鼠」訪談，二〇〇九）

在同性戀社區，從他們給自己取的別名或綽號可以看出其對同性戀身分的態度，這些別名或綽號也可以作為關係性角色扮演的隱喻和表達。例如，這位同性戀者的稱謂是「老鼠」，這多少映射了他內心的畏懼心理。老鼠的行為躲躲閃閃，生活在陰暗的地洞裡。儘管「老鼠」有很好的自我認同，但是絕對不敢向周圍人吐露半點關於自己性取向的信息。即使在同性戀圈子裡的聚會，別人開玩笑地說出他是來自哪裡的，他也會惱羞成怒。因為同性戀的身分，使他在別人面前變得極為敏感、警覺，顯得「膽小如鼠」，這也是一種無奈的自我生存策略，在某種程度上，它可以被視為內化「恐同症」的表徵。「老鼠」儘管害怕被別人知道自己的性取向，但他對自我的認同並不存在任何困惑，而且已經明確地使用「身分」這個詞。然而，躲在地下室的、分散的個體身分很難形成一種用於抗爭的「集體身分」。

2. **偽裝式生存**。基於同性戀者在當下社會結構中所處的劣勢位置，他們在日常生活中需要管理自己未披露的性身分，故而偽裝成為一種必要的策略。同性戀者在生活中（工作場合或學習環境中）最常見的偽裝對象是周圍的同事、同學或親友等。

> 平時在公司就跟大家一樣，以平常人相處，沒什麼不一樣，他們（異性戀同事）在談論同志時，我也會跟他們一起參與討論。我從來沒有向任何人表露過身分，有的人對同志特別排斥。（「海魂」訪談，二〇一〇／三／六）

成功的偽裝可以避免不必要的麻煩，使原身分得到掩蓋和維護，在這種社會劇場中，偽裝者獲得了臨時的「正常」身分。對當下的同性戀者而言，污名管理和身分管理幾乎是一種必要的生存技能，他要學會在不同的社會情境中尋找自己，同時對臨時的角色又要抱著一種警惕心理，以保持一定的角色距離，以免破壞了整個劇場秩序。

> 平時生活中沒有遭遇不公平對待。我自己很認同自己，別人怎麼看待同志跟我沒關係。出櫃必須要警惕，我從沒想過要跟任何人出櫃，所以沒有為這個問題感到苦悶……主要看一個人的心理，現在的負擔主要來自父母逼婚。（「海魂」訪談，二〇一〇／三／六）

「海魂」的生活既與同性戀共同體無關，也不願意與異性戀社群有更多接觸，除了必要的工作之外，剩下的時間他都與自己的同性愛侶生活在一個屬於他們兩個人的私人小天地裡；對他而言，同性戀身分並非構成與他人關係的重要方式。他預設了勞動力市場中潛在的職業歧視可能會使自己處於不利地位。在異性戀者的日常生活中，性身分通過日常生活中各種不經意的方式不斷地加以確認、強化與維持，如談論自己現在或未來的孩子、各種黃色笑話、對身邊男女的評頭品足等，這些話語、行為無時無刻地在顯示一個人的性取向；而同性戀者更多地是通過性行為這種單一的方式來確認自己的性身分。「海魂」對自己的身分認同沒有困惑——或者說已經跨越了困惑時期，在異性戀者面前，他通過積極地參與（如「平時相處就跟大家一樣，以平常人相處，沒什麼不一樣」，「他們〔異性戀同事〕在談論同志時，我也會跟他們參與討論」）避免帶來現實或想像中的身分尷尬與困境，他以這種方式使自己的行為表現與異性戀社會的認知期待保持象徵性的一致。

3. **原子化生存**。同性戀者需要面對和處理自己的性取向與外部世界之間的聯繫，大多數人選擇隱瞞自己的性取向，與異性戀世界保持距離，僅僅維持一些必要的情感與社會聯繫。許多同性戀者採取隱匿的生活姿態，主動從社會中隱去，抹去自己的同性戀身分，通過這種方式換得「自己的生活」。隱匿的生存狀態使大多數同性戀者處於原子化的、相互隔絕的境地。

> 同志在日常生活中不想張揚，不願意過多地暴露自己的身分，他本身對這種暴露就有一種抵觸。另一個原因在於，生活是自己過的，不想讓更多的人知道，沒有必要讓那麼多人去參與、評判我的生活。我只想把自己的生活過好，只想過自己的小日子，不願受任何打擾。如果是比較成熟的夫夫，都是這種想法。（「糯米」訪談，二〇一〇／二／十八）

> 只能說社會寬容了，同志會浮出來一點，大家看到的多了一些，但我不認為看到的跟實際數量是一致的。我認識的幾位同志，他們的世界是全封閉的，不跟這個圈子接觸，但他們處於很好的夫夫生活的狀態。（「阿來」訪談，二〇〇九）

在「糯米」看來，暴露同性戀身分是一種忌諱，性取向是個人的隱私，因而拒絕他人的窺視與探究。不少同性戀者希望生活在自己的私人世界裡，不想與其他人和外面的世界有任何瓜葛。這是一種隱匿的、自我封閉的生活狀態，確切地說，是一種事實存在又不可見的原子化狀態。每一個自我之外的人，都成為「陌生人」、都是「他者」。通過空間上的自我消滅，消除了具有危險性的、強迫性的差異，以獲得統一、單調但相對安全的生存空間。

與西方人相比，中國人的性格傾向於抑制情感、不大合群、不善交際、較注重面子等，這些人格特徵為同性戀者的隱匿與原子化存在提供了可能。高夫曼（一九六三／二〇〇九：一一〇）曾指出，由於社會身分的緣故，污名受損者在日常生活中可能身處三種地方：一種是「禁地」或「禁止入內之地」，這裡不能讓污名身分的人進入，而且身分暴露就意味著遭驅除；另一種是「全民之地」，在這裡，污名受損者彷彿完全合格，可以被正常接納；最後一種是「後院」，污名身分的人在這裡無須遮掩，既沒有必要設法隱瞞污名，也不必過分在意，他可以自由自在地與「同道中人」待在一起。高夫曼研究了成為同性戀者的結構性後果，他區分了對污名者產生完全不同作用的兩種污名類型，相應地，兩者的污名管理類型也不同：一種污名者是可見的，如種族、肥胖等；人們通常對可見污名的反應是感到緊張，因而可見污名者需要不斷地對他人的緊張進行管理；而另一種污名則是不可見的，如同性戀者，這類污名者需要對自己進行污名管理，如偽裝。高夫曼認為只有那些不可見的污名才能偽裝成正常的。在這種意義上而言，出櫃是對偽裝、掩蓋的拒絕。

對同性戀者而言，這三種地方分別對應於充滿敵意和污名（即使是想像的）的異性戀社區、同性戀組織或群體內部以及同性戀者的私人場合。在面對這些不同的處境時，同性戀者會採用相應的人際互動策略。李維史陀闡釋了人類為應付他者不同性時採取的兩種策略：「禁絕策略」（anthropoemic）和「吞噬策略」（anthropophagic）（轉引自鮑曼，二〇〇二），前者的表現形式是空間上的隔離，包括自我隔絕，它是選擇性地使用某一空間，並選擇性地禁止使用它們；後者是對異己成分的「去異化」（disalienation）。而同性戀者的策略卻包含著一個相反的過程，即「自我異化」（包括虛假的、偽裝的和表面上的），將自己與希望被接納的群體保持（形式上的）一致。

對於個體式、原子化生存的同性戀者而言，他們不僅處在主流的異性戀社會之外，還游離於同性戀社群本身，他們的身分處境類似於一種「流散身分」（diaspora identity），處於不停地「流動」、漂泊不定的狀態，缺乏身分的歸屬感和依靠感。地下的、偽裝的和原子化的生存特點對同性戀社群產生了重要影響，尤為明顯的是同性戀者難以形成集體身分，而這對同性戀運動很關鍵；對異性戀社會而言，由於同性戀群體的沉默、可見度低，則繼續對這個群體採取忽視、冷漠、鄙夷與拒絕的態度。

同性戀者這種晦暗的生存處境，使該群體內部的精神狀態甚為堪憂。由於受到艾滋病流行的威脅，中國國內關注較多的是（男）同性戀者的性行為本身，而對同性戀者精神狀況（尤其是自殺）的關注和研究較少。[6]張敏傑（一九九八）在「全世界中國人同志」網頁上收集和整理了七百一十四例中國內地男同性戀的個案，發現孤獨感、負罪感、壓抑感等心理疾患明顯。于宗富、張超（二〇〇七）對來自山東省八個城市的一百名男同性戀者進行心理量表測量表明，男同性戀者的心理健康水平明顯偏低。他們存在較普遍的焦慮、恐怖、抑鬱、強迫、精神疾患症狀和各種身體不適。另有調查數據表明，約五分之一的同性戀者因性取向產生過輕生的念頭與行為（蔣依伶，二〇一〇）。對性取向／身分認同的困惑、由同性戀身分帶來的社會壓迫、歧視、侮辱甚至暴力襲擊、內化「恐同症」、對家庭出櫃的擔憂、與宗教觀念衝突的性取向帶來的罪孽感、同伴群體的騷擾和虐待、「專家」的病理化標籤以及艾滋病帶來的恐懼，同時又缺乏個人、家庭與社會的支持等，這些因素都成為同性戀者自我封閉、社會孤立和自殺的潛在原因。

從一些同性戀者個人博客上反映的情況來看，同性戀社群面臨精神壓力、崩潰甚至產生自殺傾向的現象很常見，一對男同性戀伴侶（「召召木木」）的博客上掛出了一篇文章：〈將走在自殺邊緣的同志兄弟拉回來〉，其內容以及一些同性戀者的留言令人唏噓不已：[7]

「威威」：「我在哭著給你寫紙條，說不清楚原因，只想哭。我一直以為自己夠堅強、夠勇敢，原來不是，自己脆弱得不能再脆弱。……我快撐不住了。活著就是受罪，同志活著更是受罪。為什麼？不公平，不公平！謝謝你們一直把我當兄弟看待。威威（其暱稱）不行了，撐不過去了。我的選擇有很多，可是選哪個都會有人受傷。那我就選最自私的一種：離開這個世界，或許這對我是最大的解脫。……不必震驚、也不必擔心，這個決定是我自己做的……我會安排好家裡眼下的事情，還有朋友們的事情，然後就該離開了。這個時候的我，不知道想說些什麼，似乎很多話，但又似乎沒有話。如果有下輩子，我選擇不做人。」

「adsion」：「做為同志，其中的痛苦可能只有我們自己才能體會，家庭的壓力、世俗的蔑視、偽裝的痛苦，這些東西時時刻刻折磨著我們脆弱的神經。其實，我自己也曾經有過自殺的念頭，有段時間覺得生活是那麼地絕望，每天的日子如同行屍走肉般混過去。」

「路人」：「自殺曾像鴉片一樣吸引著我，明知道不可為，明知道生命的珍貴，偏偏義無反顧。第一次割腕被救後，目前手腕上還留著累累傷痕；第二次用白酒兑藥喝，洗胃後，至今胃的功能嚴重受損，還有很多次的自虐就不說了，當時覺得自己的生命會是在一次次的死亡和挽救中延續，後來我發現，最受傷的人是愛你的人，而最恨你的人也是最愛你的人。」

這些同性戀者的自我表述絕不是個案，這類困境在本書後面關於「家庭出櫃」的章節中還會具體探討。在當下的中國，同性戀者精神上的折磨、乃至走向極端肉體毀滅的原因主要是自我身分認同的困惑、情感糾葛以及父母壓力與家庭矛盾等。青年同性戀者在認同的過程中容易出現情緒不穩定，自殺的傾向也更為明顯。但是，這些精神問題不是同性戀者本身固有的，即它不是由同性性取向導致的，沒有任何證據顯示同性戀者的社會適應性差。它是同性戀者內化了異性戀社會與家庭的各種「恐同症」所導致。

二、擇友偏好

進化論理論家認為，人的擇偶偏好是進化的結果，這種偏好具有使個體最大程度地實現繁殖或適應之功能。進化論心理學家區分了短期和長期的擇偶策略，男性往往採取短期擇偶策略，他們偏愛的擇偶對象具有較強的生育能力，它通常表現為生理上的吸引力，如年輕、健康等。相比較而言，女性更多地採用長期擇偶策略，她們傾向於選擇那些能為養育後代提供資源的男性。因此，女性在擇偶時偏愛那些有一定財富基礎、經濟前景良好並且勤奮的男性（Buss & Schmitt, 1993）。但是，也有一些關於擇偶偏好的研究表明，擇偶過程中人們對關係性和表意性（情感等因素）也表現出強烈的關注（Howard, Blumstein & Schwartz, 1987）。由於同性戀者的擇偶／友對象性別相同，這些針對異性戀者的研究結果是否適用仍有待驗證。受訪談資料所限，這裡討論的主要是男同性戀者的擇友偏好。

社會生活中的行動者，總是憑藉自己的庫存知識，按照某種自然態度來應對日常生活中遇到的各種情境。情景定義和類型化是人們認識日常生活世界、彼此建立聯繫的重要手段，它為行動提供框架，在具體的行動中權宜行事，維護現實的秩序感。「類型化的身分是個人對自我（自我形象）的感知和個人對他人如何理解這種自我形象的看法之結合」（Cass, 1984:144）。在日常生活中，同性戀者既要適當地隱瞞自己的身分與性取向，同時又要向生活中遇到的某些人（如碰到自己心儀的同性戀者）明確傳達關於性身分的信息。因此，通過調動以往的經歷（認知記憶庫），不失時機地在現實世界進行信息篩選與情感表達，這是人際互動系統中符合資質的行動者需具備的基本技能。在這方面，很多同性戀者似乎有著獨特的感知判斷與信息甄別能力。

> 平時生活中會有意識地去判斷身邊遇到的人是不是同志——根據一些細微的動作，譬如，走路的形態、眼神之類的，挺準的。有一次，我跟一哥們在車站候車，我們正在討論坐幾路車去目的地，這時有一個男的過來告訴我們怎麼、怎麼走。他也沒咋的，說完就走了。他一轉身，我倆就異口同聲說：「他是同志！」後來，我倆在一個公園（同性戀游弋的公園）遛彎，嘿，那人果然也在！那些細微的動作、眼神之類的，一般異性戀是不會那麼去注意的。
>
> （「海魂」訪談，二〇一〇／九／二）

無論是歸為有特別意涵的社會身分還是某種個人身分，這種「感知識別」（cognitive

recognition）是用知覺將人進行「分類」的行動（高夫曼，一九六三／二〇〇九：九二）。對同性戀者而言，這對維持自己的認知秩序和現實感具有很重要的意義。

此外，在擇友過程中，同性戀者會有更加細化的分類標準與擇友偏好，如：

（同性戀者）有喜歡熊的、喜歡猴的，還有喜歡狒狒的[8]；有戀老的[9]、喜歡中年同志的，還有喜歡小孩的。這（分類）特別清晰，而且不會輕易轉變這種喜好。我就是比較戀熊的那種人。異性戀之間也有這種情況；因為同志群體比較特殊，所以才會把這個東西分得這麼清楚。我身邊有很多女孩子，她們有時也會說「我就喜歡稍微胖一點的男人」，可能她們沒有那麼明確的界限。（「阿來」訪談，二〇〇九）

有些男同性戀者喜歡比自己年紀大的同性作為伴侶，有些甚至偏愛找已婚的同性戀者，理由是已婚男士「特穩重、踏實」，如：

我找的朋友都是結婚的，有一個孩子已經十二歲了，因為我覺得結婚的（同性戀）特別穩重、踏實，現在我找的第三個（伴侶），也準備（跟女異性戀者）結婚了……他們叫我「小三」。（懇談會，二〇一〇／十／三十）

我喜歡的男人，年齡上限大概三十六歲。其實這也不是嚴格的限定，比我年齡小的也接受。畢竟我是衝著他是男的（這個性別），而不是衝著他的年齡。（「XSS」訪談，二〇一〇／十一／六）

事實上，如「阿來」指出的，異性戀社群也存在類型化的擇友偏好，只是這種分類標準沒有同性戀者表現得那麼明顯與細緻。主要的原因在於同性戀群體選擇伴侶的範圍和渠道相比於異性戀者要狹窄得多，他們通常是通過互聯網或者「滾雪球」的方式結識朋友。對很多同性戀者而言，找到一個可以依靠或具有歸屬感的組織與群體很重要，這樣他們可以認識更多的人。在這種情況下，明確告知對方自己喜歡的類型與傾向於扮演的性角色，並同樣能夠了解對方，就顯得十分必要。

很多研究表明，同性戀者對伴侶之間關係的滿意度（包括性關係）與異性戀者差別不大（Peplau, Padesky & Hamilton 1982; Bryant & Demian, 1994）。除了社會性的因素之外，同性戀者在感情需求與戀愛模式上也與異性戀者很相似。很多同性關係不只是為了性而存在，很多人（尤其是年輕戀人）有過感人肺腑的情感經歷。如：

我和男友相識已經有七年，他是我上大學時認識的，這可能是緣分吧！我覺得這和任何異性戀相識、相戀的感覺是一樣的。哇！當你遇到一個對的人了，這是緣分！你不能放過它，所以我們倆最終在一起了。非常簡單、非常平凡，但是也感覺非常幸福。中間也經過一些波折，也會產生感情上的問題。比如說，另外有個男生可能更帥，他可能更喜歡，但我們依然還是都解決了。我覺得我們會繼續保持這種關係，因為我們不能夠完完全全地忘記對方和放下對方。既然是那樣的話，我們就不要放手，應該繼續這段感情，否則最終可能會有遺憾和痛苦。所以我們現在依然相愛，這就是我們簡單的愛情經歷。我現在戴的這個戒指，就是當時叫了幾個朋友，在我們自己的KTV辦了一個婚禮，我自己設計了請柬，寄給我的朋友們，我也得到了他們的祝福。我現在最大的幸運是身邊有這樣一幫朋友，他們是我大學的同學，能夠理解我。（「默然」，懇談會，二〇一〇／十／三十）

我跟我朋友認識半年了，時間不是很長，在她之前，我經歷過幾個T，遭受過一些感情傷害，現在認識她之後，感覺很幸福。我一直在想，怎麼沒有早幾年去認識她呢？這樣我就不會受到那麼多傷害。我是她的初戀，她是我最堅信的一個人，我覺得我們應該會一直走下去，走到很遠。（女同性戀者，懇談會，二〇一〇／十／三十）

由於缺乏婚姻、財產方面的法律保護與約束，同性戀者在擇友時的考慮相對簡單，他們不會像異性戀者擇偶時考慮諸多因素，如學歷、經濟狀況、家庭背景等，畢竟，他們只是在選擇朋友，而不是選擇婚姻對象。如：

異性戀在擇友時可能更現實些，因為他要考慮很多事情，例如，兩個家庭的經濟條件般配不般配，兩個人的背景、身世等。兩個人組成家庭之後，還要面臨著生小孩、孩子的求學就業等一系列不得不考慮的事情。而同志這個群體相對特殊，在某種程度上比異性戀婚姻簡單一些。但這個簡單也是相對的，無論同性戀還是異性戀，擇友時不能只看到某一點，而是綜合各種因素……長相最初會起到一些作用，但後來就不是了。（「阿來」訪談，二〇〇九／九／十）

若不是單純為了滿足性慾望，同性戀者的擇友會很「挑剔」，有些人寧可自己解決生理需要（自慰），也不願意將就著湊合，如：

我在性方面很容易滿足的……現在跟以前不大一樣，以前剛知道這個事兒（指同性戀取向），有一種性壓抑，當時覺得是個人就玩一下吧，彷彿壓抑了這麼多年，終於找到組織了。但是現在……其實我特別挑剔，要是沒有那種感覺，我寧可不要，性可以用自己的雙手來解決……隨著年齡日漸增長，我的「煙癮」（指性慾）也越來越小，甚至沒有了。

（「Rock」，北京同志中心，二〇一二／三／十）

同性戀者同樣會很「現實」，會在乎外貌、注重「感覺」。「糯米」詳細講述了他的交友經歷，對同性戀之間的擇友問題，他有著獨到的體味和理解：

應該有一方對這個問題認識比較清楚，認識比較清楚之後，他的包容感比較強。你看我和「糯葉」，剛開始第一次見到「糯葉」時——（他）臉上都是包——我說這個不對嘛！第一次見面時，就覺得這個人不行。當然，既然來了麼，覺得不行也不能當面就走，那好像有點不禮貌，既然來了就一塊兒玩嘛！那會兒我們剛認識，他還不好意思說呢！還沒有特別明確。當時第一回見面，我覺得不行，跟原先想的不一樣，覺得見一面就算了吧！轉了一圈之後，沒想繼續交往，本能地就覺得不合適，年齡太小了，你跟他說什麼還不明白呢！但有一點啊，我覺得同性戀跟異性戀在談朋友的時候，實際上沒有什麼太大的區別，就是對人和人的認識在本質上是一樣的，只不過性別不同罷了。有一點我比較明確的是，自己要找的人個人經歷不能太複雜；另外一點，就是要善良一點、淳樸一點的。第一次剛來了之後，「糯葉」比較來勁兒，我聊天覺得有點不好意思，因為我之前正經的只交往過一個，人家都很明白這個事兒，我不明白，實際上跟「糯葉」交往時也不是特別明白。如果是像現在這麼明白，當時還成不了，可能當時就乾脆俐落地拒絕了，不能拖得時間長了。當時覺得不好意思，因為他挺熱心的，小孩嘛！另外，我們倆好了一、兩個月以後，我一直在猶豫，在合適與不合適之間徘徊……我說先慢慢交往著，起碼等到他工作上能自己應付了，心態成熟一點了。

那時候覺得應該能分吧！因為還沒到那個程度。這個自己能控制（感情的涉入程度），既然自己不想交往那麼深。那時不是每個星期都往他那兒跑，而是有時去、有時不去，有時兩、三個星期才去一次。後來慢慢互相了解以後，覺得還挺好的。有些可能跟他家庭環境、成長環境有關，（他是）心地特別質樸、善良，沒有任何亂七八糟想法的一個小孩……實際上，從異性戀到同志，我（交友）的一個前提是，不能按形貌去找人。當時如果我拒絕他，不完全是因為外在的東西，還有一個原因是覺得他年齡太小，很多時候我不可能跟他說這些東西，到現在他也還是一個小孩。後來我為什麼特別珍視他這樣的人呢？實際上用咱們的話說是「返璞歸真」吧！人只有活到一定程度，才能達到這種境界。他是本真地、自然而然地帶著那種衝動。但為什麼有時會有一種不確定感呢？他還小，有時還不能明確這東西就是自己想要的、自己就一定要這麼走。到目前為止，是我比較明確，而不是他比較明確，這將來是一個問題。

我對這些想法比較明確，也是跟他（在一起）之後，以前只是一個模糊的想法，後來逐漸理解他有這樣的優點和缺點，有好的方面和問題，他的優點就是我想要的東西。以前就是一個「形」的想法，想找一個好看的，誰不想找個漂亮點的呀？但是，特別任性的我也受不了，要不停地慣著他，這個、那個地，咱也伺候不了。肯定是有一個基本的想法，但很多東西是在相互接觸的過程中慢慢明確的，它是一個不斷磨合的過程，越來越順，最終你才會發現，這個東西就是當初自己想要的。我沒想找一個像兄弟一樣的人，倒不是說非得找一個年齡特別小的，但確實想找一個比較質樸的……後來我找朋友和對象，就不找太機靈、太聰明的人，那樣關係不穩定。聰明的人想法特別多，比較敏感，要求特別多，慾望也多，一旦不滿足之後，他的挫折感就比較強，那麼兩人之間關係的震盪也會越來越強烈。如果你把握不住，他又不能夠控制自己的話，將來就越來越是個問題。你看現在咱們比較成熟的這幾對（同志），我覺得大部分人之所以能夠成功，基本上都是屬於骨子裡比較隨遇而安的那類人，可能年輕時有過浪漫的想法，但慢慢地，他自己能夠安定下來，或者歲數比較大了，慢慢地能夠穩定下來。

我找人比較注重根子的問題，就是骨子裡面的問題。過去說「根正苗紅」，一個人他骨子裡、成長環境裡到底是什麼類型的人？這一點比較關鍵。這個看明白，然後咱們再說怎麼交往，我覺得這是一個根的問題，剩下的則是細枝末節的問題，就是互相怎麼融合的問題。你骨子裡、你的成長環境或從小經歷……說白了就是，一看你這人就是比較自私、比較貪心，好多人都是打著浪漫的旗號。還有，我覺得不要人為地製造浪漫，為什麼？因為這實際上——兩人之間，無論是你也好、他也罷——是自己營造了一個夢，然後把兩人裝進去，忽然有一天，這個夢持續不下去、破了，兩人就分手了。（「糯米」訪談，二〇一〇／二／十八）

「糯米」第一次見到「糯葉」時就覺得不行，更重要的是「糯葉」與「糯米」相差二十餘歲，兩人生活環境與經歷也大不相同，相互之間存在溝通問題，因此，「糯米」本能地覺得兩人不適合。在「糯米」看來，同性戀與異性戀都一樣，都希望找情感／性經歷不太複雜、善良質樸一點的人。等兩人相互進一步了解之後，「糯米」就覺得「糯葉」挺好的。這種戀愛過程不僅是相互了解對方的過程，也是了解自己、明辨自我的過程。年輕的同性戀者會相對注重外表的東西，但等心理成熟了，就考慮更多內在的個人品質，這個時候已經了解自己真正想要的。「糯米」還有自己的戀愛哲學，認為找對象「不要找太機靈的、太聰明的人」，因為聰明的人敏感，想法、慾望、要求特別多，一旦無法滿足，他們產生的挫折感也更強，這容易導致伴侶之間情感關係的不穩定。根據「糯米」的觀察，在同性戀圈子裡能夠維持長久關係的伴侶都屬於隨遇而安的人，即沒有太多的欲求，只想過踏實的日子。

由於同性之間的情感關係缺乏有效的外部約束，它的維持相對更艱難，但很多同性戀者仍然對感情抱著「不湊合」、「不將就」的純粹想法。同性戀者「糯米」覺得這種對感情的要求過於「苛刻」，但同時認為這是「值得追求的」。情感中要有所取捨，碰到一段真的感情應該好好把可挑的範圍那麼窄，你還要一見鍾情？即使你找一個自己確定的，也不能保證能夠過一輩子。與其那樣，就不要想那麼多了，找個合適的、不錯的，能過一年就快樂一年，能過兩年就快樂兩年，能過五年就快樂五年。你能過幾年，那都是老天賜給你的，有一種幸福感就不錯了……不說同志，就是異性戀，在我看來大部分人——至少百分之七、八十的人，都是在勉強維持著（親密）關係。如果按照同志對感情的要求來講，（異性戀之間的情感關係）早就死了、分手了！他們只不過是在維持、只是硬撐著，因為離婚了各方面成本較高，那就湊合吧！同志有時之所以關係不長久或者比較脆弱，就是因為不湊合，但真能夠堅持下來，都是出於比較純粹的感情，所以我以前在博客上說，這是值得追求的，雖然很難，但也正因為如此才值得追求。過幾年之後，它就變得比較純粹的東西，因為就兩人來講，都不是湊合的。

碰到一段真感情，甭管他什麼，好好抓住，兩人儘量過得快樂一點、幸福一點……我跟有些人說，要順其自然，不要刻意地去設計浪漫，（因為）那樣把互相的期待提高了，一旦有一天對方沒有這浪漫了，或過了這勁兒之後，你就會有失落感，長久的失落感積累，你們倆就會出現問題。你就一塊兒生活、過日子，就踏踏實實地、順其自然地這麼過。也不要特別指望找到一個人就能夠天長地久、白頭偕老。就算你倆都認定對方，你也不知道十年、八年以後，社會環境、你們之間會發生什麼，這個東西你決定不了。

「糯葉」剛開始不會做飯、不會洗衣服，做什麼事情都稀里糊塗地，我說這以後還不累死我啊！又當爹、又當媽的。但接觸時間長了，你會慢慢覺得獲得了某些東西（真感情），這個時候，你會重新衡量哪些東西是重要的、哪些是次要的。（「糯米」訪談，二〇一〇／二／十八）

在另一位同性戀者「海魂」看來，性與情是緊密聯繫的，他不會去主動尋求沒有感情基礎的性行為，因為他要找的是彼此相愛的伴侶，而不是純粹的性夥伴。一個週末，「海魂」與我恰好一起在「陸姨」家吃午飯。下午，他男朋友剛好從外地出差回來，對方還在火車上的時候，他們就通了好幾次電話，最後他柔聲說道：「晚上等你回來一起去外面吃飯。」

不能剛開始接觸就有性行為，我接受不了挺「花心」的那種人。如果兩個人真正在一起、長期生活的話，一定要相互包容……剛開始（談戀愛）的時候，對方就馬上與其他人發生性行為，我絕對接受不了。

牡丹園、石景山公園（尋找性夥伴的同性戀者）多的是，據說非常瘋狂，現在警察不會管的。他們到那裡主要是找性伴，不是找真正的朋友。找朋友要慢慢相處，看他人品怎樣，我喜歡特別成熟的那種。沒有刻意地去找，這個要隨緣，說不定哪天碰上了，單身也沒關係。與我發生過性關係的朋友中，特別想在一起的有兩位。我現在的這個朋友住在一起已經快一年了，他是北方人。我家那邊有個公園，一天晚上出去溜公園，碰上他聊了一會兒，就這樣認識了。他是出於對家庭負責才不離婚，他覺得要肩負起對媳婦的責任。選擇男朋友，外表不是很重要，也不在乎經濟條件，但個性一定要成熟。我跟他之間的關係還沒有捅破，他沒說，我也沒說……他今年四十三歲，已經結婚了，家裡有兩個小孩，其中一個二十來歲，都還在讀書。我知道他的經濟負擔很重，在經濟上會資助他一點。（「海魂」訪談，二〇一〇／九／二）

「阿來」認為，同性之間的情感比異性之間更純粹、單一，甚至更堅固，因為同性之間維繫的關係紐帶只有「情感」和／或性。當然，一定的經濟條件對感情會起到某種保護作用，如：

其實我不覺得同志之間的感情更脆弱，反而覺得某種意義上同性之間的感情比異性之間的感情更堅固，只不過它的干擾因素更多。就異性戀關係來講，首先，它領了結婚證，儘管只是一張紙，但它是一種約束；然後有了孩子，孩子又是一個紐帶，因此，異性戀夫妻之間，即使感情不大好也不會分。同性之間，它可以依賴的東西只有一個，即感情。這個感情也會慢慢發生變化，有的變成親情了；感情的方式也在變，變淡或者變濃。人的感情都會有變化，兩個人往前走，如果你往東走，我也往東走，可能我走得快、你走得慢，但方向是一致的；如果我往東走，你往西走，那感情就出了問題……同志不能放棄自己在這個社會上的生存能力（指工作），這對兩個人來說是一種保護。（「阿來」訪談，二〇〇九）

不少同性戀者對性行為看得較為平淡，如認為「（同性之間的）419[10]、『炮友』這些現象都很正常，都沒有錯，關鍵是弄清楚自己需要的是什麼」（「Rock」，北京同志中心，二〇一二／三／十）。在伴侶出軌的問題上，男同性戀者可能比異性戀者的看法更寬容，他們認為應該區分「肉體出軌」與「心理出軌」，同性戀者對伴侶的肉體出軌大多抱著能夠容忍與接受的態度，如：

同志的「出軌」跟異性戀的「出軌」不是一回事。嚴格來講，同志身體上的「出軌」談不上「出軌」。（這種行為）我覺得可以理解，但不是可諒解。五年、八年，一個人再好可能也有乏味的時候，人的心裡追求新鮮感，按捺不住，嘗試一下也是有的。這跟人的自控能力有關，不一定跟人的道德品質有關。（「糯米」訪談，二〇一〇／二／十八）

我對一個人胡亂的性行為有戒心，一次、兩次也許可以接受……（因為覺得）抓得太緊，

感情會破裂。（「海魂」訪談，二〇一〇／九／二）

如果戀人「出軌」，有兩種方式：生理上的和心理上的，我更能接受的是生理「出軌」，因為那樣至少我知道你的心在我這裡。你可能腦袋一熱、（對方）真的一瞬間把你給迷住了，一衝動做了一些事。可能我也會感到不舒服，但我能接受，不會因為這個選擇分手。換一種情況，雖然你天天回到我這兒，但其實心裡已經想著另外一個人，整天跟我同床異夢，這是我不能接受的。既然這樣，你就趁早走，或者我走……這跟我認識他（「Dylan」）以前的想法不一樣了，過去是兩種「出軌」都無法接受——無論是心理的還是生理的。（「阿來」訪談，二〇〇九）

在「阿來」看來，同性戀者的出軌行為不見得比異性戀者多，他認為：

同性戀並不會增加「出軌」的機率，它和異性戀的機率是一樣的，只不過大家僅僅看到男的在「出軌」，女的隱藏得比較好，看不見。而且，男的有時（會有）一種炫耀（心理），大家總覺得男女之間那個事兒，男的占便宜了，很多人都這麼想，所以很多女的即使做了這事，她也不說。（「阿來」訪談，二〇〇九）

相對「開放」的伴侶關係似乎並不影響男同性戀伴侶關係的長久維持，在性行為方面，刻意強調一對一的排他性關係，可能反而影響同性戀者之間關係的和諧與持久性。

與許多異性戀者的初戀一樣，同性戀者剛開始戀愛時，也是一遇到某個人就想像著一生一世，即使這時還不了解對方，而且對感情與行為的要求也跟異性戀相類似。

沒有談男朋友之前，我覺得要是兩個人能永遠在一起就好了，後來經歷多了才知道，這個想法是不現實的，因為時間長了不知道兩人之間會發生什麼，而且也沒有任何法律保護。

（「海魂」訪談，二〇一〇／九／二）

有些同性戀者情感受挫之後，覺得這個圈子的感情不可靠、不可信任，所以在性行為上不再嚴格要求對方，因為自己也體會到關係的朝不保夕與堅守情感的困難。它導致的一個結果是，同性戀者之間對談論自己過去的伴侶不像異性戀伴侶之間那樣拘謹、尷尬，甚至守口如瓶，他們有時甚至抱著調侃、戲謔的口吻和心態來談論過去的經歷，這部分原因也跟情感涉入程度不深有關。相互談論自己的過去，並不構成對他人的「人格侮辱」或「傷害」。過去的（性）經歷不會困擾「夫夫」之間的關係，而在很多異性戀者那裡，複雜的性經歷可能成為一種忌諱，甚至被視為道德敗壞，進而影響親密關係的建立和進一步發展。從實地調查中接觸的同性戀者來看，他們大多對自己的初戀印象很深，很多人念念不忘，如一位同性戀者特地給自己取名「依舊」，就是為了懷念自己以前的男朋友與那段難以釋懷的感情。感情方面的事情，同性與異性之間很多都是相通的。同性戀者是重感情的，一旦同性伴侶之間的關係穩定下來，他們外出尋找性夥伴的活動就逐漸減少，甚至停止。

三、性角色與性別角色

無論是同性戀者的自我身分認同還是同性伴侶之間關係的建立與維持，性行為都占有重要地位。因此，亦有必要探討同性戀者的性角色（sexual role）與性別角色（gender role）。性別作為一種社會設置／結構，它不僅深嵌於日常生活的社會過程和社會組織（Risman, 2004），而且也深嵌於人們的思維結構之中，影響著人們無意識的思維方式。在十九世紀末西方的性學研究中，同性戀者被認為是一種「性倒錯」，這種傳統、陳腐的觀念一直影響到今天，如人們認為男同性戀者都是女子氣、娘娘腔的，而女同性戀者則是陽剛的、充滿男子氣概的。更有甚者，人們還以外貌、衣著打扮、談吐舉止和性格特徵等外在因素來推斷同性戀者的性角色。這種性角色與性別角色之間的割裂是由於人們對（非遵從性的）社會性別與同性戀之間的刻板印象導致的，而「科學的」性研究更是固化這種刻板印象及其帶來的污名。[11] 比較典型的如十九、二十世紀之交的魏寧格認為：

> 一切性倒錯者身上都完全有可能發現異性的種種生理特徵……對男人具有性吸引力的男人，都具有女人特質的外在標誌；同樣，對女人具有性吸引力的女人，也都會呈現出男性的特點……同性戀不過是性別的中間形式，它們分布在一種理想的性別形態到另一種理想的性別形態之間。（魏寧格，一九〇一／二〇〇六：四五、四八）

對此，魏寧格還提出「治療」同性戀者的方法，即「性倒錯者必須用性倒錯者來互補，男同性戀者必須根據程度的不同，到相應的女同性戀者中去尋求補償」（魏寧格，一九〇一／二〇〇六：五一）。

性角色與性別角色之間的關係較為複雜，類似於有女性生殖器並不能保證一個人自動地成為社會認同的「女性」一樣，與解剖學結構類似的人進行性行為也不能必然使這個人獲得「有同性慾望的人」這樣一種社會身分（Calhoun, 1993: 1866）。在某些文化中，與同性發生性行為的男性仍被認為是異性戀者，只要他們在性行為中居於支配地位並且不允許被對方插入。許多研究表明，男子氣概與女性氣質並非人的生理稟賦，而是源自性／別系統，它受社會與文化塑造。男性與女性的個性特徵與行為舉止是社會力量塑造的產物，這些定義男子氣概和女性氣質的特徵本身是文化建構的和可塑的。而且，根據社會學相關定義而進行的社會性別測量表明，異性戀者與同性戀者之間沒有顯著的社會性別差異（Risman & Schwartz, 1988）。性別角色是社會公認的某一性別應具有的行為與心理特徵。性別角色規範是與某類性別的行為、外表、心理特徵等期待有關的一整套社會規範與文化定義。異性戀社會存在既定的兩性角色模式，人們習慣性地將異性戀性別範式移植到同性戀者身上，然後用性別二元對立的思維來考量同性關係。這種性別認知圖式在許多人那裡發展成為一種僵化的思維定勢和刻板印象。

同性戀者在尋找伴侶時，通常會通過各種途徑先確定對方的性角色，即在性生活中傾向於扮演「1」還是「0」。如果雙方在關係進一步發展之前沒有明確這一點，有可能出現兩人的性角色一樣的情況，即「順撇」，這容易導致兩人情感破裂。在偶爾的性行為中，同性伴侶之間憑著激情或許可以接受違反自己的一貫性角色的情況，但他們無法長期忍受違背自己性角色的情況，這最終會導致兩人關係的疏離。如：

如果同志之間不是交往到一定程度才發生性行為，要是很快就那個（發生性行為）……一次、兩次（可能還能忍受），也許（對方）都不是自己最想要的，也許他倆都是「0.5」了。他第一次、第二次感覺挺好的，後來就感覺不對了。（「陸姨」訪談，二〇一〇／二／十八）

我倒覺得兩個1有可能在一塊兒，兩個0確實很難。有些雙性戀取向的男性，跟女的可以

> 做，但是跟男的不能做1。
>
> 我跟第一個男友分手，就因為我們倆「順撇」，他是1，我也是1。我之前交往的都是女朋友，沒想過（扮演0的角色），生理上和心理上都不能接受，後來我說：「不行，分手吧！我做不了0。」（「糯米」訪談，二〇一〇／二／十八）

但是，絕對「順撇」的情況較為少見，而且稍有經驗的同性戀者一般都會通過或明或暗的方式事先明確雙方的性角色。在擇友過程中，確定雙方的性角色是最基本的步驟，這決定著同性戀者雙方的第一次性行為遵循的角色規則。對很多同性戀者而言，這似乎是一個不言而喻、水到渠成的事情。如：

> 一般很少存在這個情況，兩人在進一步發展之前，首先要明確這一點，才能進一步發展關係，不可能發展到一定程度之後才相互明確……第一次（性行為）一上來就這麼定了，我們倆事先沒有交流過這個問題。雙方剛開始接觸時，很自然地就這樣確認了。（「糯米」訪談，二〇一〇／二／十八）

「糯米」與「糯葉」在第一次發生性行為時，並沒有彼此協商性角色的扮演，而是在一種默契的情況下達成的，「一上來就這麼定了」，這種默契顯然在之前非性形式的溝通與交流中已經有所暗示、體會與認可。

但是，同性戀者在性行為中扮演的性角色（1／0或T／P）並非是一成不變的，因對象不同、情感投入程度不同，同性戀者甚至可以變換自己一貫傾向於扮演的性角色。如一位男同性戀者本來是做「1」的，遇到一位自己喜歡的同性朋友，他可能就願意做「0」了。因此，性角色不是完全由生理因素決定，攻、受的行為方式也沒有結構化，其中愛、情感起著重要的潤滑劑作用。性角色的轉換有時是愛的體現、有時是一時的妥協、有時是人格發展和心理變化的結果、有時則是一種全新性快感的喚醒與開發。如：

（針對有些「順撇」的同性戀也能相處在一起的現象）如果對你來說，性方面的事情不是最重要，你看重的是這個人，是這個人的人品等其他方面的東西吸引了你，當性顯得不重要時，你會選擇他，跟他在一起。我覺得一個人要想明白自己究竟要什麼。（「Dylan」訪談，二〇〇九）

（同性戀者中）「全能型」（即1／0角色互換）的人挺多。只要是喜歡，我做0也可以接受，要看不同的情況。（「海魂」訪談，二〇一〇／九／二）

「0.5」的多，看誰為對方付出多，主要看是不是真心地愛，它（性角色）是可以變的。

（「小宇」訪談，二〇一〇／十／三十）

原來角色是可以改變的，只要兩個人好就可以變。（「陸姨」訪談，二〇一〇／二／十八）

我是T……這個要看你愛對方有多深、願意為對方付出多少。（「Joy」訪談，二〇一〇／十一／六）

在這方面，我覺得年齡不是一個絕對的問題……做「1」的人，他在生理和心理上有一種非常強烈的被別人需要的感覺，而做「0」的人是非常強烈地需要別人。每一段感情都不能作普遍化的分析，它只在這個情景下，或者針對這個對象，才能有這樣的表現；換一個人可能是另一種形式。打個比方說，我要是找個像AA那樣的人，那麼能幹，我可能就變成BB了，[12]他一切都安排得那麼妥當，我還操那個心幹麼？這東西（性角色和性別角色）我覺得是一個相互形成的過程。但是你現在碰上一個了，說後悔也談不上。（「糯米」訪談，二〇一〇／二／十八）

我偏1，這跟人的照顧心理和性格有很大關係。我小時候就非常希望被愛、受人照顧，所以……（但是）現在長大了，就慢慢變了。（「阿建」訪談，二〇一〇／十／三十）

在男同性戀社群中，不僅攻、受的角色可以互換，還有一個比較特殊的現象是：有些男同性戀者在性角色中甚至既不當「0」，也不當「1」，而是只「抽水煙」（口交），如：

我的性行為方式相對來說比較特殊一點，也許是同性戀性行為裡面的性少數，因為我既不做「1」也不做「0」，我喜歡擁抱、接吻，頂多——我自己提出的一個詞——「抽煙」，大家都叫「口交」，我就頂多「抽根煙」而已……我是一個gay，我找一個朋友的話，可以沒有性行為，摟摟抱抱，這樣完全可以解決性需要。我從小對做「1」、做「0」特別恐懼，但是我又知道自己的確是同性戀，我特別地（需要）情感方面的東西。不是沒有性，而是一點點，點一下就可以了，甚至有些時候可以完全沒有。（「Rock」，北京同志中心，二〇一二／三／十）

因為這種「抽水煙」的性癖好沒有通常人們想像中的男男性行為的插入與被插入，所以當「Rock」與男異性戀者發生口交時，對方（異性戀者）不大容易懷疑他的同性戀身分，從而也避免了將同性性行為與「流氓」、「雞姦」等污名聯繫起來：

由於我的這種特殊性……因為假如我是「1」的話，對那些直男[13]說「哎，我做你後面」，那他肯定不可能願意的；而我給他「抽煙」的話，他有一種生理上的快感。

（「Rock」，北京同志中心，二〇一二／三／十）

此外，男同性戀圈子中還有一種普遍流行的說法，即「只有絕對的0，沒有絕對的1」。也就是說，在同性性行為中，插入者可能也會扮演被插入者的角色，這在關於性角色互換的情況中已有討論，而有些同性戀者則只願意或只能扮演被插入的角色。當然，這裡討論的前提是雙方的性行為都是自願發生的。當金錢、權力、藥物等外在因素介入時，性行為可能會違背個體的自由意志而行事。

既然你知道「1」、「0」這些分法和稱呼的話，那應該也聽過另外一句話：「在同志中，只存在純粹的『0』，不存在純粹的『1』。」……以我個人的感覺，要是真的對一個人很喜歡的話，那麼兩個人即使「順撇」了，也能生活得很好啊！在兩個人的生活中，性是很重要的，但不是唯一的，還有很多性格、精神、物質等方面的東西。就看他要什麼，但是在某種意義上性和諧也很重要。（「阿來」訪談，二〇〇九）

在這之前我有一段感情，時間很長，在「1」、「0」方面的問題讓我不能夠很快樂，這個是最重要的原因。跟他分手之後，我選擇了阿來。因為我很看重這個東西（指性生活），（如果這方面）發現很合拍，那麼其他因素，如年齡、長得不帥、不漂亮，都OK啦！

（「Dylan」訪談，二〇〇九）

兩個「1」在一起好解決，反正你就忍忍唄！要是兩個人真相愛也就無所謂，但要是兩個人都是「0」的話，確實沒法解決。（「糯米」訪談，二〇一〇／二／十八）

心理特徵並不是區分性角色的絕對條件。有些人傾向於從一個人衣著打扮、舉手投足以及心理特徵來猜測、判斷一個人的性取向，想當然地以為「娘娘腔的」男性或體現男子氣概的女性是同性戀者，還有人甚至進而揣測一個人在性生活中扮演的角色。理查德・利帕（Richard Lippa）認為，男同性戀者與女同性戀者在個人特質上都有反性別的傾向，但這並不意味著男同性戀者「像女人」，或者女同性戀者「像男人」（Lippa, 2005; Lippa, 2008）。[14]因此，他的結論更多地是支持「性別轉移假說」（gender shift hypothesis），而不是極端的「性別顛倒假說」（gender inversion hypothesis）。理查德・利帕對此的解釋是，同性戀個體打破傳統規範、跨越文化界限的生活經歷促使他們以各種不同的方式顯得比異性戀者更不落窠臼、不受拘束，並且在認知上也更具靈活可變性。[15]事實上，在同性戀群體中，「公0母1」（或者「C1猛0」）是很常見的現象，也就是說，性別角色與性角色可能恰好相反。如：

我經常會遇到外型很C、很女性化的男人，以為他是很標準的「0」，其實恰恰相反，

（在性方面）是很「1」的人。通俗一點地講，我們經常說「公0母1」，這種事情很多，它跟心理沒關係。（「Tim」訪談，二〇〇九）

異性戀文化中的男同性戀者對社會化缺乏預期，也就是說，那些最終成為同性戀者的男性經歷了與異性戀男性本質上一樣的性愛社會化過程。社會化設置同時教化「前－同性戀」（prehomosexual）和「前－異性戀」（preheterosexual）青年遵從異性戀男性的性腳本要求。結果，男同性戀者獲得了一種娛樂的性愛規則，性被客體化、私人化，在陽具中心主義的父權制文化中，性場域成為炫耀男性威力的競技場（Levine, 1992: 73）。同性戀者在異性戀的家庭、社會環境與文化中長大，從小就習得、內化了異性戀的一整套文化規範，因此同性戀的情感、行為也會無意識地模仿異性戀模式，採取一種二元對立的思維方式。但是，同性伴侶日常生活中的勞動分工可能沒有如異性戀者那樣明確。

每個家庭中長大的孩子都受父母影響，父母扮演的夫妻角色會對任何同志、包括拉拉（產生影響），（她們中間）也會出現這種狀況。拉拉裡面也會有「T」和「P」，也會有「老公」、「老婆」這樣的區分，而且她們也這麼叫。

生活中沒有「主外」、「主內」這樣明確的劃分，我們把家庭裡的所有事情分成幾個部分，然後由一個人管這幾個部分，另一個人管另外幾部分。我們倆在生活方面的事情他管得比較多，但是，拿大主意的可能還是我。（「Dylan」訪談，二〇〇九）

在異性戀關係中，由於性別因素，「男主外、女主內」是一個比較穩固的模式。而對男同志來講，首先兩個都是男人，因此可能會在自己擅長的方面多做一些。比如說，同樣是拖地，我幹五分鐘可以拖得很乾淨，他幹十分鐘還拖不乾淨，這樣我就多承擔一下，但不是說另一個什麼都不用做了。這是相對的概念。（「阿來」訪談，二〇〇九）

「阿來」強調他們的生活模式不同於異性戀者，異性戀者家庭生活中的勞動分工（如所謂的「男主外、女主內」）大多是基於「天然的生理性別」，而同性戀者則是基於個人的能力與稟賦。然而，兩者之間的分工差別也具有相似的決定因素，即家庭生活中的經濟支配權和／或性生活中的主導權。

性角色與性別角色密切相關，具體地說，同性戀者的心理和性別角色可能影響一個人的性角色和性行為，而性行為本身也會反過來塑造、強化同性戀者的心理和性別角色。例如，「0」更會照顧、體貼「1」，而「1」可能在經濟收入方面更占優勢，他維持著兩個人日常生活的開支。某些同性戀者之間的性別角色與年齡有關，若年齡相差較大，不管在性行為中扮演怎樣的角色，生活上年長的照顧年幼的多一些。但是，性角色並不總是與性別角色保持一致。

我給你舉個例子，比如說「肥肥」跟「揚揚」，他們正好是「1」的年齡比較大，就叫「哥」，好像也比較順，直接就叫「哥」、「弟」。這樣我尊重你，以你為主。在某種程度上，還是有點「0」依附於「1」的意思，像「糯米」、「糯葉」這樣也正好順了的。還有一種呢，比如「大黑」和「蝸牛」那一對，「蝸牛」才二十三歲，「黑子」三十多歲，他兒子都上中學了。但是「大黑」是「0」，「蝸牛」呢，還真有小老公的勁兒！挺好玩的，二十多歲麼，小胖墩，然後他呢，就叫做「媳婦兒」。AA、BB也是，BB是「1」，但是他們那種照顧還是像老婆照顧老公。（「陸姨」訪談，二〇一〇／二／十八）

我倒沒太把這方面當回事兒，如果「糯葉」哪天想當回「1」了，那他就試試，我覺得也無所謂。兩人好到一定程度，包括成熟的夫夫，可能（性角色）特別明確，有一個多一點，有一個少一點（指某一種性角色扮演），但我覺得他們到一定程度反過來也可以做的。我覺得即便（性角色）再固定，反向的也會有。可能有一個當「1」的角色頻繁一點，另一個次數少一點。一般來說，當「0」的會對人有一種依附心理，有一種受人照顧的心理；當「1」的則主動一些，稍微強勢一點。（「糯米」訪談，二〇一〇／二／十八）

你看「召召木木」，「木木」既有那種大男子主義、比較自強的一面，又有弱的、需要別人照顧的一面，兩極性挺明顯的。「木木」在心理上對「召召」的依賴性可能大於「召召」對他的依賴性。其實「召召」呢，是非常韌的；而他呢，是硬，但又很脆。（「陸姨」訪

談，二〇一〇／二／十八）

我倒不認為從一個人是不是細緻、照顧人就可以判斷出他在性生活中扮演的是偏男性還是偏女性的角色，我從來不用這個作為標準。這是比較簡單、初級的認識，我判斷一個人像不像男人、是不是做「1」，就看他關鍵時候能不能擔當，其他東西沒有用。平時裝老爺們似的，一到關鍵時刻比女人還龜，那不扯淡麼？這實際上沒有多大意義……（問：「0」是本來就有那種心態然後去做「0」，還是因為做了「0」之後才會有「0」的那種心態？）從心理、生理上來說，我不能接受做「0」。如果兩個人好了，偶爾做一下可以，但長期要我做「0」，我生理上接受不了。至於心理上是否渴望有健壯的臂膀讓我去依靠，從心理上而言，不管一個多麼 man 的人，他也希望被照顧，但可能不是以這種形式；我覺得哥們似的、兄弟似的可以，那種女性似的（小鳥依人）我受不了。從骨子裡來講，我這人比較自立，不喜歡別人把我的什麼事都去包辦、規劃好……但也不想找一個特娘的人，我就想找一個男的。（「糯米」訪談，二〇一〇／二／十八）

這種情況也不能一概而論，在相對固定、長期和有感情投入的同性戀伴侶中，年齡、性情、經濟收入和性別角色等這些因素不能完全決定伴侶之間的性角色扮演。儘管一些男同性戀圈子內流傳著判斷「0」和「1」的各種說法，但是四十多歲的同性戀者「糯米」坦承連他自己都無法判斷圈子裡其他人的性角色扮演情況。

我也弄不清圈子裡誰是「1」、誰是「0」，我老猜錯。兩個男的之間，沒法完全界定，也沒有什麼規則。（「糯米」訪談，二〇一〇／二／十八）

怎樣去定位「0」和「1」，生理和心理上（的因素）一定都有，而且一定有生理和心理上比較極端的人。如果是某個你深愛的人，在這種情況下，兩方面的需求都會有，我希望關心對方、照顧對方，同時也希望對方給我關愛與呵護。（「阿來」訪談，二〇〇九）

對於那些性身分／取向不確定或仍處於認同過程中的同性戀者，有些人甚至未意識到「同性戀」這樣一種慾望與身分的存在。在這種情況下，很多同性戀者與同性和異性都有過交往、都發生過性行為，有些甚至結婚。埃里克．杜貝（Eric Dubé）認為，那些對同性戀身分感到不確定的男性，更傾向於與異性戀女性發生性關係或產生感情（Dubé, 2000）。除了情境性、情緒發洩的因素之外，男同性戀者跟異性戀女性發生性行為[16]甚至結婚，還有一種微妙的炫耀心理在起作用。如：

結婚之前，有一個女孩看上我、追我。我當時甚至在想，我要跟她發生一次性關係。（儘管）我並不是特別想，（但）好像是一種炫耀，你看！有女孩在追我，我多麼牛、多麼有魅力！我必須嘗試一下，以此證明我比你們都強，這種想法促使著我（去跟她交往）。她以前約我，我根本不出來，會找各種藉口拒絕。但是那天我心情特別不好，想發洩一下，好像有把她當成性工具的想法。在這之前，我沒有和女人發生過性關係，這是第一次……在我們那個山坡上，當我產生這種慾望時，居然可以（勃）起來。（「Rock」，北京同志中心，二〇一二／三／十）

當性對象的生理性別不同時，儘管男同性戀者同樣扮演著主動、插入的角色，他的生理與心理感受是否存在差異？「糯米」講述了自己與異性的交友經歷、體會以及與同性之間的比較：

我知道自己對男孩子感興趣，這是早就知道了的，這個東西沒有道理可講。其實我自己一直在想這是什麼原因，後來想，這是不是跟我從小由我爸帶大的有關？但想想也不是。是不是因為跟女孩玩？也不是，我跟男孩也玩呀！我是突然之間感覺到自己（是同性戀）。什麼時候呢？其實在小學那會兒都還沒有意識到，這個東西不是有意識地明白，之前一直是希望跟女孩交往的想法。初中時遇到一小男孩，那會兒我們一幫小男孩、一幫小女孩，從來沒有那種感覺，他長得挺好看的，屬於挺秀氣的那種，那會兒我是體育委員，一次喊隊，喊他那兒了，然後就看著他，他忽然衝我一樂，你知道嗎？當時我心裡就突然一動，那麼一種感覺。但是因為那個（異性戀）傳統嘛，雖然對這個男孩有好感，但也沒有發展到對男的普遍有好感的程度，即使現在也沒有對男的普遍有好感。後來也是一直交女朋友，上大學的時候就找了，畢業之後又陸陸續續地。我找第一個女朋友時，覺得自己跟平常的異性戀沒有任何區別，他們什麼心理，我也是什麼心理。

後來，我一直把我現在的情況跟以前找第一個女朋友的情況進行比較，然後得出了一個結論：無論是跟男的交往還是跟女的交往，性是一個因素，但不是一個長久的因素。我以前跟女孩交往，交往深了也產生這個感覺，有些東西不是性的問題，它就是慢慢地交往的時間長了，肯定有感覺了。我不排斥（異性）。但是，我至始至終明白，我是對男的感興趣，不是對女的感興趣，但並不排斥。打個比方，你看個圖片或什麼之類的，如果是直男，肯定注意美女，譬如看個電視劇，男主角、女主角啊，如果是一個同志，可能自覺不自覺地在看男主角，這男的怎麼樣，長得帥不帥啊，就是這種心理。「白咖啡、黑咖啡」只是一種比喻，不是說白咖啡就一定比黑咖啡好。我跟您這麼直說吧！我以前跟女的發生性關係，後來又跟男的發生性關係，不說心理上的那種感覺，但是我覺得生理上沒什麼區別，但心理上有區別。和男的（發生性關係）會有一種成就感……也不能完全說是成就感，就是那種滿足感，會比和女的發生關係後產生的那種滿足感要強。我交往過女朋友之後就有這樣一種感覺，就是時間長了，雖然有感情，但是那種排斥感會越來越強，不是因為性格，跟這都沒有關係。也不是不能過日子，但是在那種狀態下是受罪。

我發現，把女人當男人跟把男人當男人不是一回事，真不是一回事兒！它不是一個勁兒！你跟一個女的接觸，很正常的是一個「藤纏樹」的關係，你跟一個女的好了以後，心裡頭，或傳統上，她也這麼認為，你也這麼認為，它就應該是一種依順的關係，甭管她性格上怎樣，但她事實上心裡是這麼想的。那麼你跟那女的好了以後，就要覺得將來對她負責，男主外、女主內啊，很自然就那樣了。但是，對於男的來說不完全是這麼回事兒。我覺得男人是那種自尊感很強的女人，有時你可以把他想成女兒，或者叫成女人，但你不能把他當成女人來對待，除非是他純粹把自己當成是女人了。比如有時候，無論是「1」還是「0」，如果面對的是一個女孩，他就覺得甭管她做什麼，我都應該幫忙做點什麼。但如果要是男孩，是一個「1」對一個「0」的話，他有時會想，你也是男人呀！又不是女人，你這個事兒還需要我去這樣那樣嗎？兩個同志之間，再怎麼著，也不可能像異性戀的男人對待女人那樣——不能說是無限遷就，但這種由文化傳統決定的對待方式：我就應該包容她的很多毛病、很多細小的問題。男人的自我認同有時是通過另一半來體現的，並不是說我想顯示出男人就讓人覺得是個男人。有些形象上所謂的很man的人、很男人的人，實際上處起事來不見得……所以我不大對那些人「感冒」。你看有些人默默無聞，但處起事來特別痛快、利索，而且特別

有擔當，我特別喜歡這種的。（「糯米」訪談，二〇一〇／二／十八）

「糯米」在生理和心理上其實並不排斥異性，他甚至認為「找第一個女朋友的時候覺得跟平常的異性戀沒有任何區別，他們什麼心理，我也是什麼心理」。這是因為性只是兩人交往中的一個因素。在「糯米」看來，「男人是那種自尊感很強的女人」，他與男性發生性行為時的生理感受和與女性發生性行為時並無很大的區別，但是，與男性發生性行為時會獲得更強烈的滿足感。他對女性雖然不排除，也能接受與女性的性行為，但是無法維持長久的生活，即使有感情，但與女性一起生活也是一種「受罪」。性生活中滿足感的獲得以及異性戀文化的牽制促使同性戀者遠離異性。

從前面的敘述中可以知道，同性戀伴侶之間性角色的互換不是不可能，性角色與性別角色並不總是相一致，單從性別角色無法推斷一個人的性角色，反之亦然。有些同性戀者與兩性都發生過性行為，儘管他們在性行為中都扮演「1」（即插入者）的角色，但也會有差別，這種差別主要體現在心理感受的不同。此外，男同性戀群體中似乎偏「0」的角色較多。如：

我甚至有這樣的想法，……在這個群體裡邊，「1」太少了，「0」很多。（「陸姨」訪談，二〇一〇／二／十八）

這個結論也可以從其他一些實證研究數據加以佐證。如鄭麗君、鄭勇（二〇〇九）基於網路的非隨機抽樣研究表明，男同性戀者中被動型（三四．七％）多於主動型（二七．四％），而女同性戀正好相反（二一．二％，五八．一％）。另一項關於青年同性戀者網路社區的隨機抽樣表明，二八．三％的男性認為自己是「0」，四一．五％認為自己是「0.5」，而只有一一．三％的男同性戀者認為他們是「1」，其他人則不清楚自己的歸類（蔣依伶，二〇一〇）。

男同性戀者中扮演「0」角色的人較多，這其中有生理和心理上的原因，很多「0」會有一種享受的、被照顧的心理與一種渴望被征服的感覺，這種感覺在被插入的行為過程中充分得到了滿足。如：

> 那肯定是做「0」更享受，它生理上還是有一種愉悅感……有時候做「0」更多的是一種心理上的需求。（「糯米」訪談，二〇一〇／二／十八）
>
> 「我喜歡他的精華（指精液）留在我體內。」（《gay那話兒》，二〇一〇）

很多人對同性性行為中被動的、接受插入的角色感興趣，好奇於「0」在男男性行為過程中的快感，尤其是「純0」的性角色。在有些同性戀者看來，肛門並非僅是排泄大便的通道，它還是一個性興奮區。在《中國人的男男性行為：性與自我認同狀態調查》（二〇〇五）裡，有男同性戀者對肛門的興奮點作了具體的描述：

以我的體驗，「0號」獲得被插入的性快感分成三步：第一步是剛插入時的那一陣脹痛，那真叫「痛並快樂著」。什麼感覺呢？就像點燃了身體裡裝滿的汽油，火熱火熱的。第二步是陰莖頂住和抽動時刺激裡面性興奮點的過程。我琢磨這個性興奮點不在直腸部位。插入角度不能讓陰莖和肛門、直腸在一條水平線上，插進去卻頂住直腸的腸壁了，那是最難受的事。為什麼「0號」總是非得對方（陰莖）全部插入了才讓對方抽動？其實，插入時的疼也就在肛門的那三、四釐米，進去就不那麼疼了。但是，如果角度不對，頂在直腸壁上，那種難受比疼還難忍受，整個肚子疼，還噁心。插入的角度合適，對方的陰莖合適，從人體解剖的部位說，恰好頂在直腸和乙狀結腸的連接部位，這時才真正獲得了性快感，是興奮得要發瘋的那種感覺，是兩個人融化在一起的那種感覺。我在得到性快感時，有時特別想放開嗓子唱歌。但這個時間不可以過長，最多半個小時，再長就又出現特別難受的反應了。因人而異吧，反正我至多只能接受半個小時。不過，我說的是對方抽動的時間。我還喜歡被對方完全插入以後不讓他連續抽動，就插在裡面變換各種姿勢，甚至就這樣插著兩人看電視、聊天、給朋友打電話。（是不是談你在做愛的事？）有時是，如果對方這個人讓我滿意，做愛的過程讓我滿意，我就有想交流這種滿足感的慾望。第三步就是對方射精以後拔出來，我會不自覺地頻繁提肛（收縮肛門的動作），而且，在從肚子到全身，是一種極限放鬆的感覺，自己都不屬於自己了。這也是性快感，只做「1號」的體驗不到這種享受。（童戈，二〇〇五a：二八四—二八五／個案一八六）

此外，在偏向喜歡接受插入的男性中，不少人的肛門會分泌一種無色、無味的液體。這種液體並非只有在接受插入時才會分泌，有些男性在有性衝動時就會分泌出來（童戈，二〇〇五a）。而且這種情況與性角色是「0」還是「1」沒有必然的聯繫。

性行為中的性別角色本質上是一種關係性的建構，不管其性對象是男性還是女性都是如此。性行為本身固然不可一律簡化為權力關係，關於同性戀者之間擇友偏好與情感交流的論述已經質疑與否定了男同性戀者的插入與被插入的性角色背後反映的是純粹的社會地位和權力色彩。但是，在某些情況下，性行為仍然會與社會地位、經濟能力聯繫在一起，它在一定程度上反映出個體的人格自主與經濟獨立。支配性的同性戀關係在性別不平等的結構內將差異色情化和貨幣化，從而阻礙性關係平等化和交互性（Connell, 1992: 749）。在同性戀圈子中，某些「0」為了「面子」特意去找其他「0」，以體驗一把做「1」的感受。有些年輕的、剛出道的同性戀者在初涉圈子時，因為經驗不足或地位低下，做「0」的可能性大些。在那些沒有感情投入的同性性行為中，年齡、經驗、經濟狀況都會對性角色有一定影響。在談到明清時期的男同性戀風氣時，吳存存認為男同性戀可以「被劃分為主動的和被動的兩個涇渭分明、不可混淆的階層。主動階層是有錢有地位者的階層，他們追求刺激和滿足；被動階層是地位低賤、出賣肉體者的階層，他們的同性戀活動更多地是處於屈從和賣淫，並非真正對同性戀有興趣，其目的是功利的而非性愛的」（吳存存，二〇〇〇：八）。在男男性交易過程中，跟女性賣淫一樣，也顯示出不平等現象，並且社會輿論通常容忍性行為中插入的一方，而歧視被插入的一方。

在非感情性的同性性行為中，被動角色可能會遭歧視，它與傳統文化觀念對女性的貶低有關。同性戀社群有關「0」的話語移植了異性戀文化對女性的貶損性話語，如：

「0」是遭到歧視的，你去過那些低檔的地方，如公廁沒有？到處都是攻擊「0」的語言，譬如「就是被插的」、「昨天沒被幹爽吧？」（「Jack」訪談，二〇一〇／十／三十）

在中國傳統的異性戀文化中，人們總以為被動的女性在性生活中是「吃虧」的一方，同時女性本身也會產生一種「被玩弄」的心理，這種觀念也被移植到同性戀社群。但是，有些被插入者持有完全不一樣的心態。性行為是交互性的，性愉悅也是雙方共同的體驗，這之間沒有「誰占便宜、誰吃虧」一說。

同志之間，不管是做「1」也好，做「0」也罷，沒有高低貴賤之分。但在不少人看來，從性角色上來講，可能「1」比「0」更尊貴一點，這種心理讓他在遇到某個人時，在純粹是出於激情的情況下，可能會出於自我保護的意識更偏向於選擇做「1」的角色。（「阿來」訪談，二〇〇九）

這自然是出於對「被動」、「被插入」角色的文化歧視。如果同性戀社群普遍認為「1」更尊貴，那麼很多自稱自己是「0.5」的人可能實際更偏向於「0」。這部分同性戀者在偶然的性行為中更可能選擇「1」，即使這給他帶來的性滿足可能並不十分充分，但也要顯示自己的「能力」、「權力」和「尊貴」，從而得到心理上的補償和滿足。這便是床上的激情肉體政治。性角色從「0」到「1」的轉變，也可能體現了經濟地位和權力關係的逆轉，如一些訪談對象說：

有很多人是多年的「0」終於熬成了「1」……有些人心理上沒變，仍是「0」，但行為上卻從「0」變為「1」。（「Jack」訪談，二〇一〇／十／三十）

年齡大了，有經濟能力了，想做「1」。（「斑斑」訪談，二〇一〇／十／三十）

當經濟上獨立、對這個圈子比較熟悉了之後，會慢慢地改變。（「阿建」訪談，二〇一〇／十／三十）

此外，針對同性戀群體偏「0」較多的現象，有的圈內人士認為這「跟中國乃至整個亞洲壓抑性的同志文化有關」（「阿建」訪談，二〇一〇／十／三十）。同性戀社群在整體上都被壓抑著，這導致了人格和心理的消極、被動與依賴。

從文化闡釋的角度看來，男同性戀群體中存在的女性化傾向或許與中國歷史上士人階層「妾婦自擬」心態的長期塑造有關。在傳統文化裡，「文氣」、「文靜」、「書生氣」、「白面書生」、「靦腆」等用來描繪男性的詞與「有涵養」、「知識分子」、「有身分」、「體面」、「有社會地位」、「道德感」等社會含義緊密相關。中國古代士人常有一種身分流離感與君臣依附感，他們哀怨於命運的漂浮不定，「隨時可能被君王貶黜疏遠、棄若敝屣的士人遭遇使很多人意識到了自己在扮演著一種可悲的角色——寵辱無端、衷情難訴，他們的心底時常泛起一股在一夫多妻制下的那種備受委屈的妾婦般的幽怨」（吳存存，二〇〇〇：二八五）。經過長時期的歷史與心理積澱，這種心態被固化為一種審美陰柔的集體潛意識。妾婦自擬的表現方式從最初對君權的幽怨的象徵而逐漸發展成為一種普遍的性心理變異——滋生了一種向女性認同的心態，使他們在潛意識中對自己的性別角色產生錯覺，否定、隱藏或回避自己身上的男性特徵而傾向於女性化。也有學者指出，同性戀者的陰柔氣與一些社會中嚴格的性別角色隔離有關。邁克爾．羅斯（Michael Ross）認為，在任何一個性別角色嚴格隔離並且兩極化的社會，有同性戀傾向的人會感到他們必須表現出像相反生理性別的特徵（Ross, 1983）。一個社會對性別的文化觀念越傳統，越期望男同性戀群體具有女子式的陰柔氣。

同性戀與異性戀之間主要是性取向上的差異，而非性別認同的差異，西方早期的性學研究曾認為同性戀是一種「性別顛倒」，如精神分析混淆了「性別認同」與「性取向認同」，它假定同性戀者存在性別認同混淆，如男同性戀者不能對父親產生認同，因此不能獲得男性化認同；女同性戀者則因無法對其母親產生認同，因而無法獲得女性化的認同。在佛洛伊德的理論中，這種現象被稱為「消極的俄狄浦斯（即伊底帕斯）情結」（negative Oedipus complex）（海德、德拉馬特，二〇〇三／二〇〇五：四三九－四四〇）。在精神分析理論裡，只有一種器官在伊底帕斯的三角關係中是被允許的，即陰莖。無論是在場還是缺席，它決定了女孩的陰莖妒忌和男孩的閹割焦慮，它驅動力比多（Libido）就像金錢驅動勞動力一樣。這種伊底帕斯化（Oedipalization）本身並非是所有文化或父權制社會的規則，而是資本主義制度的產物（Weeks, 1981a: 97）。長期以來，受這種精神分析傳統對同性戀者定義的影響，使人們傾向於認為同性戀屬於一種強烈的性格特徵，進而認為同性戀必定有著某種錯位的心理過程（蓋格農，二〇〇九），而一個人的性行為被想當然地以為由他的性別角色決定的。也就是說，「男性」與「女性」的二分法所決定的社會性別同時決定了性對象的選擇。事實上，性行為與角色定位並沒有直接的關係，同性戀男性化和女性化的稱謂，只是異性戀者為了理解他們自身而強加的標籤（拉瑟斯等，二〇〇七），但這往往導致異性戀者產生同性戀者的性角色與性別角色之間關係的刻板印象。同性戀者浸淫在無處不在的異性戀文化中，他們本人也習得、甚至認同這種強加的劃分，這種內化的觀念又反過來強化人的行為。這種現象類似於布迪厄（二〇〇二：一六二）所說的「符號統治」形式，符號統治關係的特徵在於，「這種關係不僅與可見的性別特徵而且與性習俗相聯繫，而且男同性戀者還將統治原則用於自身，也即在自己的伴侶關係中再現男性角色和女性角色的區分」。在同性戀的生活世界中，「符號統治」的情形並不少見，如：

有一個女孩剛意識到自己是女同性戀時，開始接觸當地的女同組織，她們就認定她是T，（結果）如果她每天不穿著男的褲子，她們就覺得她很另類，就不理她。所以，刻板印象對每個個體帶來的壓力是非常惡劣的。如果別人認定你是個「0」，你就只能這樣行事。「物以類聚」本身沒有什麼不好，但是如果把它當成框框，就像一具具模型，你必須符合這個或那個，如果你都不符合，別人就認為你是怪物。（「星星」，北京同志中心，二〇一〇／十／十六）

符號的力量是強大的，它可以任意地塑造、強暴與規訓個體，迫使個體就範，使之服從既成的規範與設置。誠如威克斯（二〇〇二：七一）所言，對同性戀的分析應該揭示具體結構（或「角色」）形式發展的複雜機制，而不該總是把同性戀行為與角色聯繫，甚至混淆在一起。

在《性別痲煩》（*Gender Trouble*）中，朱迪斯・巴特勒提出將性別視為「施行性的」（performative）觀念。她認為性別是一種強制性異性戀壓迫下「重複的習俗儀式化」的結果，不能用「表達」的方式去思考性別，性別不是被行動、姿態或言論所表達，而是性別的展演與施行反過來產生了「存在內在性別核心的幻象，也即產生了某些真實的、持久的性別本質和傾向的效果。」（巴特勒，一九九七／二〇〇九：一四〇－一四一）。在她看來，性別本身是一種模仿，性別身分從本質上說是施行性的、建構的。性身分認同是情境性定義的，「成為」同性戀意味著不適合任何一種先入之見的分析類型，而是「正在進行的」或實踐中的性態。同性戀者的生活涉及文化的、社會的和個人的實踐，不能用二元對立的兩分法來理解性態，同性戀甚至不是異性戀的對立面。沒有純粹、單一的同性戀「共同體」，也沒有清一色的同性戀經驗（Dowsett, 1996）。

第五章

文化缺失下的身分認同與集體行動

我將文化作為社會現實的一個特徵，一個能夠被充分領會、描述和再現的諸多「社會事實」之一。

——鮑曼，二〇〇一／二〇〇九：四

現代社會中的性分類系統根植於各種社會身分、角色、制度以及生活方式中，它無法被任意的意志行為所廢除。

——Greenberg, 1988: 493

「性」是從社會背景中習得的，它不是「自然的」，也不是個人主義的，而是一種社會結果。

——Reiss, 1986: 234

下面是我的一篇簡單的田野調查手記（二〇一〇／三／十四）：

今天是星期天，又是「白色情人節」。早上醒來，外面已是白茫茫的一片，紛紛揚揚的雪一直到下午三點才止住。畢竟已是三月中旬了，地上的雪又很快融化，遠遠望去滿眼的雪水。

中午去參加了一次同志聚會活動，大家為了慶祝兩對夫夫——「大錘」和「小錘」、「鰱魚」和「鯉魚」——分別相識、相愛八週年和九週年，於是在陸姨的張羅下有了這樣一次午餐聚會。那天陸姨打電話給我時，我問她要不要帶禮物之類的，她說不用，到時大家各自付自己的餐費就行。她自己送給兩對夫夫各自一幅她自己在呼倫貝爾旅遊時拍的一棵連理樹照片。在聚會上，「鰱魚」的母親也來了，從說話的口音來看大概是東北人。主持人讓「鰱魚」講幾句，他說了很多感謝的話，也挺得體的。特別是提到對他母親出櫃時，她說：「只要你快樂就行了！」大家都很感動。這次來了大約有三十餘人，共三桌。我第一次參加這樣較大規模的同性戀聚會。席間大家一起進行了很多遊戲，簡單而詼諧，不少都充滿了性意味。其中有一個遊戲是這樣的：一個人將一隻空的礦泉水瓶夾在大腿根部，另一個人用大腿夾著筷子，然後要又快又準地將筷子插入礦泉水瓶（不能用手）。

也許是那種嘈雜的環境令我自己喪失了對人、對事物的敏感性，只覺得這跟異性戀者的聚會一模一樣：照例是唾沫飛濺地吹水、煙霧繚繞、觥籌交錯以及讓我頭昏腦脹的K歌。我一頭霧水，腦子昏沉沉的，聚會一直持續到下午四點多還沒有散場的意思。我覺得自己再留在那兒顯得有些多餘，又估計他們會連帶著晚上的活動，因此，我跟「小白鼠」一起找了個機會提前離開了。聊天時認識了幾個人，雖然這種場合其實並不大能認識很多人，因為大家都有自己的小圈子，也都圍著自己的人聊自己身邊發生的事情，外人很難唐突地介入。

一、中國同性戀：「有歷史無文化」

同性之間的愛戀與性行為在中國社會一直沒有消失過，費孝通（一九四七／二〇〇七：四四）曾說，「男女有別的界限，使中國傳統的感情定向偏於向同性方面發展。變態的同性戀和自我戀究竟普遍到什麼程度，我們無法確切說；但是鄉土社會中結義性的組織，『不願同日生，但願同日死』的親密結合，多少表示了情感方向走入同性關係的一層裡的程度已經並不很淺。」當異性之間正當的愛情發展渠道受阻時，就會產生替代性的同性結交現象，儘管它是不是同性戀尚不明確。二十世紀七〇年代，由於男女戀愛極易遭致流言蜚語，恢復高考後的一些大學校園裡甚至出現一個班裡所有女生全部成雙配對的情況，她們可以毫無顧忌地垂下蚊帳同床共枕，而且女性之間的關係很類似於男女異性戀之間的角色扮演。但是，這些女孩「畢業不久後，飛快地、正常地結婚生子」（翟永明，二〇〇八：五二九）。在毛澤東時代，同性戀被等同於「雞姦行為」，它被視為資產階級的腐朽習性與封建糟粕，而女同性戀則被排除在這種「雞姦／同性戀」的類別之外繼續遭到忽視。由於缺乏同性戀觀念，很多同性戀者甚至一輩子都不知道自己是同性戀者。「陸姨」回憶起二十世紀六〇年代末的一件事情：

我爺爺那個院，在圓恩寺——就是鼓樓那邊有個板廠胡同，我記得挺清楚的，他家院裡有兩個老太太，兩人都長得挺秀氣的，一個特耍，另一個特溫順。就這麼兩人，這乾姊妹都發誓不嫁，兩個人就在家裡「帶髮修行」，她們用這種方式來掩蓋很多東西——在農村裡，如果哥倆娶不上媳婦，就搭夥過日子，過去沒有人去笑話，只會笑話他們（沒錢）娶不起媳婦，根本就沒人會往這方面想。尼姑庵、廟宇裡面，這種事肯定特別多——然後那倆……我還記得特別清楚，那時經濟特困難，每月食用油不是特少嗎？我就看著她們倆的日子過得又乾淨又俐落，特別精緻，不是要燒茄子嗎？她們還拿半鍋油來炸這個茄子，所以我對她倆印象挺深的。那時，她們倆和我爺爺一樣，也都是六十多歲的人了，都是胡同裡面從小一起長大的，她倆從小都是夥伴，她們之間的感情真的特親密，一點都不曖昧，就像兄妹似地坦蕩。她們也不避嫌，因為心裡沒有這一層（沒有意識到自己是同性戀）。（「陸姨」訪談，二〇一〇／二／十八）

「陸姨」在對現實中的同性戀群體有了更多的接觸之後，記憶裡的某些片段被激活，她的個人回憶和複述出現了多次記憶修復與重構，如將原有模糊的記憶凸顯對立，並進行類型化：「兩個都長得挺秀氣的，有一個特耍，另一個特溫順，就這麼兩人」。在這種表述中，她暗示著同性戀的角色劃分。「她們用這種方式（即她所謂的『帶髮修行』）來掩蓋很多東西」，而這種「掩蓋」是在「陸姨」的回憶中才意識到的；以及她的推測——「尼姑、廟宇裡面這種事肯定特別多」和直觀的感覺——「感情都真的特親密，一點都不曖昧，就像兄妹似的」。這對女伴內心的坦蕩促使她倆表面行為的磊落：「她們也不避嫌，因為心裡沒有這一層。」正是同性戀文化的缺失和父權制下對女性的集體忽視，才產生了這樣的「漏網之魚」。

有一次，在北京同志中心舉辦的一場文化沙龍上，主講人放映了體現中國南方同性戀者生存狀態的紀錄片《Gay 那話兒》[1]。在播放完後的交流環節，有同性戀者站起來問：「為什麼影片中的內容都是關於性行為方面的？」導演坦然地回答說：「說實在的，除了性行為之外，我不知道同性戀跟異性戀有什麼區別。」這樣類似的答覆我已經不是第一次聽到。在實地調查中，我的經驗感受也是如此。性行為無疑也是人類文化的重要構成，若不同群體的「文化差異」只限於行為本身，似乎有些狹隘。這裡並非刻意強調某個族群必須要發展出屬於自身的亞文化，而是想呈現這樣一個事實，即儘管中國有悠久的同性愛慾史與傳統，但當下的同性戀社群卻缺乏自己獨特的亞文化。一些同性戀朋友會告訴我說「Gay 本身就是一種文化」（「XSS」訪談，二〇一〇／十一／六），但這種搪塞式的含糊回答並沒有給人滿意的答案。

瑪麗．麥金托什曾追溯過英國同性戀角色的發展歷程，認為十七世紀末倫敦男同性戀角色的出現與它的亞文化形式密切相關（McIntosh, 1968）。在歷史發展的過程中，西方社會的同性戀共同體形成了作為一個特定族群的標誌性文化，這種文化不僅彰顯了自己的集體身分與認同，而且推動了同性戀權益運動的發展。而在中國，如果我們試著追問一下：所謂的同性戀「亞文化」究竟是什麼？它與異性戀文化機制有何差別？我們所能得到的答案很寥寥，或者答案只剩下性行為以及與之相關的一些俚語。

文化的一個重要特徵是具有傳承性。在中國同性戀的漫長歷史中，現代意義上的同性戀是隨著民國初期從西方引入（性）科學的過程中逐漸被公共知識分子接受的，它與中國古代意義上的同性愛慾行為完全是兩個概念。換句話說，這種現代的、西方意義上的同性戀身分與中國傳統的同性戀行為之間存在一個斷裂，兩者之間並沒有直接的傳承性。更重要的是，西方風格的同性戀身分和生活方式被認為是繁榮年代的產物，成為經濟和技術變遷的性文化的表達，「在接受同性戀的性身分並使之適應亞洲都市文化的背後，是後現代消費資本主義的全球性擴張和不同的利基市場，[2]而非國民性的身分建構」（Berry, 1994: 11）。對民國時期的中國人而言，這種現代同性戀身分彷彿是外來的和強加的。而在一九四九年之後的中國，同性戀現象被當成一種封建餘孽與資產階級毒瘤，它被徹底否定並清除出公共領域。到了二十世紀八〇年代，隨著國門的重新開放，同性戀話語又在公共領域逐漸浮現，這時復蘇的是民國時期的一套已經被當代西方性科學廢棄的過時話語與觀念。在思想貧瘠的年代，這些陳腐的話語很容易被灌輸到人們的腦海裡，從而幫助人們恢復早先關於同性戀的集體記憶。近些年來，儘管這種現象已經有很大的改觀，但是在異性戀社會、在很多家長那裡，此類陳腐的話語仍然被認為是一種正統的官方話語。而在現實的同性戀生活實踐中，作為行為「榜樣」的是二十世紀五〇、六〇年代出生的同性戀者，在這些人的性活躍期，同性戀仍被社會壓制著，同性性行為是極其隱蔽和不可言說的，只能偷偷摸摸地進行。對很多人而言，身分認同可能不是緊迫的問題，因為這個問題本身就不存在。「男大當婚女大當嫁」，天經地義，自古如此。這個世界上只有異性戀性取向，這種狀況的「意外後果」是，同性戀者因性取向而導致個人、家庭的悲劇較為少見。這一代同性戀者很多都生活在事實的異性戀婚姻內，並在各類游弋場所保持著一定量的同性性行為。在這種社會背景下，同性戀只剩下行為本身，對於在社會中隱去的、零散的、互不認同的個體而言，又何談集體共享的「文化」？所以童戈（二〇〇八）才會說同性戀消費場所的出現，扭轉了二十世紀五〇年代以來在沉重的社會歧視與壓制下只剩「陰莖－身體－身體孔道－體液交換」的狀況。

二十世紀八〇、九〇年代以及之後出生的同性戀者，他們的生態狀況大不一樣，在討論中國同性戀社群時需要區分這種代際差異。改革開放之後出生的同性戀者可以通過互聯網上的信息交流確認自己的性取向，當「身分」赫然出現在每一個質疑自己性取向的人面前時，身分認同便構成一個「問題」。同性戀主體已經出現在公共領域，性身分成為每個人都需要捫心自問和內心考量的生命議題。於是，各種因性取向而產生的困惑、自我拒斥以及家庭矛盾成為同性戀者生命史中的重要歷程，精神壓力、抑鬱、自殺（未遂）等現象頻頻發生。另一個結果是，由於重新發現了自己內心隱藏、壓抑多年的真實身分，老一代的同性戀者紛紛選擇與原有的家庭決裂，尋找屬於自己的、所剩無幾的晚年生活，以釋放被禁錮多年的同性慾望。從這個角度來看，人們不能一味地在道德上譴責已婚的同性戀者，而應該區別對待。正如很多同性戀者意識到的，同性戀者與異性戀者結婚的現象是「一個歷史遺留問題」，其具體問題錯綜複雜、因人而異。當然，這不足以為那些懷著明確目的、在對方不知情的情況下以異性戀婚姻作為逃避手段的同性戀者開脫。新一代的同性戀群體又存在因地域、家庭環境、教育背景、交際圈等各種因素造成的巨大異質性，他們在初入同性戀圈子時往往受老一代同性戀者行為的影響，這對很多「戀老」一族的影響尤深。同性戀社群的行為方式本身得到了一定的延續，然而這種純粹以性行為作為主要內容的傳承被很多人引為詬病。但是，這種情況隨著代際的轉變正在逐漸發生變化。

這批人，包括「召召」他們，可能是咱們國家建國以來第一批能夠按照自己的方式組成家庭的夫夫——我是說成批出現的，個別的咱們都不算。像現在通過博客——它儘管不可能明目張膽地，但起碼它成批地出現了……這些人可能是第一批人，而不是第一個。為什麼說文化問題呢？對之前的同志來講，他們沒有現成的經驗可借鑑。為什麼異性夫妻（遇到矛盾糾葛）好處理呢？千百年來，他們有無數處理這種矛盾的經驗，如果不知道怎麼辦，父母、兄弟姊妹、姥姥姥爺等，都會來告訴你：「哎，這事沒啥，別當回事！」小夫妻吵架自然有人會出來告訴他們該怎麼處理。但是，沒有（人來）告訴夫夫，所以很多人一遇到棘手的問題就比較慌，這事該怎麼辦？那事該怎麼處理？

同志找朋友也是這種情況，我把它稱作「形」的階段，換句話說，就是「以貌取人」的階段。這當然是大範圍而言，不排除個別的情況，但總體來說，是以貌取人的階段。將來到一定程度，可能還會出現第二批人、第三批人。現在我們身邊的很多人都是以「召召木木」、「鰱魚鯉魚」等這樣的夫夫作為行為榜樣，他們才有生活的勇氣，覺得別人能夠堅持，我們也能堅持，因為前面有成功的例子。後面的人有了前面這一批人之後，他們的路——處理兩人之間的感情，就不會有那麼多坎坷，因為有了很多參照。最起碼遇到情況打開博客一看，人家是怎麼處理的，碰到經濟問題怎麼應對，碰上什麼問題該怎麼處理……慢慢地，他們的經歷就不會那麼坎坷。

往後再找對象、想成立夫夫家庭時，就會思考以前這些人。想找「猴」也好，想找「熊」也罷，這種方法對不對？完全以這種方法找的人，是不是就一定成功？這個時候，是同志找對象或者找夫夫的啟蒙時期。它剛打開互聯網世界才多少年啊？以前誰也不知道，只能暗暗地想自己覺得可能這種人好、對這種人感興趣，那就去找這種人。往深了說，有多少人找這個（伴侶）是真正按想組成家庭的興趣找的？如果他是想組成家庭、想找個人一塊兒過日子，那麼他要挑的話，肯定完全不會按照形貌去找的，肯定綜合考慮兩個人是否合適。在那種情況下，標準可能都會變。

嚴格來講，我覺得現在還不是一種「形而上學」，而只是一個生理性的階段。總體而言，從每個人的潛意識裡而言，還沒有上升到那個高度。很多同志以前都憋著，門都沒打開，現在一旦打開了，很多人什麼都想嘗試一下，我跟一個男的上床是什麼感受？為什麼兩人能好，就是因為上床能找感覺——它現在整體就處在這麼個階段，還沒到那個程度。要真正找愛情，性是一個因素，時間長了，如果兩人真有感情了，只要對方不是性無能，兩人之間肯定會有一個調節。（「糯米」訪談，二〇一〇／二／十八）

中國同性戀者目前尚處於「同性戀的啟蒙時期」。由於缺乏同性戀文化傳統的參照，異性戀社會關於同性戀的信息流通渠道不暢、同性戀者本身的社會能見度低等，這些原因使很多同性戀者處於個體式、原子化的自我摸索階段。這個時期的同性戀者更多地「以貌取人」，在擇友時更多地考慮生理條件，而不是經濟、文化等其他因素；找的是性，而不是情；只圖暫時的快感享受，而不考慮長期穩定的伴侶生活。他們的身分認同通過性行為本身來確認，這也是一些同性戀者性行為發生的頻率較高以及頻繁更換伴侶的原因。因為在很多時候，甚至連他們自己對自己到底要什麼都認識不清；更何況同性戀者之間的關係缺乏外部束縛，諸如法律、家庭、親友的制約。應該說，這是一個正處於轉型中的歷史階段。同性戀發展的第二階段可謂是「形而上」的階段。到了這一階段，同性戀者的身分認同不再僅僅通過受本能驅動的、生物性的性行為來完成，而更多地涉及文化因素，更注重兩人之間的感情與心理感受，關係也更為穩定與持久。可以預見的是，在這一階段同性戀者對同性戀權益（如同性婚姻、遺產繼承、撫養小孩等）的需求也會越來越強烈，並出現更多的同性戀運動，儘管它可能以不同於西方的、較為內斂的形式出現。目前的這種狀況與同性戀者缺乏文化參照有很大關係，在這種情況下，它只能效仿異性戀的思維方式與文化模式。中國現階段的同性戀者缺乏自己獨特的亞文化、並正處於代際轉變期，這是本書的基本觀點之一。

二、文化缺失與認同模式

（一）文化缺失的表徵

布拉什福德（G. Blachford）曾指出，男同性戀世界同時並存著複製（reproduction）和抵抗（resistance）兩個進程。男同性戀亞文化複製主流文化，這種遵從行為反過來強化了主流社會的秩序。同時，同性戀亞文化又試圖限制和改變它所遭遇的主流文化，這樣做是基於對這些價值的「部分協商性反抗」。同性戀亞文化複製了一系列原有的異性戀主流社會的核心價值觀與制度，如階級關係、消費主義、社會道德、年齡歧視以及男性氣質和父權制等。這種文化複製主要體現為三個方面（Blachford, 1981: 188-193）：第一，「話語實踐」。男同性戀者日常生活的話語延續了男異性戀者的日常話語，他們的俚語與主流社會的統治秩序密切相關，沒有挑戰將他們貼上「越軌者」標籤，並壓迫他們（尤其是女性化的男同性戀者，因其社會可見性）的異性戀社會。第二，「偶然結識性夥伴，（在公共場所）尋覓性夥伴以及性對象的客體化」。這一點與異性戀社會裡男性尋覓異性相類似。第三，「表意性人工製品及其具體物」。在男同性戀亞文化中，它使用的表現物及其風格體現出更廣義的文化，如健壯、雄性活力、攻擊性、力量、性能力等，本質上而言，這意味著男性特徵以及相關的男子氣概可以使他們遠離被污名化的同性戀者。當下中國社會的（男）同性戀群體不同程度地存在著這三種不同形式的文化複製形式，他們更多地是繼承、模仿與複製異性戀文化，缺乏創造與抵抗。具體來說，同性戀文化缺失的表現形式至少體現在以下四個方面。

首先，缺乏角色規範。同性戀者用既有的異性戀「文化劇本」來解釋自己、接受自己，這些劇本往往來自他們耳濡目染、從小生活在其中的異性戀社會。

> 從我的角度來看，在這群人裡，有一部分人在角色認同上已經把自己認同成異性，他就覺得自己是一個女人，我就是要那樣（女性化行事）。（「Andy」訪談，二〇〇九）
>
> 好多人實際上掉在一種怪圈裡頭，尤其是做「0」的人，他是把異性戀的女性文化、女性心理潛移默化地加諸在自己身上，實際上是希望自己能像異性戀男人對女人那樣，有一個男

人去照顧自己、保護自己，而自己也像個女人似地整天相夫教子。一個人C不C，它不是一個形象舉止的問題，而是一個心理問題，（是一種）依附心理，希望被保護、被呵護，就跟女人一樣，整天甜言蜜語那一套。（「David」訪談，二〇一〇／二／十八）

即使是男同性戀者舉辦的地下婚禮，也「不啻是一個異性戀婚禮的複製」，並且「結婚」以後，其中一位男同性戀者儼然覺得自己是「典型的家庭主婦」（富曉星、張可誠，二〇一三：二六）。因此，同性戀者的文化適應的重要含義是維持異性戀的婚姻和家庭，最終仍舊回歸於異性戀制度。

其次，家庭文化的缺失。同性戀者自主組成的家庭缺乏家庭生活的文化，導致「家沒有家的感覺」，而僅是兩個男人或兩個女人在一起的暫時居處。

異性戀兩人交往的結果基本上是組成家庭，所以它考慮的問題不僅僅是個人感情問題，而是要考慮方方面面是否合適……這幾天我去「鯉魚」家，感覺還不是一個家。畢竟，你是那個（異性戀）傳統裡長大的，通常異性戀的家裡面都是花花綠綠的，特別亂，什麼東西都有。但是，恰恰是那種細節上的東西，讓人感覺到這是一個家。那天，我剛好去他們家衛生間，我一看就覺得這裡是兩個男人住的地方，可能是收拾得比較整齊吧！你去看有孩子的人家，哎呦！裡面亂七八糟的，小孩的衣服、這個那個，廚房裡亂糟糟的。（同性戀的家）缺乏異性戀家的那種熱鬧感，小細節上的那種溫暖感。還是有那麼點冷清，我並不是說同志要像異性戀那樣，就是說這種感覺上，還是有差異的……「小錘」不是那種持家的人，「大錘」我看也勉強。一個男的再怎麼細，也不可能細到一個女的那份上去。打個比方，一個家就像一盆鮮花似的，雖然它有時候沒開花，但你能想像它開出花來的樣子；但是同志的家，有時候我就覺得是一棵綠色植物。它那個氣氛不一樣。（「David」訪談，二〇一〇／二／十八）

再次，稱謂的模仿。同性戀者之間的稱呼事實上採借自異性戀文化，當前尚沒有創造出屬於自己的特有稱謂。而這種挪用、採借而來的稱呼，其實並不完全適合同性戀關係，這種稱謂話語對同性戀者真正的生活體驗和行為創造可能產生制約和束縛作用。

同志的稱呼是一個問題……很早就有同志了，但是沒有那種文化。為什麼說沒有文化呢？比如說，咱倆在一塊兒，「1」也好，「0」也罷，這只是性角色，但是到底應該怎麼稱呼？它沒有，它實際上是把異性戀的稱呼借過來，「1」叫老公，「0」叫老婆。但要是仔細琢磨起來，它跟異性戀的老公老婆都不是一回事。所以，歸根結柢就是沒文化，沒有同性戀文化的認同感，同志最基本的稱呼到底該怎麼叫？包括成立家庭以後，角色應該怎麼定位？

這些統統都沒有。所以，現在的人都處於茫然和摸索的階段，到底該怎麼樣，誰也不清楚。

那天跟「糯葉」我們倆開玩笑，我說：人家都叫「老公」，你幹麼不叫「老公」？他說：「我就不願意這麼叫男的。」後來我自己想了想，這還真是一個問題，憑什麼兩個男人之間要叫「老公老婆」？這就是一種（異性戀）模仿，我們自己都不知道該怎麼稱呼。（「糯米」訪談，二〇一〇／二／十八）

也有同性戀者意識到中國同性戀者的這種文化模仿與複製與西方同性戀者之間的區別，如：

在同志之間相互叫「老公」、「老婆」，我不覺得是一種合適的區分……一、兩年前，我在網上無意中看到一篇文章，說國外的，尤其是英國，同性戀家庭裡很少會以「老公老婆」這樣的稱呼去區分，很多人還是覺得仍然是兩個男人，看著似乎有區別，但其實是一樣的。（男）同性戀的標準是什麼？第一，首先認同自己是男人，沒想過改變（性別）；第二，要找的也是男人。這是我認為的同性戀的標準，當然（它）並不符合我們社會給的定義。（「阿來」訪談，二〇〇九）

此外，某些稱謂是同性戀社群對目標對象的歸類方式，它既是一種自我劃分形式，同時也可能成為一種自我限制。例如，除了T－P的強制性劃分，還有「熊」文化也是如此，它從西方同性戀文化中嫁接過來之後，被剝離得只剩下一張缺乏內容的貧瘠空殼：

「熊」文化傳到中國之後，有一個很大的改變。二十世紀六〇年代末七〇年代初，美國最初出現「熊」文化，在當時美國的同志有一個獨特的現象，就是所有的同志幾乎都一模一樣，所以他們被叫做「克隆人」：每個人都穿著白色T恤、留著一小撮鬍子。美國最早出現「熊」文化就是為了打破這種形象，所以「熊族」特意不修邊幅，有些人幾天不洗澡，而且把自己的身材搞得很胖，等等。他們當初是有一個理念的，即為了反抗強迫每個人都成為這個樣子，因此，他們故意改變這個形象……而中國有些「熊」，出門打扮化妝要四十五分鐘。（「星星」，北京同志中心，二〇一〇／十／十六）

最後，「白咖啡、黑咖啡」。西方同性戀學者批判異性戀主義的一個重要概念是「強制性異性戀」；在中國社會，由於同性戀社群自身文化的缺失，很多同性性取向的人士無意識地進入異性戀生活，這也是強制性異性戀的結果。中國的同性戀者除了模仿異性戀的文化規範之外，在文化缺失的背景下，很多同性戀者通常先經歷異性戀愛，然後再涉足同性戀圈子，這個過程有時甚至出現反覆。由於缺乏同性戀文化，許多同性戀者無法通過自我認知達到身分認同，而通過性行為來完成。他們通過兩性性行為的實踐、進行比較之後，最終確認自己的性取向。對此，同性戀圈子裡有一種通俗形象的比喻，即「白咖啡、黑咖啡」之說。

喝了白咖啡之後，就覺得黑咖啡不能喝了……女人抱在懷裡軟綿綿的，（男同性戀者）喜歡有力度的那種感覺。當感受到這些之後，對以前的（女人）就再也沒有興趣了。（「糯米」訪談，二〇一〇／二／十八）

「糯米」的經歷是先有異性性行為，然後才有同性性行為；先是一個「異性戀者」，然後才「成為」一個同性戀者。在他看來，這種「轉變」，或者說「回歸」是無法阻擋的，原先「異性戀者」的預設只是文化盲視或強制的假象：

這個東西就是這樣，打個比方說，你在河東岸走，但知道自己是河西岸的人。你知道嗎？總有一天你不由自主地會跑到那頭去。開始就特別明確自己是這麼一個走向，不是思想上，也不是意識上，你知道自己左右不了這個。為了外界的壓力——為了父母和傳統的壓力——你可能會找個女孩。你看我（對女孩）也不是特別排斥，也不是不能接受，也可以那麼過（日子）。但時間長了，對自己、對她都是一種痛苦。就像你穿四十一碼的鞋，但別人都說

> 你合適穿四十碼或三十九碼，那你說我就穿四十、三十九碼的，穿四十一碼合適實際上那是錯覺。或者別人不知道你是穿四十一碼的，只有你自己知道但又不能說，你勉強穿三十九、四十碼，但時間一長肯定受不了。總有一個極限，到最後還得換回來。（「糯米」訪談，二〇一〇／二／十八）

同性戀自身文化的缺失，同時又存在著強制性異性戀的普遍事實，異性戀統制成為實施符號暴力的制度性條件，而符號暴力又強化了制度本身及各種權力形式的再生產。在異性戀社會，異性戀關係完全不必刻意製造其產生和延續的條件，通過長期對成員進行潛移默化的文化灌輸，它所培養的慣習（habitus）實則為一種文化專斷原則所內化的產品。通過向所有的合法對象灌輸一種認知、思維、評價和行動模式，從而實施「精神和道德整體化的生產和再生產」（布迪厄、帕斯隆，二〇〇二：四一）。

同性戀者被限制在符號統治的悲劇性二律背反中，他「既要反抗社會強加的一種分類，又要讓這種分類試圖反對的類比和約束存在下去」。同性戀者為了從不可見變成可見、為了不再遭受排斥而鬥爭，同時，他們通過服從統治規範，重新隱匿，並在某種程度上變得中性化，以「回到秩序中去」（布迪厄，二〇〇二：一六四－一六六）。各種壓制主體在表面上似乎無任何關聯，這往往使人感到彌漫式壓制無處不在。異性戀社會對同性戀者的規訓更是軟硬兼施：一種是通過文化慣習的內化。這種文化植入與侵入無處不在，可以說同性戀的生活嵌入在暴力的異性戀文化之中，異性戀文化將自身強加於他們之上，最終達到同性戀者自我異化、自我排斥甚至自我憎恨之目的。這種文化脅迫或「文化規訓」是社會規範的要求和傳統支配下的命令，它並非一個生理事實，而是一個「社會事實」。在馬凌諾斯基（一九三六／二〇二二：五〇）看來，文化迫力產生的功效實無異於生理上的需要。另一種規訓是國家權力的直接施暴，即「赤裸的權力」。例如，二〇一〇年「國慶節」前夕，北京警方在牡丹園以整頓公園秩序為由，大肆逮捕公園內游弋的同性戀者；還有各種隱性的歧視，如禁止同性戀者獻血（即捐血）等。異性戀的道德、文化、權威不斷地強化異性戀統制與專斷，通過這種權力的施展，不斷再生產著異性戀社會的權威結構和功能，同時掩蓋異性戀作為一種文化霸權的事實，使之成為合乎情理且唯一合法的「本性」與實踐方式。它所灌輸的文化專斷再生產著倫理與知識的無知與偏見，即系統性的文化失明。

文化本身存在著內在的矛盾與衝突，虛假的文化可能產生真實的認同，但在產生這種認同的同時亦會產生質疑。文化既能產生身分認同，也會製造身分焦慮。同性戀文化的培育受制度性條件的制約。作為一個整體，中國目前的同性戀者仍處於缺乏自己特有文化的階段，在他們的生活世界裡，性行為本身占有重要地位。在中國社會處於傳統與現代轉型的大背景下，同性戀的發展歷程顯得尤為突兀與劇烈，同性戀行為模式本身亦有其傳承與斷裂，因此，形成本土性的同性戀亞文化也需要一定的時間。這個過程中，由互聯網構成的虛擬空間對身分認同、情感交流、性行為等各種實踐活動以及同性戀社會運動的資源動員等起到很大的促進作用。

（二）兩種認同模式

在文化缺失的狀況下，性實踐在同性戀者身分認同的過程中扮演著重要角色。性行為肯定了他們自身對異性戀身分的懷疑，它為解決性取向的困惑提供了一種實踐方式，因此，性行為成為形成性身分的促變因素。當然，也有些同性戀者不是通過性行為來確認自己的性身分，即在發生同性性行為之前就已經實現性身分認同。這種差異也體現在代際方面：在相對更為寬鬆、更易獲得信息與支持的環境下，年輕一代的同性戀者更可能在發生同性性行為之前就意識到並確認自己的性身分。然而，在當前中國社會的同性戀社群裡，相當多的人仍是通過性行為來確認自己的性身分。當然，性身分不等於性行為，一些人有同性性行為，卻不認同自己是同性戀者，這在MB群體裡更為常見，還有境遇性的同性性行為也是如此。埃里克·杜貝對這種身分認同的差異進行了區分：通過同性性行為來理解和標籤自己的同性愛慕情感，被稱為「以性為中心」（sex-centered）的認同模式，這種模式是通過性來形成個人身分認同和作為同性戀的感受；另一種是在發生同性性關係之前就已經確認性身分，這被稱為「以身分為中心」（identity-centered）的認同模式，這種認同模式中的人們並不將性行為本身作為身分的標誌性特徵，而是包含了認知的、政治的、情感的和人際間的等諸要素（Dubé, 2000）。「以身分為中心」的認同模式在性伴數量上比「以性為中心」認同模式要少，而且身分認同的年齡要早些，更少內化「恐同症」，更多地向周圍人表露自己的性身分，以及更傾向於聚集在大都市。在中國的情境下，老一代的同性戀者更多地踐行「以性為中心」的認同模式，而年輕一代的同性戀者則踐行「以身分為中心」的認同模式為主。認同與個體所處的環境及可用作自我支持的資源等因素有關，「以性為中心」的同性戀者與異性發生性關係的現象更為普遍。身分認同的代際差異很可能預示著未來同性戀者行為和認知模式的轉變。

埃里克．杜貝提出的這兩種模式從同性戀性取向認同的角度很好地解釋了同性戀社群比異性戀社群存在更多性行為的事實，也表明了同性戀者之間存在著性差異，即「以身分為中心」的同性戀者不是主要通過性行為來確認自己的性取向。「以性為中心」與「以身分為中心」這兩種認同模式是理想化的二元模式，也就是說，一類同性戀者通過性行為本身完成自我認同；而另一類則通過「身分閱讀」來實現自我認同；兩者的行為本身差異很大。埃里克．杜貝的模型主要解釋不同個體之間的行為差異；而作為個體的同性戀者，性行為本身在其生命歷程中也會有差異與轉變，它需要以一種連續性的個體實踐經歷來加以解釋。

由於不存在婚姻、家庭和法律等現實結構和制度性的約束，同性戀者在選擇伴侶時更注重彼此之間的（性）感覺，這種「憑著感覺走」的態度使如何保持持久的關係成為一個問題：

××跟××分手之後，我還安慰他說，「這不有成功的麼？你看『鰱魚』、『鯉魚』好了那麼多年了。」然後他說，「你看到的都是太罕見的例子，那都是特例。」剛開始我不覺得，就覺得這（長久的關係）很正常，因為我一上來接觸的這些人都很穩定，覺得分手才不正常。時間長了，現在慢慢感覺出來，還真是挺不容易的。（「糯米」訪談，二〇一〇／二／十八）

在二人的親密關係中，倘若雙方具有良好的自我認同、成熟的心智和經歷，以及較好的經濟基礎，那麼將對長久交往、培養感情起到積極的促進作用。但是，很多年輕的同性戀者由於缺乏這些條件，往往導致關係不穩定、頻繁地更換伴侶。從表面上看來，這種行為方式的改變與年齡的增長（以及不可避免的性衝動的減少）、心態的成熟穩健有關。此外，如果伴侶之間存在角色和性格方面的互補，也會有助於關係的長久維持。如：

我也認識很多不同年齡層次的朋友，覺得人是一種階段性的動物。他二十歲時會有自己的愛情觀，二十五歲又不一樣了，三十歲他可能考慮以後要結婚，結完婚之後……或許有了孩子再離婚、再出去玩。就是說，每個年齡層次的人，想法都不一樣。（「小胖」，北京同志中心，二〇一二／三／十）

現在覺得（情感）能夠穩定一些的，起碼是二十七、八歲以上，這個年齡的人交往起來能更穩定，像「鯉魚」那樣的呢，是因為「鰱魚」走過（異性戀）婚姻了，從結婚到離婚，他意志特別堅定。「鯉魚」又比較單純，才能跟著他走。如果兩個人沒有這樣的經歷和特徵，是挺難的。（「陸姨」訪談，二〇〇九）

我認識的這些人裡面，為什麼他們能夠長久相處？可能還是符合了異性戀的那種文化。（「陸姨」訪談，二〇一〇／二／十八）

從頻繁尋找和更換性夥伴，到結成長期固定的伴侶關係，是兩個不同的階段，其中性狩獵活動的減少是重要的表現方式：

我進入同志圈已經有二十年了，現在周圍比較穩固的夫夫家庭基本是上了一定年紀的，剛出道的那些孩子，不會找個人去踏踏實實地過夫夫生活，他的心沒有安定下來。同志進入這個圈子有很多階段，在每個階段，同志的心態、交友的方式、生活的方式都不一樣。他剛進入這個圈子時，感覺很好奇，會瘋狂地接觸這個圈子的人，很瘋狂地「419」，不會定下心來過日子。基本上十年以後，玩累了，覺得這種玩法對自己來說已經沒有意義了，或者覺得不現實了，那時候才靜下心來，想找個人踏踏實實過日子，這樣就建立夫夫生活。這是建立在什麼樣的基礎上呢？就是想要得到兩個人的生活，不會更多地受外界誘惑；或者當面臨誘惑時，他不會想要回到從前的「419」生活……（去同性戀場所找伴侶）是沒有辦法的事情，是階段。（「Dylan」訪談，二〇〇九）

每個人進入同志圈有不同的階段，這是不可避免地，但初出茅廬的小孩或者剛進入圈子的人，生活很亂、很不檢點。其實這個問題可以分為兩個方面。作為同志來講，我相信每個人面對自己的第一份感情時，一定用心很專、很真，所以很多人會因為分手而受到很大傷害。後來，某段感情沒有持續，並不是因為不想持續，可能是因為他心智不成熟，做了一些比較過分的事；可能因為對象更計較、不包容，才導致他下一個階段的瘋狂、放縱，他甚至會抱怨自己。這個環節不是所有的同志都有，但我相信會有很高的比例。（「阿來」訪談，二〇〇九）

不停地更換朋友，是因為還處於「形」的階段，連自己都不知道自己需要什麼，他還沒過那個勁兒……（關係）固定的越固定，不固定的越不固定……現在很多夫夫實際上還處於青壯年時期，如果他們到了中老年時，是否還能這麼維持將是一個問題。到時候玩不動了，整天你看著我、我看著你。（「糯米」訪談，二〇一〇／二／十八）

在性少數族群的身分認同過程中，文化－歷史因素起著重要作用，同時它表現出明顯的代際差異。美國的同性戀研究表明，老一代的同性戀者以政治和其他外部事件（如石牆事件）作為文化記憶的核心，而年輕一代更多地是以個體記憶（如出櫃）為主，這說明同性戀者的身分認同越來越多地以個人經驗而不是以文化來定義（Weststrate & McLean, 2010）。此外，越是刻意控制自己生活的人，對其性身分的消極反應越會導致通過頻繁、密集的性接觸（包括非保護性的肛交）來確認和強化他們的同性戀身分。

性的範疇不僅僅是性行為而已，性也不僅僅是個人的私事。對同性戀者而言，更重要的是衍生一種特有的生活方式、一種有別於異性戀的亞文化。倘若同性戀與異性戀之間的差別僅僅是體現在性行為本身，性行為固然也是（性）文化的構成，但一味地聚焦於它可能無法充分體現出同性戀者獨特的存在狀態，而這將是爭取同性戀權益的基礎之一；它也無法明辨自我，只能隱匿甚至被掩埋在異性戀社群中，無法生成集體認同與身分意識，更無法帶來更多的解放。在當代西方社會，同性戀者、雙性戀者等性少數族群與異性戀者在關於性別、性行為、關係、道德、非生物性的家庭以及權力等方面具有顯著不同的觀點與立場，它們並非異性戀社會價值觀的鏡像（Vaid, 1995: 46）。我們不是主張中國的同性戀者非得需要模仿西方「先進的」同性戀文化不可，也無意尋找或驗證一種普世主義的同性戀文化，而是意在強調一種族群的自我意識與文化的重要性，尤其是在全球化的語境下培育出中國本土的同性戀話語、身分與社會運動，這也是本書的主旨和關懷。

三、群體分化與集體無行動

二〇一〇年「國慶節」前夕，北京警方在同性戀游弋地——海淀區牡丹園——開展行動，出動了上百名警察和約二十輛警車，圍堵了在牡丹園內停留的上百名男同性戀者，並將數十人帶往警局盤查訊問、接受HIV檢測。隨後警方對外發表聲明：「這次行動並不是針對任何特殊群體，只是例行的治安檢查。」這起事件在同性戀社群中產生了廣泛影響，這裡稱之為「牡丹園事件」。中國國內的《環球時報》英文版報導了該事件，其他媒體都不約而同地緘默不語。事實上，「牡丹園事件」與二十世紀六〇、七〇年代美國警察對同性戀聚集場所的騷擾有些類似。

在許多同性戀者（尤其是一些年輕人）以為中國國內形勢有所好轉的情況下，「牡丹園事件」的發生很快在北京的同性戀社群中引發高度關注。社群內的態度分裂成了兩派：其中一派譴責警方的舉動，例如，「北京愛知行研究所」發表抗議聲明：「強烈譴責北京市公安局及其海淀分局如此無禮地襲擊同性戀社交場所的行動。北京市公安部門的行動嚴重違反中國政府為艾滋病防治創建支持環境的承諾。」[3]他們認為，警察不該如此突襲和強制性地對待公園內的同性戀者。另一派則認為，牡丹園是公共場所，不是同性戀者的專用私地，「同志也沒什麼見不得人的，何必找這麼個見不得人的地方？」在這些同性戀者看來，「牡丹園事件」中那些「野外肉搏鬥士」被抓，實在是「自取其辱」。

值得思考的是，上百名同性戀者在面對警力時集體無行動，而事後又以集體「訴苦」的方式來表達與發洩心中的哀怨、委屈與不滿。「牡丹園事件」真實地再現了中國當代同性戀者的生存處境與行動方式，而其背後的邏輯可以從另一起事件中更清楚地反映出來。

對於同性戀圈外的有些人而言，基於中國現有條件下任何形式的大規模公共集會、示威遊行、社會運動的付之闕如與西方聲勢浩大的同性戀驕傲大遊行形成鮮明對比，可能會疑惑地問道：「當下中國是否有同性戀運動？」對當下中國的許多同性戀活動家而言，同性戀運動是存在的；或者說，他們對「同性戀社會運動」有著不一樣的定義，其中有些人認為，儘管中國目前的條件下還沒有出現像美國和西歐那樣顯著的「同性戀驕傲月遊行」之類的社會運動，但是，他們正在開展的各種提高同性戀社群自我認同意識、逐步介入公共領域以改變公眾對同性戀社群的偏見、污名以及社區內部進行的同性戀社群研究等活動，都屬於「同性戀運動」的廣義範疇，而他們所從事的正是這項志業。[4]例如，中國西南部一位同性戀組織的負責人便如此反駁道：

中國怎麼沒有同志運動？看你怎麼定義「社會運動」，並不是說要去大街上遊行、示威才叫社會運動。上個世紀九〇年代的時候就有公開演講、聚會性質的活動，那時在北京，現場有警察，大家商定前面的人如果收起雨傘就表示撤會。這種活動現在還是有的。（「WJ」訪談，二〇〇九／六／二十）

在他們看來，各類同性戀組織（尤其是北京、上海、成都等一些大都市的同性戀組織）的活動家所投身的正是這種——我們姑且稱之為——「隱性的」同性戀運動，這頗具中國本土特色。例如，「上海同志驕傲節二〇一〇」是以影展、畫展、座談會、酒吧巡遊以及小型的體育賽事（如游泳、羽毛球等項目）的形式展現。[5]因此，真正的問題或許是：「中國為何沒有美國『石牆事件』式同性戀運動？」對於熟悉現代中國國情的人士而言，這個問題似乎並不難回答，譬如，從宏觀的、結構－制度的角度可以解釋當下一個威權主義的、憑發動基層群眾運動起家的、具有封建家長式包辦作風的國家為什麼沒有轟轟烈烈的、炫耀性展示的（同性戀）社會運動。然而，這裡想從一起也許並不偶然的事件探討它背後的微觀原因。下面是筆者的一篇田野調查手記，姑且稱之為「重陽節事件」：

二〇一〇年十月十六日（星期六）下午三點多，像往常一樣，北京同志中心坐滿了人。今天同志中心來了近五十人，絕大部分都是年輕人，以在校學生或畢業剛參加工作不久的男青年為主，其中有兩位是白種人。這次邀請的嘉賓是從美國來的「星星」（此前他曾一直在「愛白網」回答同性戀者提出的各類諮詢問題），國內的同性戀圈子對他可以說是非常熟悉。此次活動的主題被很詼諧地稱為「辟邪大會」（因為當天恰好是農曆的「九九重陽節」）。活動開始後，「星星」先是談及同性戀反歧視問題，可是在後來的提問環節中，這個話題被粗暴地打斷了。一位中年男子情緒很激動，語氣也很不客氣，他宣稱中醫可以治療艾滋病。（在同志中心曾經見過他幾次，他並不是第一次提出這種觀點，後來知道他曾做過幾年圖書編輯，其觀點主要來自媒體報導。）

在一番勸說之後，他好不容易平靜了下來。屋子裡又恢復了剛才被打斷的話題，但是不久又發生了另外一件事。四點半左右，外面有人敲門，大家沒有太在意，因為由於路途遠近不同或雜事在身，總會有人遲到，通常大家都是悄悄進來或悄悄出去。但是這次不一樣，進來的是兩位「大蓋帽」，套著硬邦邦的制服，突然出現在一群打扮時尚的年輕人中間，顯得特別扎眼。較早進來的那位警察一直走到在座的人群中間，然後眼光有意識地朝四周掃了一圈（可能在估算人數）。這時，同志中心一位做志願者的女孩（她後來跟我們說她是異性戀者）問道：「有什麼事嗎？」警察簡單地回答了句「有老百姓報警，人多擾民」，又一邊說「沒事」（似乎在緩和緊張，先讓自己退出去），一邊朝門口走回去。然後，他站在門口朝房間裡大喊：「誰是這裡的負責人？」另一位女孩站出來說她是，還有一位男生主動站出來說他也是，他倆就一起跟著出去了。我們在屋子裡面繼續聽「星星」講，但是已經完全沒有之前那樣的輕鬆氛圍了。那種感覺很微妙，空氣中突然籠罩著因不確定帶來的焦躁與不安。我聽到外邊警察說話的聲音非常大，幾乎是帶著訓斥的吼叫。大約半個小時後，同志中心的工作人員進來告訴我們說，「今天出了點事情，要請大家支持」，但他沒說具體要求做什麼。我們都坐在原來的位子上，誰也沒有離開。又過了半小時，大約五點半，同志中心的工作人員告訴我們說沒事了，大家可以按秩序離場。這時大家才逐漸離開。

在整個過程中，我們可以很清楚地聽見警察在外面很粗暴地向中心負責日常營運的人催要今天參會者的名單。散會時，已經有人在打電話，叫對方（朋友）晚上別過來（參加「夥影同人」），這是同性戀圈內播放電影的週末小聚會，向公眾開放），因為「有警察」。

這是一次很平常的同性戀文化沙龍活動，警察的突然闖入和打斷似乎在人們的料想之中，至少，大家表面上沒有產生任何恐慌和騷亂。這裡無意去誇大警方的壓制，但它反映出當下中國同性戀者（以及普通公民）的真實生存狀態。儘管有些學者認為，二十世紀八〇年代以來在市場經濟的衝擊下政府「正在退卻」，但「強政府、弱社會」這一事實在總體上仍未發生實質性的改變。在這樣一個國度裡，國家之外任何獨立的社會組織發育艱難，國家的控制網絡依然十分嚴密和牢固，任何一個自發性組織或超過一定規模的公眾聚會都容易引起官方的注意與干預。國家與社會行動者之間的關係極不對等：一方面，威權國家時刻彰顯著它對總體性社會的掌控能力；另一方面，在這種「後極權主義政體」下，民間組織極其渙散、弱小，遠未發育成熟。「在一個理性形式的集權政體中，中層社會組織完全付諸闕如，國家徹底主宰社會」，由於社會中不存在反對力量，所以不可能發生任何形式的社會運動（趙鼎新，二〇〇一／二〇〇七：xlvii）。就此而言，同性戀族群／組織所面臨的情況並不是特有的，所有普通民眾都面臨這個問題。但同性戀群體又由於自身的「特殊身分」，受到政府與社會的雙重擠壓。在各種因素的綜合作用下，最終導致同性戀者缺乏組織行動能力，尤其是無法對突發性的局勢進行有效的自我組織，因而作為行動者的個體在很大程度上喪失了能動性。兩位警察粗暴地突然闖入民宅進行盤查，而數十人的年輕同性戀者卻集體失聲毫無作為，沒有人站出來為自己辯護或反駁，更沒有「石牆酒吧」式的劇烈衝突性對抗。這正如洛雷塔．霍（Loretta Ho）指出的一個悖謬的社會事實，即一方面，突生的男同性戀和女同性戀身分對抗「黨－國」的中國特性；而另一方面，自我認同的同性戀個體通常採用民族主義的言論，並遵從國家的控制（Ho, 2008; Ho, 2010）。

有意思的是，在警察闖入北京同志中心之前，它組織的文化沙龍活動恰好談到中國當前同性戀運動的話題，一位年輕的男同性戀者站出來說道：

> 我是剛到北京，在這個事情炒熱之後，才知道牡丹園是一個什麼場所。警察來到牡丹園，大概帶走了有一百人吧！他們全都被集體拘留，被強迫去驗血、HIV檢測，我就想到美國有一個「石牆運動」，也是很類似的一個事件——警察闖入 gay 吧。我在想，同樣一個事件之後，中國為什麼沒有發生「牡丹園運動」？可能有幾個原因：第一個原因是（我們過於）守衛我們的傳統，很多傳統都是被（人為）創造出來的，現在所說的傳統其實並不是真的傳

統。第二個原因是同志不大願意發出自己的聲音，因為我比較關注這個問題，所以會和周圍的朋友討論這個事，我經常聽到他們這樣說：「都是些什麼人會去那樣的地方啊？」然後說，「都是些老人，不會上網的吧！」、「都是些沒有錢去『gay吧』的」、「都是些MB吧」……我覺得中國人特別善於將族群不斷地細分，然後找到自己最核心的小團體，這個時候他才會有一個「家」的概念，即只維護這個小團體，對別人都是排外的、歧視的，把他們都拒絕到外部去。他們出了事情你不去說話，那麼，等到高壓的東西最後聚集到你這個小圈子的時候，誰會來為你說話呢？（「哪」，北京同志中心，二〇一〇／十／十六）

通常情況下，同性戀群體內部最明顯、直白的劃分莫過於基本的人口學特徵（尤其是年齡，儘管有「戀老一族」）。羅麗莎在田野調查中發現，北京的同性戀者有來自城市和農村的；從事不同的職業，從工廠工人到會計和計算機工程師；教育背景從高中到博士不等；階級地位差別也很大，有些是通過身為精英幹部的父母權力而獲得財富和社會地位的新貴一族，有些則自稱為「普羅大眾」。儘管他們在各方面均有所不同，但一個顯著的共同特徵是都很年輕（通常三十歲以下），這表明他們中的大多數都出生在改革開放之後。

事實上，這種差異是極為表面的，中國本土的同性戀者有著更深刻的自我劃分。在「哪」這個小圈子裡的多數人看來，去牡丹園的是那些「異類」、「非我族類」，因而抱著觀望、調侃甚至嘲諷的冷漠態度。他們所想像的，並自動與之劃清界限的這類人大致具有如下特徵：年齡大（「老人」）、文化程度低（「不會上網的」）、社會地位低（「沒有錢去gay吧」），還有就是更被圈裡圈外的人污名化、嗤之以鼻的男性賣淫者（「都是些MB」）。北京一家關懷同性戀群體的工作組（「同行」）的某位成員也說：「（牡丹園）裡面的許多人屬於經濟能力較差或教育程度不高的群體」。[6]在某些情況下，性身分與其他身分相互交叉，從而使「身分認同」的問題變得更加複雜。例如，一位蒙古族的拉拉，她的母親告訴她：「找伴侶（不管男女）首先選擇是蒙古族，其次是漢族，肯定不要找穆斯林。」因此，在中國的語境下，公共話語中難以形成固定不變的統一術語來談論一種「真實的」中國同性戀身分（Ho, 2008）。但羅麗莎認為，在後社會主義的中國，與慾望實踐相關聯的文化歸屬感已經取代了階級劃分，她試圖以「文化公民身分」（cultural citizenship）這一概念強調公民身分或歸屬感不僅是一種政治屬性，而且也是一個文化在其中產生凝聚力的過程（Rofel, 2007）。人們通常認為，文化公民身分是一個自為的過程，由不同方式的親和性和各種形式的正常化手段構成（Ong, 1999）。在羅麗莎看來，性、慾望和性身分的跨文化過程塑造了中國男同性戀和女同性戀的「文化公民身分」，它用來表達新的主體化過程以及包容與排斥的模式。

「哪」傷感於同性戀群體內部更進一步的自我劃分。事實上，同性戀族群不僅自我碎片化，甚至還相互攻訐。斯蒂芬·科克斯（Stephen Cox）和辛西婭·加盧瓦（Cynthia Gallois）曾指出內群體過程是同性戀身分形成的重要方面，在這種過程中，同性戀身分形成是「與個體身分一樣重要的群體身分問題」（Cox & Gallois, 1996: 9）。以職業、民族、地域等因素劃分和建構的群體身分在成員身分的自我認同中顯示出重要作用，因為它在個體和社會之間提供了一種中介。此外，這些身分構成了社會標籤的「逆向肯定」，對施加污名的類別進行競爭性的認領（Epstein, 1987/1990: 269）。但是與此同時，這種族群的自我分化產生了碎片化的、「烏合之眾」的情形。小群體的劃分是對差異的強調，它干擾了大集體的身分認同，致使同性戀者在集體面對一些公共事件時缺乏行動的組織化，進而喪失集體行動的能力。換句話說，公共事件失去了共相，成為小團體之間無法交流的瑣碎而缺乏共同目標和期待的私人事件。從個體的角度來分析，個體的自我觀念建立在「內群體」的基礎上，對「他者」或「外群體」抱有警惕心理，所謂「非我族類，其心必異」。梁啟超（一九〇七／一九九八）曾言，中國社會有「私德」而無「公德」，有「私民」而無「公民」。在公共生活領域，這最終形成了「沉默的螺旋」，由於害怕被周圍的人和社會孤立，表達異見的代價變得越來越高，它妨礙著同性戀者形成集體身分與意識。內外群體的劃分以及「內群體」的進一步細分、對社會偏見的顧慮，使同性戀小群體更傾向於維持群我邊界，安守自己的小天地，以此尋求著一種紀登斯所謂的「本體論的安全」。

關於同性戀社群內的自我分化問題，羅麗莎也觀察到，在男同性戀群體裡，「素質問題」常被用來斥責來自農村的男同性戀者，因為他們中的一些人靠從事性工作為生。「素質」一詞被用來表達對男性賣淫的不滿和擔憂，它甚至被用來將ＭＢ從正統的文化公民身分中剔除出去。「素質」意味著「中國同性戀」這種身分也是通過排他主義得以確立的。對ＭＢ的排斥顯示出對農村的抵制和拒絕，許多城市出生的男同性戀者對農村來的同性戀者有一種焦慮和矛盾情緒，並把ＭＢ與「鄉土氣」和「娘娘腔」相聯繫（Rofel, 2007）。都市同性戀者主動與ＭＢ劃清界限，後者被想像和建構成低素質的「外來者」、「他者」——他們通常來自農村，粗鄙、無知和不安全。在同性戀圈中，除了「中國人」與「外國人」、「城市」與「農村」、「穩定的」與「流動的」以及「圈裡」與「圈外」等區分之外，還存在與地域關係不大而更多地與社會經濟地位、教育程度相關的各種界限（Jones, 2007）。此外，與異性戀者結婚的同性戀者亦遭到圈內人的鄙夷與批判。

中國同性戀群體的內部分化不僅體現在對ＭＢ、對已婚同性戀者的聲討、對雙性戀的冷漠與不認同；隨著國際間交流的加強，本土的同性戀者與港台、國外的同性戀者之間也出現一些隔閡與矛盾。早年香港的同性戀活動家周華山在北京進行同性戀調查時，也遭遇過被質疑和排斥的情況。又如，第一屆「上海同志驕傲週」的發起者和組織者是兩位美國人，中國本土的同性戀精英則選擇低調處理的方式：

中國的同性戀活動由他們來組織、發動，對他們來說，無論這次舉辦結果如何，都是成功

> 的，即使中國地方政府出面干涉，對他們來說也有「成果」可以報導。但是，對大陸本土的同志來說，卻處於被動的境地。如果真的鬧出事情來，外國的組織者可以拍拍屁股走人，留下的爛攤子還得由我們自己來收拾。（「阿偉」訪談，二〇〇九／六／十八）

這是一個如何處理同性戀的全球化與本土化的議題，同時它也不可避免地攙雜著民族主義的情緒。

另一方面，中國的同性戀者還躲在「櫥櫃」裡，不願意向周圍的人，尤其是父母暴露自己的性身分。在某種程度上，他們甚至缺乏正式的合法身分，是如唐納德．科里（Donald Cory）所謂的「不可見的少數族群」（轉引自 Epstein, 1987/1990: 225）。而彼此之間的可見性是建構同性戀共同體、同性戀運動和同性戀文化的前提條件。「哪」的自我反省並沒有影響到任何行動的過程與結果，具有反諷意味的是，他的經歷本身正構成了中國特色的「重陽節事件」，也即集體無行動。

同性戀群體的存在不一定形成團結一致的感情，也並非所有同性戀者都傾向於團結一致。這種情況在二十世紀二〇、三〇年代西方的同性戀者中也是如此。一九二七年，赫希菲爾德曾苦澀地分析道：「我們並不願意爭論這些企圖的正確和最終成功的讓人渴望，應該強調的是企圖創立同性戀者『群眾組織』的所有努力最終都失敗了……除了某些未成年團體，同性戀者幾乎完全缺乏團結互助精神。事實上，人類群體中找不出另一個比他們更不具備組織起來確保自己基本權益的能力。」（塔瑪涅，二〇〇九：八三）。這種脆弱的、易受攻擊的群體不僅被邊緣化和被壓迫，而且還彼此相互邊緣化和壓迫（Valentine & Skelton, 2003/2008）。中國同性戀群體內部的分化不僅出現在男女同性戀者各自的內部，也出現在男同性戀者與女同性戀者以及相應的組織之間。據一位同性戀活動家保守估計，「全國目前有三百多個男同組織，志願者有兩千人左右」（「WJ」訪談，二〇〇九／六／二十）。這些組織通常從事艾滋病的宣傳和預防工作，為了爭取項目基金，男同性戀組織會將項目與艾滋病干預掛鉤，否則申請不到國際基金，國家資金援助方面的情況也大抵如此。由於女同性戀組織被認為與防艾議題關聯性不大，因此，在資金援助方面也更為匱乏。此外，隨著同性戀社群志願者組織的迅猛發展，促使那些尚未被官方機構認可、也不具備可靠資源支持的社群志願者組織，勢必要與其他被官方背景的各種機構認可的社群志願者組織展開爭取「名分」和資源的競爭（童戈、李國榮，二〇〇七）。總之，同性戀組織在資源分配上存在不少分歧意見。對此，「星星」深有體味：

> 二〇〇六年，在某城召開全國性的會議，會上討論資源的時候我就提到女同，當時有人說，「我們不管他，我們自己都還顧不了。」女同排斥男同的也很多。同志裡面也有排斥SM傾向和其他的……在亞洲（同志圈內）的情況往往是希望某個人出來，或某個組織出

來，替我們增權，然後大家坐享其成。（「星星」，北京同志中心，二〇一〇／十／十六）

在中國，由於媒體對同性戀話題的敏感化，容易對其「越軌行為」進行放大，久而久之，同性戀者內化了道德恐慌。而在宏觀的社會／國家層面上，意識形態長期灌輸著國家必須有處理異議的能力——不管這種處理方式以何種面目出現，並在意識形態上達成或重建一致感。於是，民眾任何形式的發洩不滿、展示憤懣與揭露社會不公等行為都被視為與現有國家、政權的對抗。在「重陽節事件」中，奪門而入的警察一句簡單的對白——「有老百姓報警，人多擾民」——恰如其分地反映了警方／官方的話語策略，他們的出現不是代表警方／官方的權力意志，而是為了執行「百姓」的意志，並帶有強烈的道德譴責意味。以道德譴責作為自己行動的合法性說辭，它再現了以道德為基礎的國家權力的合法性。這也體現了國家與社會之間的微妙關係，通過道德介入從而避免觸動與質疑其權力的合法性基礎——因為在現行的法律中，同性戀並非一種違法的存在，依憑法律介入必然會使其行動喪失合法性。這種權力行使的策略在「牡丹園事件」中警方抓捕同性戀者後發表的聲明中亦可見一斑：「這次行動並不是針對任何特殊群體，只是例行的治安檢查。」而在「重陽節事件」中，是否真的有人報警已經不再重要，重要的是它已經產生了真實的效果，警察可以在公共走廊上大聲吼叫，而民宅內部——私人領域——一群人尋常的說話聲卻會產生「擾民」的作用。在「重陽節事件」中，警方只傳喚「負責人」，而不對其餘的人進行任何行為解釋與說明，他們依然相信「槍打出頭鳥」策略的有效性，而其餘的人似乎都是無行為能力的、受蠱惑引誘的「受害者」。他們所催要的「名單」其實並不存在，因為同性戀社群中極少有人會在公開場合使用真名，尤其是在北京同志中心這樣一個對外開放的場所。這起事件也表明，同性戀生存條件的改善、權益的爭取與整個大眾社會的生存狀態與權益息息相關，甚至只有在後者的基礎上，同性戀權益才有充分的生存條件。[7]

中國大陸當下的同性戀族群尚缺乏集體認同感，他們專注於各自的小圈子，目光難以投向這個小圈子和「小我」之外更大的、更普遍意義上的同性戀整體並為將來作長遠的規劃。同時，又缺乏可供傳承的同性戀文化，而其新文化的形成尚需時日。因此，從根本上而言，中國的同性戀族群無法共享同一種身分與文化，它的需求更多地停留在（性）行為本身，而不是爭取集體權益。在遭遇壓制時，他們更多地（被迫）選擇集體無行動。

表明自己的身分、彰顯自身的存在，這對同性戀者爭取權益很重要。倘若同性戀者依然是一個隱沒的、不願現身的、沉默的群體，這種狀況對族群身分認同與同性戀運動極為不利，同性戀運動不是個別同性戀精英與活動家的事業，它需要獲得千千萬萬普通同性戀者的支持。同性戀社群內部以及不同組織／群體之間存在著分化和整合現象，組織之間的分化主要體現在資源爭奪，而群體內部（主要是男同性戀者）的分化則主要是各類小群體之間的排斥與自我隔離。這種分化具有階段性特徵，隨著同性戀亞文化和同性戀運動的進一步發展，尤其是當同性戀社群成為一個自覺的社群之後，身分政治與社會運動之間的關係也將更為複雜微妙。

四、弱認同下的「社會運動」

同性戀族群內部因地域、性別等因素出現的自我分化和隔閡，折射出作為一個整體的中國同性戀共同體缺乏認同感。也就是說，在群體（而非個體性自我認同）的層面上，他們仍處於「弱認同」的狀態。由於缺乏強烈的族群認同力量，許多同性戀者對權益的認識僅出於具體的個人需要和實際的考量，生活中因個人遭遇而感到缺乏什麼，就想要獲得什麼，而不是提出相對寬泛和長遠的系統性目標。在同性戀權利運動初期，弱認同的狀況往往更難以形成統一的行動陣營。誠然，每個人參與運動的動機可以有所不同。但當時機進一步成熟之後，再探討個人化的訴求可能更具有實際意義。當下很多同性戀者對同性婚姻的呼聲是基於很現實的個人考慮：

前幾天我動了一個小手術，當時是我（異性戀）老婆來照顧我的，動手術要簽字的時候，沒有人會不希望簽字的是你最心愛的人。但是我看到裡面的排序，前面是父母、妻子、直系親屬這些，最後才是朋友。如果你要簽字的話，我們現在只有以朋友的名義簽字。所以，我們也需要從法律的意義上維權，在生老病死、遺產繼承等方面，同志都需要法律的保障。如果沒有這些保障，你們共同買的東西，一旦其中一方出問題了，牽涉到法律（就很棘手），這是很現實的東西。如果能夠像國外那樣，承認同性婚姻，那麼這些方面就可以有法可依。中國在這方面很遙遠，但肯定是需要做的。吳阿姨是一種方式，像李銀河那樣的（提倡同性婚姻）也是一種方式。（男同性戀者，懇談會，二〇一〇／十／三十）

這位處於同直婚中的同性戀者認為，同性婚姻至少可以從法律上確保同性戀者在同性伴侶出現生老病死時，能夠合情合理地提供照顧，並使遺產繼承等問題有法可依。這對於那些相處了一輩子、生活比較隱匿的老年同性戀者而言，尤為如此。在缺乏法律保障的情況下，如果一方出現意外不幸離世，那麼另一方由於無法繼承遺產（包括房屋），可能出現「老無所居」的悲涼境地。這種對現實問題的顧慮無可厚非，甚至往往成為人們參與權益鬥爭的最明確直接的動因。但作為「社會運動」而言，它還需要策略性地提升到更一般化的需求層次，以盡可能地爭取大眾的力量；而且有時在大環境下，過於個人化的需要可能顯得「不合時宜」。如一些圈內人士認為，中國當前實現同性婚姻為時尚早，在同性婚姻之前，需要先掃除「歧視」問題：

很多人對（同性）婚姻法有很高的期望，但是，全世界所有有同性婚姻法的地方，都是先有「反同性戀歧視法」，十年、二十年之後才會有同志婚姻法，中國現在沒有基本的反歧視法。同志最大的壓力來源於家庭，假如明天有同志婚姻法了，你們中有多少人馬上就會去結婚？而且沒有反歧視法，你結了婚立刻被解雇，誰還去結婚？所以婚姻法應該是一個追求的理想，但很多人抱的希望太高，說有（同性）婚姻法，同志關係會更穩定，（但是）現在有些地方異性戀的離婚率都達到五〇％了。推行反歧視法才是最首要的任務。（「星星」，北京同志中心，二〇一〇／十／十六）

寬泛而言，弱認同下的同性戀運動有兩種表現方式。

（一）非抗爭性的同性戀社會運動

當下中國社會的集體行動並非不可能，全國各地的農民工爆發的各類集體維權行動在某種程度上已經印證了這一點。對中國的同性戀社群而言，他們與其他社會群體一樣——無論這些群體被稱為「弱勢群體」還是「少數群體」，都無法回避或忽視中國的政治大環境，對任何一個存在於中國大陸的群體而言，都同樣需要面對這樣的社會條件。而同性戀社群自身的特殊性導致了它當前的社會運動狀態。儘管與歷史上的西方社會相比，中國同性戀群體沒有遭受普遍性的社會仇恨與群體攻擊，但是傑勒德·沙利文認為，沒有壓制可能會導致缺乏一種政治行動和共同體發展的本質性促因（Sullivan, 2001）。缺乏社會福利或相應措施、「強制性」婚姻以及強調生育的親屬關係模式等，這些因素都阻礙了亞洲地區產生平等主義的同性戀關係。此外，國家二元經濟體制的存在，對同性戀的生存空間和形態也會產生影響。我們已經談及作為個體存在的同性戀者存在明顯的身分流散感、缺乏社區認同感、相對鬆散的聚集形式、大多數人會進入婚姻等特點，這些生存特點與中國當前的政治形勢相互作用，促成了中國同性戀運動的現狀。從這種意義上而言，公開身分／出櫃可能是中國當下最重要的一種「社會運動」形式，其中家庭正是這種鬥爭的重要場域之一。

同性戀社群固然存在各種矛盾、衝突與分化，並且這種狀態難以在短時間內得到扭轉，但是同性戀社群的不少活動家對前景仍抱著樂觀的態度，這也是他們作出不懈努力的促動力。男同性戀與女同性戀組織盡己所能相互合作（這種情況在北京比較好），在社區內組織各種活動、開展調查研究，以即時掌握和反映同性戀群體的情況，為書寫同性戀歷史積累材料（如北京的女同性戀組織——「同語」，曾進行過「拉拉」口述史項目）等。

然而，「牡丹園事件」並沒有就此結束，事件的後續發展體現了中國同性戀社群以及同性戀運動的另一面。「牡丹園事件」發生後，北京一個同性戀組織發起了「牡丹園環保活動」，他們主動在牡丹園清理垃圾（主要是被扔下的安全套〔即保險套〕）。此項活動的意圖在於同性戀群體的自我澄清，向政府與公眾表明同性戀群體內部存在各種層次的人群，在公園內游弋的只是其中一小部分。他們希望通過這種活動來挽救和彌補已經造成的負面影響。鮮為人知的是，在之後不久，即二〇一〇年十月十一日，一位男同性戀者在牡丹園附近投河自盡，具體原因不明（有傳聞是「殉情自殺」），這件事情在媒體上沒有作任何報導。次日，從晚上七點開始，北京的同性戀者在牡丹園自發組織了近百人的悼念活動：每個人都手持點燃的蠟燭，排成兩個縱隊，繞牡丹園行走一圈。這種對死者的無聲悼念也是對之前警方清理、搜捕行動的一次嚴正抗議。[8]我們看到的燭光遊行，似乎又展現了中國同性戀社群的另一幅面孔。這種迂迴的、間接的、非衝突性的抵抗方式並非同性戀群體所特有。二〇一〇年十一月六日晚，我和另一位同性戀者一起去了牡丹園。儘管深秋的夜晚顯得甚為寂寥與冷清，但在一片漆黑中，依然有一些中年男子在樹叢後面滯留、出沒。在牡丹園入口處，我們聽到一位男同性戀者與附近的一位保安在閒聊前不久的「牡丹園事件」：「又不是賣淫，抓什麼呀！」、「……現在都散了。」

中國同性戀社區進行的「社會運動」是以一種潛移默化的方式進行的，它包括一些共同參與的集體性活動，如週末聚會、文化沙龍、影展、畫展等形式。可能受女性主義思潮的影響，中國的女同性戀群體具有很強的自我意識，並竭力維護自身的利益訴求。北京「同語」網站上曾進行過一項關於「你最感興趣的拉拉活動」的小調查（二〇〇九年三月），在參與投票的兩百五十人中，「為同性戀社群爭取權益」的投票者占了大多數（一百六十一票，占六四%）。[9]一些同性戀者呼籲大家積極爭取同性戀權益，不要因為這輩子沒有希望就放棄了努力，「為了我們的下一代，要有些責任感」，如：

我經常在網上碰到這樣的人，當出現關乎同志利益而投票的時候，有些同志就會嘲笑，說「不要去投」，或者認為（獲得某項同志權益）「這輩子也沒有戲」。我想說的是，大家都應該為同志的權益來努力，部分同志會認為，即使走到生命盡頭，也不可能跟自己愛的人走進婚姻殿堂。或許確實是這樣，但我們的努力是為了我們的下一代，要有些責任感……我們不能僅僅靠吳阿姨、李銀河老師這樣的人去努力，我覺得這樣的努力應該靠我們自己，而不是靠這些異性戀的朋友，當然他們的努力也會促進我們這個群體的發展。但是，動力主要還是應來自我們自己。（「XSS」，懇談會，二〇一〇／十／三十一）

當然，權益的爭取不一定要通過激烈的抗爭，也不一定要具備大規模的組織化形式，同性戀運動和反抗形式都可以是日常生活化的。如一位來自台灣的同性戀者說道：

今天下午在台灣舉辦的同志大遊行，有數萬人參加，但是，為什麼一定要組織很多人一起上街頭去抗議，這才叫做「同志大遊行」？我們也可以跟吳媽媽一樣，只是圍著彩虹絲巾，然後三、四個媽媽一起去 shopping，這就是「同志大遊行」啊！我們可不可以一起到牡丹園，一起圍著彩虹絲巾逛公園？一百個人一起逛公園，這就是「同志大遊行」了，對不對？在不同的地方，可以用不同的語言、用不同的形式（來進行同志運動）。（台灣同性戀者，

懇談會，二〇一〇／十／三十）

以大眾文化、普羅藝術的角度切入同性戀運動，這在當前的同性戀社區中非常普遍，它正以某種潛在的方式改變同性戀族群本身的生態及其周圍異性戀社群的認知狀況。之所以採取這種非對抗性的策略，有其深層的社會和政治方面的原因。同性戀共同體的精英與活動家們希望通過改變同性戀個體的生存處境，最終達到改善整體的生態環境之目的。如北京同志中心的一位行政負責人談到：「大眾對同性戀的態度是怎麼樣、整個社會對同性戀的態度是怎麼樣，然後我們才能要求政府去怎樣看待同性戀。自下而上的過程會好些。」（二〇一〇／十一／二十，北京同志中心）昆明某同性戀組織的一位工作人員說得更為具體，他的話很好地反映了中國同性戀活動家當前所採取的策略：

我們在與政府部門合作時，像一些疾控中心、預防醫學會在干預他們所謂的「易感人群」的活動當中，我們會相應地把「同志運動」、「身分認同」、「同志人群」等一些概念見縫插針地、不引人注目地介紹、灌輸給那些朋友，而不是選擇對抗式的方式。我們與港台、東南亞各國的情況也不一樣，在不是一個支持性的環境下，如何選擇一種更好的方法，（它可以是）潛移默化地，不一定要非常激進的（形式）。當然我也會支持某些激進分子的激進活動，但是總體來說，想要一個可持續性的發展的話，不能太過於冒進，那樣（同性戀社會運動）反而會倒退得更遠。（北京同志中心，二〇一〇／十一／二十）

（二）「粉紅經濟」：運動場域的「政治—經濟」轉換

二十世紀八〇年代後期以來，中國政府合法性的來源主要是經濟績效和道德表現，而不是意識形態（趙鼎新，二〇〇一／二〇〇七）。在一個以經濟績效為主導的社會中，商業經濟的滲透無處不在，並且獲得官方的容忍與默許。對同性戀者而言，警察可能不是陌生的人物。「重陽節事件」之後的第二天晚上，有一項重要的文化活動，即舉行「北京同志中心」與「洛杉磯同性戀中心」結成姊妹中心的儀式。為了保證儀式正常進行而不出任何差錯，活動的組織者臨時更換了地點，選擇了在一家酒吧[10]舉行，而不是數週之前就定下的「北京同志中心」的辦公和活動地點。

這一看似尋常的選擇卻具有重要的象徵性意義，它最直接的目的可能是為了回避無法預料的警方騷擾，但其活動領域卻從私人空間轉換到公共空間。於是，一個新的同性戀世界呈現在我們面前：酒吧。在當下的中國社會，同性戀者在酒吧這種公共消費空間裡卻可以合情合理地規避警方的搜捕，這與半個世紀以前肇始於「石牆酒吧」的美國同性戀運動形成天壤之別。性與社會之間相互形塑和建構，自二十世紀末以來，性在中國經歷了去政治化之後走向市場化和消費主義，它不僅呈現出「性的消費化」，而且出現「消費的性化」傾向（潘綏銘，二〇〇六；楊柳，二〇〇一〇）。消費主義直接滲透政治、穿越意識形態，獲得了意外的解放效果。二十世紀九〇年代以來，中共中央對經濟建設的強調，導致社會在短時期內的全面消費化。追求經濟發展以保證政治穩定的「GDP主義」，性的激情在轉化為革命的激情之後，又一次成功地被轉化為消費的激情。在這種背景下產生的新自由主義主體通過「獲得性消費」（acquisitive consumption）和「所有權個人主義」（possessive individualism），從而減少對政治的破壞性激情（Rofel, 2007: 146）。

對同性戀者而言，消費恰恰可以成為一種自我解放與群體認同的手段，而且這是一種同性戀個體、社會與國家都可以接受的手段。根據美國同性戀市場營銷組織的一項調查顯示：同性戀者作為一個消費群體，收入與可支配的收入均較高（沒有孩子），八〇%的男同性戀者經常在外吃飯，同性戀者比異性戀者更經常出去旅遊、渡假、購買娛樂用品，在生活品位上花銷更大（Gluckman & Reed, 1993/2008），從而形成了龐大的同性戀消費文化和消費市場。儘管這方面的多數研究不是基於同性戀人口的代表性研究，由於不同抽樣群體的原因，不可避免地存在誇大和高估同性戀消費人群特徵的嫌疑，如收入、購買力等。但是，同性戀消費市場（或更廣泛的酷兒消費）的存在是一個不爭的事實。近年來，美國社會還催生了一門新興的學科：「酷兒經濟學」（Jacobsen & Zeller, 2008），雖然目前研究者並不多，但越來越多的學者考慮將性取向因素納入經濟學研究。在這其中，各種關係、觀點和立場也頗為複雜，如女同性戀經濟學拒斥一切異性戀關係的理論，儘管在資本主義經濟中，女同性戀者與父權制存在各種交換關係，但它認為前者外在於父權制的經濟圈（Allan, 1996/2008）。另一方面，從社會運動的角度來看，它與市場之間亦存在某種契合關係，較為明顯的是社會運動的成果與市場目標之間在時間上有著密切的聯繫（Peñaloza, 1996）。例如，二十世紀七〇年代，市場研究是以女性和黑人為目標；八〇年代「發現」了「拉丁族裔市場」；而同性戀市場則是一個九〇年代的現象。[11]很明顯的是，這些市場的細分是隨著社會運動的成功接踵而來的。與此同時，作為社會運動的成員，男同性戀者和女同性戀者在運動中產生了群體認同意識，即他們共同的旨趣和經歷，尤其是他們動員、鬥爭以及遭排斥的歷史。

同性戀消費主義在中國大城市中也正逐漸顯山露水，除了各種酒吧、服飾店（包括實體店和網店），各類同性戀組織也出售自己手工製作的各類標誌性物品。儘管這些消費形式目前規模不大，卻是一個發展的趨勢。在北京同志中心的一次文化沙龍活動中，「星星」談到：

> 通過做同志商業活動去影響社會……中國雖然是一個所謂的社會主義國家，但（也）是一個最能「以錢說話」的國家。如果能讓企業、商業機構體會到同志的市場潛力，這將會有很大的改變。只要涉及到錢上，就甭管你是同志還不是同志，只要能賺錢都是好事。
>
> 其實在中國，這樣的機會已經有好幾次了。有一對在河北做機械生意的兄妹，他們來找我，因為他們下一個投資項目想做同志服裝業，但他們對同志一點也不了解，他們想從做女

同服裝開始，當時想像的就是把男人的服裝賣給女同。但這至少說明，有這樣想法的人已經很多了。同志裡面也有，有的人已經自己在做產品了，有些人在「淘寶網」上開手工坊。現在，就是缺乏一個能夠把他們聚集在一起、資源共享的平台。

美國現在每年有同志交易會，像「廣交會」那樣，就是兩天內把所有同志，或者想做同志生意的公司拉到一起，然後他們就可以自己談生意。很有可能這是很好的一個機會，它沒有政治風險。（「星星」，北京同志中心，二〇一〇／十／十六）

在社會運動蓬勃發展的西方發達國家，一直到二十世紀中期，男同性戀亞文化才確立為一種穩定的、制度化的形式。西方同性戀運動的發展有其自身的歷史文化背景以及局限性，喬治・昌西指出了其中的三個誤識（Chauncey, 1994）：第一，認為對同性戀的壓迫是單獨的，因而將它與性別歧視和女性的社會處境割裂開來。第二，假定所有的男同性戀者和女同性戀者有相同的旨趣，不管他們的社會經濟地位如何。第三，同性戀的性僅僅是異性戀性態的酷兒變體。這些認知錯誤以及由此產生的代價是其他後發國家的同性戀運動可以引以為鑑、反思和規避的。「石牆事件」以來，美國的政治和文化發展促進了同性戀者的政治可見度，但很多同性戀者仍處於受挫、受迫害乃至次等公民的地位。烏瓦什・韋德（Urvashi Vaid）將這種社會地位稱為「虛擬平等」（virtual equality），而不是「真實平等」（Vaid, 1995）。這種有條件的平等更多的是基於被異性戀社會接受的表面現象，而不是真正的公民平等。虛擬平等使同性戀者接近或使用權力，但不是真正的獲得權力；他們雖獲得了可見性，但仍遭受暴力和歧視。因此，中國同性戀社群當前在弱認同下的社會運動形式，諸如溫和的、非激烈抗爭式的符號表達和文化介入，同性戀表達空間的日常化以及同性戀消費的滲透等，都可以成為一種符合本土情境的認同方式和運動模式。

第六章

認同而不「出櫃」

出櫃意味著成為政治性的（Coming Out Meant Becoming Political）。

——Robert Rhoads, 1994: 94

同性戀的認同圍繞兩大軸心形成：自我的發現和他人的注視。

——塔瑪涅，二〇〇九：二六四

自我認同在現代社會生活中，尤其是在最近期是大成問題的，高反射性的現代社會的基本特徵是自我—認同的公開性和身體的反射性。

——紀登斯，二〇〇一：四〇

「出櫃」是自我認同良好的同性戀個體從自我走向他人、走向社會的過程。中國現階段同性戀者的一個普遍生存狀態是：「認同」而不「出櫃」，這是本書的基本結論之一。同性戀者的這一基本生存狀態可以說影響到了他們日常生活的方方面面，成為已完成自我認同的同性戀者的一個基本特徵。這裡所說的「認同」指同性戀者對自己的性身分認同良好，基本走出身分的困境。「認同」更多的是一種生存與思想狀態；但這並不意味著作為一個整體的中國同性戀者對自己性取向、性身分的認同都毫無疑問、身分認同過程都一帆風順、不曾構成一個問題。對有些同性戀者而言，同性戀身分的出現不是一種轉型期的危機現象，而更多的是一種發展性的認同強化。「出櫃」這裡尤其指向父母出櫃，即「家庭出櫃」，這是絕大多數同性戀者必須直面的問題；但是寬泛意義上的出櫃也可以指向周圍的朋友、同事、同學、師長甚至親友等表明自己的同性戀身分，我們將這種出櫃稱為「社會出櫃」，以區別於「家庭出櫃」。同性戀者「出櫃」是一個重要的生命歷程，也是持續終身的問題。在同性戀者的一生中，他／她不僅要面對原生家庭，也要不斷地面對可能充滿敵意的異性戀社會，而我們探討的主要是家庭出櫃。「認同而不出櫃」指這樣一種狀態或結果，即那些對自己的性身分有著良好認同的同性戀者卻不願意出櫃，尤其是不情願向父母出櫃，這是現階段中國同性戀族群的一個普遍事實。

文化角色衝突可以解釋同性戀者為何不情願公開承認自己的同性戀身分。「同性戀」這種身分與角色通常被視為對最重要的社會角色的排斥，即女性要為人妻母，男性則肩負著傳宗接代、繼承香火的責任和使命。成為同性戀者，意味著他／她不僅拒斥這些傳統的家庭責任和社會角色，否定家庭價值的重要性，甚至表明父母角色的失敗（Wooden, Kawasaki & Mayeda, 1983）。在中國傳統的家庭系統中，父母的首要義務是撫養一位男性繼承人以延續家族血統，同性戀本身對傳統儒家思想下陰陽和諧的異性戀關係、家庭整合和社會秩序構成了一種挑戰（Tang, Lai, & Chung, 1997）。同性戀者拒絕社會出櫃是基於他們對所處社會作出的基本認知與判斷，在對同性戀缺乏道義與法律支持的社會裡，他們傾向於自我封閉，不願意浮出地表。許多同性戀者在社會化的過程中不自覺地習得了恐同症，異性戀社會的刻板印象被內化之後導致個體內在的壓力，即產生「內化的恐同症」，它是一種內化的自我制裁機制。而拒絕家庭出櫃的原因中，除了受「內化的恐同症」影響之外，還有更為複雜的原因。

在大多數情況下，出櫃可以緩解同性戀者因歧視感知而產生的風險效應，降低自殺風險（張嚴文、葉寶娟，二〇一九：一一三）。儘管如此，在我們的日常生活中，即使是對自己的性取向有著良好自我認同的同性戀者，也未必會選擇「出櫃」。也就是說，身分認同的最終結果並不必然是「出櫃」，也不能用是否「出櫃」來衡量一個人的自我認同狀況。這在中國的現實情況中尤為如此。但是，同性戀者拒絕出櫃——甚至終身不出櫃，那又如何面對自己周圍的人們？尤其是如何應付父母對其婚姻的焦慮以及親友疑惑的目光呢？基於中國當前的法律拒絕承認同性婚姻這一現實，很多同性戀者只好從同直婚中尋求出路。同性戀者不「出櫃」得以可能有兩種替代性的選擇，一種是步入同直婚；另一種則是結成形式婚姻。在一個關係性的社會裡，人人都處於他人無形的審視之下，如何「做人」成為每個人需要內心叩問的問題。這種以他人為取向以及「推己及人」的社會心理使中國人傾向於改變自己，而不是改變他人與社會。在此類衝突之下，中國人只得將自我分為兩個層次，即「公己」（public self）與「私己」（private self），「公己」儘量隨他人的影響即時作出調適，而「私己」則不必因他人的影響而輕易改變。「公己」是在他人面前演戲的自我，「私己」則是內心面對的自我（Baumeister & Tice, 1986）。作為面對他人的自我調適，同性戀者的同直婚與形式婚姻都體現了「公己」與「私己」的分離。

儘管同直婚與形式婚姻的對象都是異性，並且表面上都是事實婚姻，但是兩者之間存在很大差別。同直婚的對象是異性戀者，而且對方對自己的伴侶／配偶是同性戀者並不知情；這是一場偷偷摸摸地、東遮西掩的獨幕劇。而形式婚姻的對象是同性戀者，它是一場男女同性戀者雙方達成共識的、聯袂主演的戲劇，雙方都知道自己是劇中人，也清楚劇本和各自扮演的角色。兩種選擇的目標觀眾都是異性戀社會，尤其是同性戀者的父母與親屬。顯然，同性戀者選擇「同直婚」與「形式婚姻」事實上仍是躲在「櫥櫃」裡的一種手段與方式，是「認同而不出櫃」。

一、認同：結果與過程

特定社會與文化中的個體從一出生就浸淫在一個充滿符號與意義的世界，並逐漸發展自我認同。通常情況下，性行為是在性認同的基礎上發生的，但行為與認同並不總是一致。自我概念和身分被定義為一種認知性的建構，自我形象（如自我態度、自我表現或自我感知）是個體總體性的自我概念之構成。同性戀者的自我形象是以性偏好為參照的，關於性身分的自我形象伴隨著個體對自己在他人眼裡的性偏好形象的認知進程，當兩者的形象相一致時，便形成同性戀身分

（Cass, 1984: 144）。許多關於同性戀研究的結果發現，自我的公開與積極的同性戀身分密切相關。自我認同良好的同性戀者顯得自信、開放，具有強烈的反省意識，並努力試圖介入異性戀社會，以期改變周圍的現實環境。在實地調查中發現，許多完成自我認同的同性戀者有著良好的心態，擺脫了「自我憎恨」和「內化的恐同症」。如：

我覺得自己很正常，我是一個普通人，跟別人沒有什麼不同。（男同性戀者，懇談會，二〇一〇／十／三十）

我現在已經工作好多年了，現在回想起來，大概在小學五、六年級，也就是十一、二歲的時候，已經很清晰地知道自己喜歡什麼樣的人。（男同性戀者，懇談會，二〇一〇／十／三十一）

我是一個同性戀，是天生的，在母親懷孕的時候就自然而然地（形成了）。但是在我們那個小城市，我不會這樣跟人說。在我們那裡，你要是做這方面的事情，面臨的壓力特別大。那個城市太小，小到假如你今天在這裡做一件什麼事兒的話，不出三、五天，所有人都會知道，不需要什麼宣傳，因為它太小了。小城市的歧視特別多。××這個城市其實男女同性戀挺多的，咱們官方說中國同性戀的比例是四％至五％，我覺得各個城市的比例遠遠大於這個數字。做同志也沒什麼不好，不是有人說，這是「少數人的正常活動」嘛！我理解的同性戀

相當於天生有的人就是左撇子、有的人就是右撇子。（「Rock」，北京同志中心，二〇一二／三／十）

在他們中的一些人看來，同性戀身分「有得亦有失」，即使很多人覺得同性戀者是邊緣人，充滿了「悲情」，但他們還是找到了屬於自己的快樂。很多同性戀者對自己、對同性戀與異性戀社會之間的關係有著很深的體味。如：

同志的身分其實並不是一種缺失，它也是一種獲得，也是一種積極的東西。我們也有跟所有人一樣的快樂，也有獨特的同志文化。悲情是社會現實，但在悲情以外，也有它的快樂。（「濤哥」，懇談會，二〇一〇／十／三十）

作為同志，我們對自己要有明確的認識。第一，要潔身自好，這是非常關鍵的。為什麼外界對我們同志會產生比較負面的觀念，認為是濫交、亂交？就是因為不少人的行為不是很檢點，讓外界媒體對我們形成不是很正確的認識。第二，做一個同志，在心裡面要明確，做一個簡單、快樂的自己，不要給自己過多的負擔，自己背負得越多，越不愉快。第三，做人要正直。（山東同性戀者，懇談會，二〇一〇／十／三十）

在這方面，首先我覺得應該做好自己，應該有自信，不要擔心你是同志，別人會怎麼看。

我就是同志，無論你怎麼看我，我就是這個樣子。但是，我會是一個好人，會是一個優秀的人，這就夠了。我們的生活其實就是很簡單的一些事情，不要把它弄得很複雜，也不要想很多的事情來解決你的一個謊言，我覺得實在沒必要。（雖然）我們的感情也會受到家庭的阻力。（「默然」，懇談會，二〇一〇／十／三十）

不少同性戀者實現自我認同的時間比較長，過程比較曲折，但是一旦走出這個困境，他們不僅對自己充滿信心，還通過換位思考，獲得了批判性的眼光。如一些年輕的男同性戀者們如此講述道：

剛開始的時候可能只是簡單的認識，譬如，「我是個同性戀」、「我喜歡男人」、「我要找朋友」、「我要做愛」……就這麼簡單，這是前期的一些想法。但是到了後來，就覺得這個根本沒什麼，就跟吃飯一樣道理。每個人餓了都要吃飯，同性戀要吃飯，異性戀也要吃飯，只不過咱們吃的不一樣，是不是？我吃肉，你吃菜或豆腐，就這麼簡單。（「Rock」，北京同志中心，二〇一二／三／十）

我的自我認同過程用了五年的時間，覺得「同性戀」與「非同性戀」沒有什麼不一樣。當我們把同性戀的角色替換為所謂「正常人」的角色時，我們看問題的角度會更多，也會看到問題的本質。事實上，可能我們都沒有任何問題，那麼問題出在哪裡？是社會給的壓力，是社會觀念、意識才造成目前所面臨的這麼多問題。（「阿來」，懇談會，二〇一〇／十／三十一）

也有同性戀者完成自我身分認同之後，誠懇地幫助父母理解同性戀、理解自己，告訴他們不要誤以為子女的同性戀取向是由於他們的原因造成的，這之間沒有誰對誰錯，需要的是相互理解和包容。如：

> 現在我完全認同（自己的同性戀身分），感覺作為一個同性戀沒有什麼，挺好的。現在只想跟爸爸說，我想這也是許多同志想跟父母說的話：其實做同志並不是我們的錯，也不是你們的錯；只要你們理解和支持，我們就能看到希望和愛。（遼寧男同性戀者，懇談會，二〇一〇／十／三十一）

家庭出櫃可能造成暴風驟雨般的家庭衝突，但是對很多內心堅定、認同良好的同性戀者而言，經歷了暴風雨之後會讓他們釋下心頭的重負。通常情況下，順利出櫃將對同性戀者的心理產生積極的影響。一位已經向父母出櫃的女同性戀者如是說道：

作為一個女同性戀者，我覺得自己是屬於主流的，而且我很陽光、很快樂。我的女朋友現在在加拿大，她是這個月二十七號過去的。她還沒有出櫃，但我們還是很樂觀，我們在一起四年多了。（懇談會，二〇一〇／十／三十一）

不少同性戀者在年紀很小時，就已經意識到自己的同性戀取向，但由於身處異性戀文化，他們對同性的性慾可能被壓抑或轉移。如「Rock」將同性慾望轉移到音樂和馬拉松上，以尋求自身的釋放：

一九九五年左右，我大概十五、六歲，那時已經有性方面的衝動，看電影時有自己喜歡的男性，就會有那種想法，那個時候就特別難受、壓抑。搖滾音樂轉移了這種壓抑，這種音樂跟主流音樂不大一樣，用現在的話說，我覺得其實是一種「酷兒姿態」……我對馬拉松和搖滾樂的愛好跟我是同性戀是有關係的……我跑馬拉松，其實原因也挺有意思，當時心情特別不好，我所謂的心情不好肯定是跟同志這方面有關聯。我就想出去走一走，當時一走差不多就是將近一百多公里，回來以後就開始猛跑馬拉松。在跑馬拉松的過程中，可以忘掉一切，覺得自己特別渺小，根本不值得一提。跑馬拉松會體驗到一個極點，跑到三十多公里的時候，它會有一個極限出來，有一種快死的感覺。人在快死的時候，思考的問題都是最直接的，那時我就覺得這個世界上什麼都無所謂，只要自己能幹一些自己特別想幹的事兒。（「Rock」，北京同志中心，二〇一二／三／十）

有些記憶的傷痛難以抹除，甚至成為伴隨一輩子的夢魘。但同時選擇性的記憶又往往容易淡化某些細節，隨著時間的流逝那些過往的千瘡百孔和溝壑慢慢地得到彌補，留下一些經過自我修飾的、不乏平整和淡然的回憶，這也是人的潛意識的自我保護策略。在這些記憶裡，很多同性戀者的認同過程並沒有人們所想像的那麼多痛苦、曲折與不理解；相反地，對這些同性戀者而言，性取向的自我認同是一個漸進的、平靜的過程。

其實我在高中就已經公開我的性取向，在班上跟同學大聲地講：「我是同性戀，有男生（如果合適的話）介紹給我！」上大學時，室友們也都知道我是同性戀，但依然沒有遇到什麼責難、障礙和困難。我非常幸運能得到身邊朋友的認同，現在依然有一幫鐵哥們、鐵姊們，非常認同我、支持我，這也是我幸福和快樂的源泉。（「默然」，懇談會，二〇一〇／十／三十）

我成為同性戀不是父母、家庭的原因。我小時候的成長經歷與其他人沒有任何不同的地方。所以，我覺得自己（性取向）是天生的。我在哈爾濱讀的大學，當時對女孩子就不大感興趣，也接觸過，談過戀愛，雖然對女的沒有厭惡感，但無法忍受跟女的在一起生活。後來，慢慢地就（對結交異性）沒有信心、不再感興趣。所以我說，這不是家庭的原因，不是後天形成的。後來我就特別注意男性，對男性有一種崇拜的心理。初中時，我就對男的感興趣，但是並不認同自己是同志。等到上大學時，還沒有找過男朋友，畢業後來到北京工作，通過各種網上的信息，我對同志話題特別感興趣，後來開始網上找人聊天、找朋友……一直覺得自己挺正常的。（「海魂」訪談，二〇一〇／三／六）

對同性戀者身分認同的相關研究有很多，但它們的結論大多是基於成年同性戀者的回憶式敘述。這種經歷回顧式的研究假定人們能準確回憶過去生活、思維和行為的細節；而事實上，人們常常以現有的知識、經歷去重新解釋過去，即重構過去的經驗並使之符合當下的身分與思想狀態，有時人們甚至意識不到自己正在講述另一種「事實」。

在同性戀身分認同的過程中，個體的差異性很明顯。有些人經歷漫長的黑夜、掙扎與曲折，有些人的經歷可能波瀾無驚；有些人出現很多心理、精神問題，自殺（未遂）並不鮮見，而有些人的身分卻從未曾作為一個「問題」出現，它自然而然地成為某種與生俱來的身分，甚至不曾成為生活中的「意外」；有些人從一開始就平靜地接受和認可作為「自然的事實」的同性戀取向／身分，有些人卻一直自我拒絕、無法接受；有些人付出了極大代價，有些人則水到渠成；有些人在完成身分認同之後選擇了低調，有些人則積極介入同性戀活動。以上這些差異不僅與同性戀個體身處的家庭、學校、朋友圈等小環境有關，也與歷史與空間上的大環境有關。譬如，農村的、西部偏遠地區的同性戀者與大城市的、東部沿海地區的同性戀者在身分認同上存在某些差異；改革開放之前出生的同性戀者與改革開放之後出生的同性戀者在身分認同、性行為、權益意識等方面也存在差異。關於這些差異的原因，既有中國國內政治經濟氣候的變化，也有全球化背景下社會文化的整體變遷。

身分認同是一個漸進的過程，它也是個體孤獨地自我探索的過程。同性戀者身分認同的心路歷程各不相同，一位女同性戀者如此講述自己的認同過程：

認同的話……是這樣的，因為我接觸得比較早，初二時身邊就有兩個（同性戀）朋友，我們學校就有，所以見過；但那時是隱隱約約、模模糊糊的。高一的時候，知道有這樣的事情，原來女孩子未來也可以在一起的，但不會用「同性戀」這一詞。再後來，也用「同性戀」這個詞，但不會用 les 這個詞，我會用 gay 這個詞來形容這個群體，而不是用 les。等到大一的時候，我的一位朋友，她的好朋友是一個T，她跟她好朋友在一起了解了很多關於這方面的事情。她了解很多之後，我去找她玩時就看到了很多T的照片，然後也跟我介紹了很多。雖然她說這些的時候，可能是無心的，但我還是很感興趣，就想進一步了解。她沒有想到我這麼有興趣，好像出乎意料之外，但她並不想讓我知道太多。那個時候有網絡嘛，即使不告訴我，我自己也可以上網搜，一下子就知道了很多比較專業的詞彙，那時自我認同是個T。很快，就有第一個女孩子跟我表白，接著就在一起，那段時間覺得自己是一個拉拉，是個T。

後來因各種原因，感情出現了問題，就分手了。分手直接導致的結果是：覺得自己可能並不真的喜歡女孩子，覺得自己可能是個自我認同不好的異性戀，因為受了太多這種東西的影響，才會認為自己是喜歡女孩子的。因此，有近兩年的時間，我跟這些東西完全沒有來往，跟之前認識的那些朋友全都斷絕了關係，換了手機號，QQ號都換了，等於以後就不用了。任何與這個有關的東西都不來往，並且從穿著上也慢慢女性化，努力嘗試去做一個異性戀……（但是）後來（仍然）認識了很多 gay 朋友，看了不少耽美文學……其實還是會感興趣，後來又開始迷戀同性戀電影，尤其是關於男同、女同認知的，然後緊接著就是（投入）「酷兒影展」。（「Daisy」訪談，二〇〇九／六／二十八）

身分認同過程會出現一個反覆期，即暫時倒退到對異性戀性取向的「自我認同」。我們在 Daisy 的個案中看到，她所經歷的那些插曲最終還是未能改變她對自己的女同性戀身分的認同，她還是回到女同性戀的圈子裡，並且積極介入各種同性戀活動。Daisy 是通過親身實踐帶動著自己對身分的反思，通過現實中與不同性取向的人之間的交往來確定自己的同性戀身分。而有些同性戀者由於各種原因，未能或不敢通過性實踐來確認自己的性身分，而只停留於內心的痛苦感受與無助的想像，這種情況下的認同過程更加曲折而漫長。下面這位男同性戀者完成他的自我認同花了至少十五年時間，而且這個過程充滿了激烈的思想鬥爭，甚至試圖自殺：

我是上小學的時候，十歲左右已經有這個意識，但一直不敢跟任何人講，家裡非常傳統、非常保守。小時候我曾經想過，這個事情如果被世界上除我以外任何一個人知道，包括父母，那麼我必須離開這個世界，我沒有任何活下去的勇氣。上大學時，我喜歡上了一個同班同學，當然他是直男，這個經歷非常痛苦，他完全不知道，我也不敢跟他說這個事情。後來我跟他表白了之後，我們成為關係非常好的朋友，這是非常幸運的事情。

從最開始懵懂知道到真正完全接受，就是可以和大家、和異性戀很自如地談論這個事情，至少有十五年以上（的時間）。這個過程很漫長，我自己也非常痛苦，不敢跟父母說。這種痛苦跟異性戀世界失戀輕生的想法差不多，但沒有傾訴的對象，沒法跟朋友、同學說這個事情。大一下學期放假時，在家裡吃了很多安眠藥，那時父母不在家。我以前從來不喝酒，是滴酒不沾的。我在網上看到酒精可以催化藥物作用，那天晚上喝了將近四兩的白酒，我覺得可以催化、加強藥的效力，可以直接無意識地結束我的生命。但是沒想到適得其反，因為沒喝過酒，剛睡了不到半個小時，當時人已經失去意識，但因為酒精的作用全都嘔吐出來了，吐在了床上……我和男朋友都自殺過，不是因為別的，都是因為自我認同的原因。（懇談會，二〇一〇／十／三十一）

自我封閉、缺乏同伴群體的支持很容易導致自我隔離與孤立，認為自己的特徵與遭遇很特殊，內心的苦悶、困惑甚至自我憎恨難以得到即時排遣而處於孤獨無援的境地，從而產生消極厭世情緒與極端行為：

我在上小學時，就被大家孤立。長大到了上大學的時候，對自己有了很深刻的一種認識，就是我是一個同性戀，那怎麼辦？我現在大三，前兩年一直都很痛苦。我這人不大跟別人吐露自己的過去，也不願意求人幫助。去年的時候，實在受不了了，我知道自己是個什麼人，但當時想著對不起父母，這個不行、那個不行，活著沒啥意思。大二的暑假在家裡，我奶奶癱瘓，我一直在照顧她，老太太整天說不想活了，要死什麼的。我們倆一起掙扎，她掙扎、我也掙扎，掙扎了兩個月……現在，畢竟還是走出來了。（西安男同性戀者，懇談會，二〇一〇／十／三十）

在年輕一代同性戀者的自我認同過程中，同性戀社區和互聯網對他們的身分認同起著促進作用。例如，前面提到的 Daisy 在朋友拒絕進一步提供關於女同性戀角色扮演的信息之後，她開始通過互聯網搜尋自己需要的資訊，這對她的身分認知具有很大的幫助作用。互聯網對改革開放之後出生的年輕同性戀者影響尤為深遠，而且在他們現階段的交友中也起著實質性的媒介功能。這是導致他們與二十世紀五〇至七〇年代出生的同性戀者的生存狀態存在區別的重要原因之一。如：

我是一九八二年出生的，剛上大學時才接觸互聯網。高中那個時候，正值二十世紀九〇年代末，互聯網還很不發達，我們知道（互聯網），但是沒有人上過網。六〇、七〇年代的同志可能完全不了解這個東西，然後他們就步入了同直婚，其實我是可以理解的。他完全不懂，在街上看到喜歡的同性，剎那間的（同性）意識就流露過去了。他覺得自己應該結婚生子，應該走這樣的道路，他的自我意識還完全沒有喚醒。而我們八〇年代出生的人呢，剛上大學時才接觸互聯網，這時的世界觀、人生觀稍微成熟點兒（指八〇後一代接觸網路時已有一定的信息辨別和篩選能力）。現在社會上有一些比較負面的報導，我覺得比較年輕的一些小孩子，像現在九〇後、九五後，他們在初中、甚至小學就接觸網絡，那時他們的人生觀、世界觀還沒有完全形成，一下子就接觸到很多負面的信息，沒有辦法進行自我甄別。（男同性戀者，懇談會二〇一〇／十／三十一）

二、拒絕「出櫃」

在西方社會，內化的恐同症通過降低同性戀者的自我接受程度影響出櫃進程，即對向異性戀者和其他同性戀者暴露自己的性身分產生消極作用。一項對中國大陸和香港兩地的比較研究發現，同性戀者的羞恥感與內化的異性戀主義以及遭貶抑的同性戀身分相關，這反過來又降低向他人出櫃的可能性（Chow & Cheng, 2010）。同性戀者不出櫃，尤其是不向家庭出櫃，是一個較為普遍的現象。一般情況下，同性戀者應付家庭出櫃壓力的權宜性策略是遠離家庭與父母。隨著社會流動的增加，許多同性戀者選擇在大城市定居與生活，在匿名性較高的都市社區，同性戀者享有比農村社區更多的自由空間和生活樂趣。同時，他們通過努力工作獲得事業上的成功（提升經濟、社會地位等），以此消解父母的各種擔憂。那些年輕的、還不到「結婚最後年限」的同性戀者對父母提出的婚姻要求則採取「能拖則拖」或者「不聽不聞」的鴕鳥政策。但是，父母的婚姻壓力將一直存在，甚至許多子女已經出櫃的同性戀父母，他們的內心仍存在這樣的願望，即自己的子女有一天突然「轉變過來」，並結婚生子。傳統文化形塑下的傳宗接代、報恩等思想觀念與同性戀者本人的性慾望之間形成了難以化解的張力，許多同性戀者因此陷入兩難的困境。如「海魂」一直在異地躲避家人，甚至連農曆新年都不敢回家：

我已經連續兩年沒回家，今年想回去。去年過年，我父母來北京……對家裡人催著結婚的最好辦法是能拖則拖，一直到他們漸漸老去，沒有精力再關注我了。我跟他們說，現在我一個人生活挺好的，而且年齡也還小，不急著結婚。向家裡人出櫃是下下策，關係肯定會鬧僵。沒有一定把握，我是絕對不會出櫃的。現在沒有把握，只能維持原狀，走一步是一步，也沒有看那麼遠。如果向父母出櫃，對他們也是一種傷害，不慎重的話，很可能會反目成仇。（「海魂」訪談，二〇一〇／九／二）

由於「海魂」自幼在外地求學、工作，平時不經常回家；因此，父母對他的同性戀身分一無所知。事實上，「海魂」沒有跟父母認真溝通過，甚至沒有就他的同性戀身分向父母作一丁點暗示，但他想像中父母對出櫃的反應足以讓他三緘其口、退避三舍。除了懼怕父母做出過激反應以外，有些同性戀者不出櫃是因為不願意傷害父母；同時，對那些正在考慮家庭出櫃的同性戀者而言，周圍人出櫃的效果起著示範或警戒的作用，如：

我跟朋友在一起將近八年，但一直沒有勇氣跟父母提這個事情。可能是因為我的家庭特別傳統，我爺爺四代單傳，只有我一個孫子。所以每當所有親戚聚集到一起時，他們就會問同一個問題：「你什麼時候結婚？」或者「什麼時候給我們家添一個孫子？」在這個事情上，我有特別脆弱的一面，我特別不願意去傷害父母，直到現在，包括跟我朋友在一起將近八年的時間裡，我都沒敢跟母親談起這個事。在他們眼裡，我工作很好、人也很懂事，其他的方面沒有任何問題。父母對我評價是：「兒子是個好兒子，但就是不結婚。」我面前確實擺著特別大的問題需要解決，因為我不想去辜負他們。每當我想去提這個事情時，我都會被沖回來。我周遭所有的同志朋友裡，凡是向家裡出櫃的，都是大哭大鬧。之後，所有的朋友都退縮了，最後的結果是，我所接觸到的大多數（同志）都結婚了，儘管他們可能並不愛那女的。（天津男同性戀者，懇談會，二〇一〇／十／三十）

有些同性戀者完全認同、內化了父母的要求與想法，認為父母對子女「結婚生子」的要求理所當然、甚至不言而喻，在他們看來，作為男同性戀者無法傳宗接代「有愧於」父母、尊長，將父母的希望破滅是一種「傷害」。總之，男同性戀者於整個家族是「不孝子孫」。

父母面臨的困難不僅是接受作為同性戀者的子女，還包括如何面對他們的親戚、鄰居甚至列祖列宗。中國傳統文化的一個重要特徵是以家庭和宗法為基礎，帶有強烈的宗法色彩。中國社會可以說是家庭的放大（燕國材，一九九三），這種泛家族主義（pan-familism）即謂「家國同構」。楊國樞（一九八八／一九九二）從文化生態學的角度認為，傳統中國人的生存空間是一種宜農的生態環境，因而發展出以家庭為組織與運作的基本單位，這種基本的社會結構能夠有效適應農耕社會，可促進家族的興旺及社會的穩定，經由自發的演變又經儒家的倡導，最終形成孝道的倫理體系。整個傳統中國社會建立在孝道的基礎之上，孝道對家庭以外的生活範疇也產生決定性影響，它形成了一種泛孝主義的意識形態。孝道是儒家推己及人觀念的發展。在孝道行動關於互動對象的認知結構類型的發展過程中，個體會先從以父母、祖先或家族的「原級性互動對象」轉化到以父母、祖先或家族以外實體的「次級性互動對象」（葉光輝、楊國樞，一九九一）。儒家思想認為，個人的生命不是獨立存在的，而是其家庭「命脈」的一個環節而已。個人活在世界上的終極目的，便是延續並光大家族的「命脈」（黃光國，一九八八）。違反道德秩序是儒家「恥」的本質，在中國文化裡，一個人「不顧面子」是不可思議的事，如果不顧（愛）自己的面子，幾乎是「無恥」（金耀基，一九八八）。

同時，對那些躲在「櫥櫃」裡的同性戀者而言，即使父母能理解同性戀現象，也未必意味著他們能接受自己的子女是同性戀者的事實。有些父母的知識儲備和涵養或許能夠包容「同性戀」，但這種「同性戀」僅僅是作為與己無關的他者而存在，這些父母仍有可能無法真正接受自己的子女是同性戀者。如一位同性戀者談到自己對父母的體會：

我的父母都是醫生，所謂的那種「高級知識分子」。我想，如果跟他們出櫃的話，他們也可能會理解、也可能會接受，並且還一樣地愛我。但是，我沒有跟他們出櫃。為什麼？我覺得沒有必要跟他們出櫃，因為他們的價值觀是不可能接受這個事情的，儘管他們可以理解這個問題，但是他們不一定能接受，這是兩個不同層次的概念。（男同性戀者李某，懇談會，二〇一〇／十／三十）

喬治婭・威爾斯（Georgia Wills）和瑞恩・克勞福德（Ryan Crawford）指出，雖然那些向他人自我揭示性身分的人在生理和心理上更健康，但同時他們更容易成為偏見、歧視甚至暴力的受害者（Wills & Crawford, 2000）。從這種意義上而言，中國同性戀者採取這種回避式的「中庸」姿態有它自身的合理性。西方的出櫃話語反映了對自我的個體主義觀念，卻無法認識到關係性的自我之重要性，而這種關係性自我在中國文化中顯得尤為重要。再者，將出櫃視為身分認同過程中的一個普遍或者必然的階段，這種立場或要求忽視了嵌入於不同文化和社會關係中的同性戀生態的多樣性。在儒家思想裡，自我確立並根植於等級結構之中，其特質依附於個體所處的社會位置，而作為個體很重要的一點是遵其位、司其職。當個人意志與社會期待發生衝突時，拒絕個人的心理特徵是為履行社會角色作出的必要犧牲。中國的父母傾向於將同性戀子女的出櫃視為一種個體主義行為，因此他／她應該改變這種行為，以便遵從以盡孝為核心的關係主義的社會角色。儘管孝道話語在將同性戀者視作「他者」的過程中扮演了重要角色，但它本質上不同於西方的宗教話語。在中國的語境下，男同性戀者沒有被視為非道德的，而只是某些個體特徵阻礙了他們盡孝（Wang, Bih & Brennan, 2009）。正是這些延續數千年的根深蒂固的家庭和孝道觀念，將同性戀者趕進了同直婚和形式婚姻。周華山認為，與西方社會相比，中國人的自我觀念對同性戀者產生了頗為不同的情境，對此他進行了總結（Chou, 2001: 34）：第一，西方女同性戀／雙性戀／男同性戀話語的基本原則是將這些性少數族群的主體視為權利不可剝奪的個體，而傳統中國文化卻拒絕以同性戀與異性戀的方式劃分人類，因為個體首先、也最主要的是家庭和更大社會的成員。第二，在中國的情境下，同性戀者不僅僅是尋求個體解放的單個自我，更重要的是，他／她嵌入於複雜的關係性背景之中，尤其是親屬關係與家庭網絡。第三，對大多數中國同性戀者而言，最主要的問題不是來自國家壓制、宗教原教旨主義或者職業歧視，而是他們最愛的父母。第四，中國同性戀父母面臨的問題是不僅要接受他們的同性戀子女，而且為不願結婚的「越軌」子女感到丟臉。第五，在以孝道作為評價個人最重要標準的社會裡，對同性戀者而言，傷害父母是最可怕的經歷。第六，中國同性戀運動關注的不是男同性戀、女同性戀或雙性戀的孤立自我，而是對同性戀者既是構成性也是壓制性來源的家庭和社會關係。

因此，「認同而不出櫃」成為絕大多數中國同性戀者的生存狀態。在同性戀者的日常生活中，拒絕社會出櫃、對自己的真實身分加以掩飾或隱藏的方式很多。但是，面對來自原生家庭的壓力，卻無法一直拖延、隱瞞，這成為最終必須直面解決的問題。此時，同性戀者要麼主動或被逼出櫃，向父母坦白自己的同性戀身分；要麼採取能讓父母釋懷的方式，繼續隱瞞自己的真實身分。而「同直婚」與「形式婚姻」正是當下的同性戀者們繼續隱瞞身分而普遍採取的方式。

三、同直婚：「一場改變了一切的虛假婚姻」

同性戀者在學校、工作場所等地方可以隱藏自己的真實身分、可以選擇不出櫃，但是隨著年齡的增大，不得不面臨來自原生家庭的壓力。做父母的都希望子女能夠成家立業、娶妻生子，完成家族香火的延續，以免將來「家祭無後人」。對同性戀者來說，這種張力是難以調和的：一方面，他難以抑制自己的性本能和慾望；另一方面，又不能讓父母、長輩失望，讓自己背負「不孝之子」、「無恩」的壞名聲。在中國，父母與子女在人格上是捆綁在一起的，子女所忍受的污名同時也是父母的污名，子女丟人現眼也是讓父母、長輩甚至親朋好友連帶著丟盡臉面。在同性戀仍被惡意曲解、無法被接納的社會裡，父母更是難以接受與認同自己的同性戀子女。從父母的立場來看，他們通常有著長遠的考慮，尤其是來自農村、思想較保守的父母，同性戀子女由於無法生育而使父母的晚年生活無法含飴弄孫、享受他們原本應有的子孫滿堂的天倫之樂。在傳統的鄉土觀念裡，無子嗣祭祀的先人會成為「孤魂野鬼」，飽受地獄的煎熬。除了家族延續、死後顧慮之外，同性戀子女還會帶來社會污名，令父母和長輩臉上無光，在他人面前抬不起頭來，無法面對周圍人譴責與疑慮的異樣目光。如此種種，對生前死後、家裡家外的諸多憂慮使父母無法坦然面對自己的同性戀子女。從某種意義上說，父母無法面對自己的同性戀子女，也是無法面對自己的將來。

許多同性戀者迫不得已選擇與異性戀者結婚，以逃避來自父母的壓力與社會的奚落，通過躲在異性戀者的婚姻裡來逃避現實的種種煩擾。這種畸形的同直婚很難產生真正的愛情；即使有，也是殘缺不全和充滿負罪感。在傳統文化和價值觀的影響下，有些同性戀者為了父母、為了盡孝「自然而然地」進入同直婚，如：

> 他們問我為什麼去（和異性戀女性）結婚，我說是「為了我的父母」。我們家兄弟三個，我是老二。我哥在外面（工作），也一直不結婚，我媽當時催著我哥結婚。當時我覺得特別自卑，當一個礦工，這輩子也就這樣了，估計也不可能出人頭地，就在這裡窩一輩子，湊合著找個老婆過一輩子算了。然後真就湊合著找了一個，一直過到現在。（「Rock」，北京同志中心，二〇一二／三／十）

不少進入同直婚的男同性戀者選擇的婚姻對象大多來自偏遠地區的農村，這些同性戀者的妻子（簡稱「同妻」）受傳統婚姻觀薰染，重視家庭、恪守婦道，一旦進入婚姻就期望過著「相夫教子」的生活。

她覺得女孩子（應該）是賢妻良母的那種，只懂得做家務（指不要管男人的其他事情）。在我們家裡，她天天做家務、做飯，我在家裡什麼都不幹，她覺得這是一個傳統女人應該做的……我老婆她人也比較特殊一點，從農村出來，特別傳統。我問她當時為什麼找我，她說（因為）我們見面一個多月都沒碰她一下，就因為這一點（覺得男方「為人正直」、「作風正派」）……我們結婚差不多六年左右，她是比較傳統的女性，對同志的認識不是很多。其實，她基本上已經知道我（是同性戀）這種情況，但還在等待我有一天會改變。

（「Rock」，北京同志中心，二〇一二／三／十）

另一方面，這些同性戀者的妻子大多受教育程度不高，對同性戀缺乏認識。即使發現自己丈夫的同性戀行為，由於雙方地位相差懸殊，缺乏干涉能力，只好睜一隻眼閉一隻眼、聽之任之。同性戀者以這種社會地位相差懸殊的婚姻代價來換得婚內的自由與權力。同直婚內的男同性戀者自知自己的「短處」，因此他們在家庭生活中儘量採取謙和、避讓的態度，任勞任怨地拚命工作，讓妻兒過著物質上相對寬裕的生活，以此來彌補內心對妻子和家庭的愧疚，通過這種努力換得平和的家庭生活。一些婚姻中的男同性戀者會因「愧疚」試圖贖罪，有些同性戀者甚至選擇有智力障礙的女性作為妻子，更有甚者還找他人去滿足妻子的性慾望，通過這種「交換」的方式來換取自己的性自由和心理上的自我安慰。當然，並不是所有的婚內男同性戀者都如此善良和有自知之明，有的男同性戀者以極端惡劣的態度對待自己的妻子。也不是所有同妻都如此被動、甘願任人擺布，有些妻子會瘋狂地報復，直到自己的同性戀丈夫身敗名裂，最後含恨離婚散場。

在有些情況下，妻子對同性戀的誤解是維持同直婚的重要原因。一些同妻仍然將男同性戀者無法進行性行為誤解為是陽痿、是一種可以治療的生理疾病，或者是由於她們作為妻子方面的原因導致的。有些同妻甚至認為，「主動型」的同性戀者跟「泡小姐」實質上沒有區別，以為同性之間的性行為可以簡化為金錢關係，而不會有感情存在；或者認為自己的丈夫為了「玩兔子」而不要老婆，這是一件「丟臉」的事情。在不影響家庭生活的前提下，妻子會為了「臉面」、「顧全大局」，繼續維持與同性戀丈夫的婚姻和家庭。

很多同性戀者的妻子正常的性慾望得不到滿足，反被認為是「性冷淡」。在傳統觀念的形塑下，社會期待的「正經女人」是無性的，她們也不敢主動要求性，更不必談尋求婚外性，而只能被動等待，這也是同妻面臨著的尷尬問題：

> 很多同妻長期性壓抑，沒有地方去訴說這件事兒，也不知道自己丈夫究竟是怎麼回事，她們那個時候就特別痛苦……甚至得抑鬱症，去看心理醫生。（何姐，北京同志中心，二〇一二／三／十）

同妻往往普遍遭遇婚內「性冷遇」。由於男同性戀者與妻子之間的性行為很少，有些甚至幾乎沒有，因此導致夫妻之間在性問題上嚴重缺乏溝通。有的男同性戀者乾脆聲稱自己的妻子「無性」，或者認為性慾望「根本沒有打開」，認為她們是天生的「性冷淡」，如：

我跟她（妻子）的性生活很少，甚至幾乎沒有。但是，我覺得她有點性冷淡，好像沒有完全把性打開。（「Rock」，北京同志中心，二〇一二／三／十）

而在女性主義者看來，「性冷淡」不過是一種社會建構的產物，它是父權專制的結果。很多女性的「性冷淡」並非天生如此，而是諸多後天因素造成的，諸如從小接受的傳統教育、個體重要的生命經歷以及丈夫的性能力等。如一位年輕的女同性戀者談到：

我在跟男生交往時，也一度懷疑自己是不是性冷淡，但後來的經歷告訴我，其實不是這樣子。為什麼我們很少說一個男的性冷淡？卻經常講一個女人怎麼性冷淡、怎麼不會玩弄一些東西？我發現這真的跟我們從小受的教育有關。從小到大，大人都告訴我：女孩子不要出去亂玩，應該待在家裡幹這個那個。我發現那些男孩子們，他們從小就看A片，很小就會自慰。我們只聽說男孩子偷看女孩洗澡，誰聽說過女孩子偷看男生洗澡？所以我發現，這實在

不是我的問題，而是教育或者環境塑造成的特點。（「右手」，北京同志中心，二〇一二／三／十）

同性戀者是否處於同直婚狀態，這會對他們的性狩獵活動產生影響。有些同性戀者擔心對方會向自己的妻子告密，以訛詐自己；而一些未進入同直婚的同性戀者也對婚內同性戀者抱有偏見，認為他們「對女人不貞，對男人也不忠；沾完了女人的便宜，又來沾男人的便宜！」

同直婚內的同性戀者雖然暫時解決了來自父母、長輩的婚姻壓力，但是並非一勞永逸地解決了所有的問題；相反地，卻埋下更多隱患。在同直婚裡，同性戀者雙面人的生活、伴侶對生活的抱怨與不滿（尤其是性生活方面）、父母長輩對子嗣的期盼等問題接踵而至，其結果往往是同性戀者由於內心的自責、罪惡感而產生更多的精神壓力和其他問題，最後傷害到更多原本無意傷害的無辜者。這種異性婚姻無異於飲鴆止渴，陷入一種孫隆基所謂的「受害者使他人受害」（victim-victimization）（Sun, 1991: 39）的倫理困境。如：

我是來北京看病的，每個月看一次。我已經跟妻子分居六年，但到目前為止還是解決不了到底是該離（婚）還是不該離（婚）的問題。因為我的孩子已經十四歲，孩子說過：「如果爸爸跟媽媽離婚，那我就離家出走。」所以我的壓力特別大。現在我天天在想，到底該怎麼解決這個問題，到目前為止我還沒想通，不知道下一步該怎麼走。但我的愛人跟我分居六年，她到目前為止也沒跟我說「咱們離婚吧」，還是想盡一切辦法挽救這段婚姻，覺得咱們倆能過還是一起過，為了孩子，就是為了孩子。我跟我的朋友在一起也將近六年了，我一直不回家，我最對不起的是自己的孩子，我欠他的實在太多了，作為一個父親，沒盡到做父親的責任。我不想回到那個家，我一回那個家，就要看到他的媽媽，這麼多年來，她的心肯定也已經涼了，（即使）回去之後，她也不想跟我說什麼，我也不想跟她說什麼。這個家庭就是個形式，儘管在法律上我們還是夫妻關係。但是，我仍然決定不了到底該離還是不該離；離了之後，要是孩子真有什麼舉動，我該怎麼辦？我得抑鬱症喝藥已經喝了四個療程了，到現在已經有將近半年的時間都無法上班。怎麼得的抑鬱症呢？就是因為想的事情太多了，有關與男友的問題，還有家庭的一些問題，實在是沒辦法，想不通……人們一看這麼大個漢子，怎麼會得抑鬱症呢？所有人一看，覺得我沒病，是很健康的。但是我內心確實病了，前三個月的時候，我天天想著應該怎麼去死。（男同性戀者，懇談會，二〇一〇／十／三十）

同直婚內同性戀者的情感問題極其複雜，處理不當很容易導致家破人亡。因此，同性戀社群中不少人士對已婚，或打算與異性戀者結婚的同性戀者持批評態度：

因為傳統的問題，為了父母要求結婚，這種情況肯定也有，那他自己肯定難受。有人跟我諮詢結婚的事情，我說你想好了，先不說你倆的問題——有的說，我們倆先（各自去找異性戀者）結婚，然後我們倆再好。我說，這不是開玩笑嗎？你要麼告別這個圈子，踏踏實實去結婚、生孩子，永遠不再接觸（這個圈子），你能做到這一點，你就結婚去。否則的話，你對要娶的女孩，還有將來的孩子，都是非常不公平的。這個東西沒有騎牆的——這邊結了婚，那邊又那樣（繼續保持同性關係）。現在是你們倆的兩個家庭的問題，如果你們倆各自結婚了，那時是四個人、四個家庭的問題。這事這會兒處理不好，那會兒能處理好啊？不可能的！我後來為什麼一直頂著壓力（不結婚），因為把這事情想明白了。不是說你自己難受的問題，你對自己的另一半或者將來的孩子總得有個責任感。如果你娶了個媳婦，你再怎麼也是（同性戀），將來總有一天被她發現，放心吧，這肯定會的，到時你怎麼辦？人家把一輩子都託付在你身上，這起碼忒不人道！（「糯米」訪談，二〇一〇／二／十八）

有些人是同志卻還要結婚，這對進入婚姻的女性是一種傷害，對自己的媳婦特別不公平。如果壓力特別大，我會選擇拉拉（結成形式婚姻）或（向父母）出櫃，也不會跟一個異性戀女性結婚。（「海魂」訪談，二〇一〇／三／六）

之前我強迫自己跟直女談過戀愛，最後都到了第二天要領證的時候，突然反悔了，我覺得沒有信心給對方幸福。（男同性戀者，懇談會，二〇一〇／十／三十）

與異性結婚是犧牲女性，憑什麼讓別人為你的「孝」作出犧牲？最低的道德標準是不能傷害別人。最後當婚姻瓦解，往往是妻子獨自撫養孩子。性取向模糊的（人），請先了解你自己是誰。（「星星」，北京同志中心，二〇一〇／十／十六）

在傳統中國社會裡，婚姻與愛情、甚至與性快感無關。與一個人結成聯姻的不僅僅是丈夫或妻子本人，同時也是父母雙方和整個家族－親屬關係，包含了雙方的政治、經濟和文化系統。很多時候，婚姻是一種社會交換行為，它體現出社會地位、家族財產的獲得與流動。但是，現代社會的自由婚姻在一定程度上脫離了它原先被人為附加的社會經濟屬性，愛情與性成為婚姻中的重要內容。同性戀者尋求同直婚並非出於生理慾望，而是出於一種內化了的、無法抗拒的「社會欲望」，這是社會形塑、扭曲人性的最好例證。它是一種傳統、習慣、文化使然，是強制性異性戀的結果，是「自然」不敵「文化」的結果。

遇到這種兩難的問題（指父母對婚姻的壓力與自己性取向之間的張力），我自己用天平衡量一下，兩個都不利的結果，覺得哪個更加不利？一種情況是，讓父母滿意了，或者盡了孝道，這是一種結果。壞處是你不得不跟一個女的結婚，而這個女的是你根本就不喜歡的。實際上說白了，就是把那女孩害了，你一時為了父母，而害了人家女孩——不能說一生吧，最起碼是長時間的傷害。另一種情況（不因為父母壓力而結婚），你可能滿足不了父母的想法，但也不會去害別人。我覺得那樣（指結婚）也不能從根上說你（盡）孝了。你不能為了父母的想法去搭上另一個女孩……不能說是一生的幸福，因為也有可能你倆離（婚）了，但你在一定程度上把人家給毀了。我覺得那麼做是不合適的。但不同的人見仁見智，有的人覺得，我媽把我養這麼大，我得滿足他們的要求，你可能偏重於這個，堅持要給父母一個交代；如果你將來能忍受、能處理好，那就結婚去吧！在這個問題上，不能像算資產、貨幣那樣來衡量的，它沒法量化。（「糯米」訪談，二〇一〇／二／十八）

而已婚同性戀者在遭遇這些來自社群內部的批判時，卻有著一套自己認可的行為解釋邏輯。他們能不顧他人的反對而找出理由說服自己，並按自己的意志繼續行事。在他們看來，同性戀者的同直婚有著自身的歷史原因與現實的合理性。如下面這位同直婚中的男同性戀者如此自我辯護道：

已婚同志可能是同志群體中道德最敗壞的，很多未婚同志對已婚同志深惡痛絕，很多都說「第三者」什麼的。在中國，事實上大部分同志最後迫於社會的壓力都走入了異性（戀）婚姻。形婚是一部分，但更多的同志還是走入了普通的異性（戀）婚姻。這是一個事實，應該有統計數據的。已婚同志的情況也很複雜，不是大家想像的那麼簡單，比如認為已婚同志家裡有一個，然後外面隨便找。真正的已婚同志也有很痴情的。

已婚同志過著一種人格分裂的生活，他在陪著妻子的時候，心裡面想著外面的男友；他在陪著男友的時候，又會想著家裡的妻子。很多已婚同志其實是很有責任感的，有的時候為什麼不能離婚？是因為中國的女人現在還是弱者，女人需要一個婚姻。我接觸的一些已婚同志的情況是，他們在離婚之後，女的在經濟能力方面可能確實承受不了壓力，在北京、上海、廣州這種大城市，女性的經濟能力比較強一些；但是在小城市、二線城市的女人，有的已婚同志家裡的情況是，丈夫已經跟妻子出櫃，但妻子還是不怨你、不理會，而且這種比例占得非常大。妻子會說：「你在外面怎麼去找都可以，只要別把疾病帶回家就可以。你要維持我們在社會上作為一個家庭的形象，其他的我可以不在乎。」我認識的一些已婚同志是維持現狀，等到孩子十八歲以後成人、讀大學了，然後再離婚，兩口子是這樣商量的。也有些丈夫是沒跟妻子出櫃的……

六〇、七〇年代的（同性戀者），現在大部分都已經離婚。那種已婚同志是在獨特的歷史條件下產生的，因為在六、七〇年代出生的那批人，他們結婚之前是不知道（自己性取向）的。比如我，結婚之前有這種傾向，在大街上看見那種人會偷偷地去看，但是沒有那方面的認識，缺乏自我認同，反而覺得那是不正常的，當時想，人結婚了之後會改變。但是結婚兩年之後，上網發現根本不是那麼回事，自己改變不了自己，只能面對真實的自己。所以，我覺得「已婚同志」是中國特定的歷史條件下產生的，以後更多的同志——像九〇年代出生的——自然而然地不會走入異性婚姻，「已婚同志」在中國只是一個歷史階段，很快會跨越過去。（懇談會，二〇一〇／十／三十）

這種行為的自我闡釋在已婚同性戀者中很具代表性。在這種自我辯解的哲學中，充滿了濃厚的父權制色彩，如「中國的女人現在還是弱者」，「女人需要一個婚姻」。婚姻中的女性完全被置於被動、懦弱、依賴和失聲的地位，女性被當作情感的安慰劑與生殖的工具，男同性戀者——作為一個男性——則取代了女性的自主選擇和思維能力。他們認為，不與女性離婚是一種「責任感」的體現，而顛倒因果，不去想想當初是誰將一個無辜的異性戀女性拉入一場原本與她完全不相干的婚姻。

當然，也有一些同直婚中的同性戀者覺得傷害了妻子，故而懷著一種「負罪感」，想嘗試著儘量「補償」自己的妻子，如：

有些人也一直在說，我們同性戀應該有一種贖罪感……除了性取向以外，我在其他方面做得相當好，對老婆從來沒有打罵，她覺得我各方面都還做得比較好。如果有哪方面做得對不起她，就是性方面，別的方面我跟她相處得還是相當融洽的……我正在考慮要不要跟她結束這段婚姻，因為我真的不想傷害她，但她特別不願意離婚。如果離婚會傷害她的話，我就不離婚。對我自己來說，我可以容忍她去找別的男人，這些都沒有問題，這是她的權利。但是她肯定不會那樣做，她確實是一個特別善良的人，這樣的女人在這個時代真的太少了，幾乎絕跡了！所以說，我就覺得為什麼這麼好的女人會碰上我這樣的人去傷害人家？其實我不想傷害人家，但是已經傷害了她。我不想更深地對她造成傷害，如果有什麼樣的方式能讓她儘量幸福——她所謂的那種幸福——一點的話，我肯定會朝著這個方向去努力，也許會不離婚，一直這樣跟她過下去，或者以別的方式，我在找這個突破點。

我覺得是在補償給人家。我跟她說過，如果哪一天她要是跟我離婚的話，我是沒有什麼錢，我也是一個社會底層的人，唯一有的就是這套房子，在物質上我可以什麼都不要，我把補償做到極限，然後淨身出戶，換回自由身。不知道那樣的話，她願不願意，要是她願意，我會那樣去做。她也跟我說，「你要給我一個孩子。」如果孩子在她的觀念裡是最幸福的，那我儘量努力讓她有個孩子，這都是些很具體的辦法。我老婆比較單純……她渴，我現在有水，那就可以給她一杯水；但是如果我沒水，那也沒辦法。她要什麼，我就給她什麼，但有些東西我肯定是給不了的。我儘量想讓她開心一點，哪怕我自己痛苦一點。（「Rock」，北京同志中心，二〇一二／三／十）

在「Rock」的自我敘述中，他不斷地強調自己不想傷害妻子、可以對妻子作任何形式的補償——只要她覺得可以接受。但正如後來討論時其他人指出的，其實「Rock」在這場情感和婚姻中是很有保留的。最明顯的表現是他妻子想要個孩子，他極不願意滿足她的願望。他談論的是些無關痛癢的事情，所謂的「補償」就是物質上的回報，說得再具體一點，就是他們家的那套房子。事實上，他內心很渴望與妻子離婚，以「換回自由身」。對他而言，妻子的社會功能——作為盡孝、掩飾他的同性戀身分及其可能帶來污名的工具——已經使用完畢，對他來說已沒有使用價值，因此巴不得趕緊將其甩掉。他尚未離婚的表面理由是——如他自己所說的——「不願意去傷害一個無辜的女人」，實質上他想擺脫家庭與妻子帶給他的約束與管制，以及那種籠罩在罪孽感陰影裡的道德煎熬，他希望妻子主動提出離婚，這樣他的肉體和靈魂可以同時得到救贖。

目前，同妻問題正日益受到重視，至少在同性戀共同體和女性主義群體裡，同妻已經受到越來越多的關注。受「同妻聯合會」負責人委託，第三屆「同志父母懇談會」現場宣讀了一篇文章〈為何同志不該結婚〉，其中講到關於中國同妻的數量——「一千六百萬只是一個保守數字」。文中說道：

> 幾乎每一個這樣的婚姻裡，同性戀丈夫都如同獸性般生活幾年，努力試圖成為異性戀世界裡的一分子，但卻無法真正享受幸福。性壓抑會滋生出挫敗感，謊言總是驅使他向妻子和孩

子發怒。他像一面鏡子，審視著自己和家庭，又不斷地承受著謊言帶來的內疚。

「同性戀親友會」會長吳幼堅呼籲同性戀者不要走進同直婚，不要將一個無關的人扯進「一生的騙局」。需要指出的是，對步入同直婚的同性戀者不能一概而論，儘管這一點不足以成為同性戀者進入同直婚的藉口。同性戀者進入同直婚有以下幾種不同的情況：

第一種是由於受周圍環境的影響，一些同性戀者在與異性結婚之前沒有清楚地意識到自己是同性戀者，甚至不知道「同性戀」究竟為何物。這些同性戀者直到與異性結婚之後才逐漸意識到自己的性取向，有些人甚至一輩子都沒有弄清楚。在以生計為第一需求的生活壓力下，他們稀里糊塗地過完一生，無從知道還有「同性戀」這樣的性類別。在今天的社會裡，這種情況越來越少見。

第二種是知道自己的同性性取向，然而由於受到社會的無知與偏見的影響，以為與異性戀者結婚能改變自己的性取向，能治好自己的「變態」，他們自己也真心實意地相信或希望存在這種可能性；這種情況在今天的社會中依然存在。

第三種是明確知道自己是同性戀者，並且在與異性戀者結婚之前就打定主意結婚之後繼續進行同性性活動，將同直婚作為一種逃避家庭壓力與社會質疑的掩護手段。

第四種情況是把同直婚僅作為純粹的手段，以敷衍父母的期待與社會的要求，結了婚之後就打算離婚。[1]

年紀相對較大的同性戀者屬於第一種的情況較多，他們當初選擇與異性戀者結婚大多是由於沒有意識到自己是同性戀者，有些人甚至無法想像除了異性戀之外還有別的性取向。在特定的歷史條件下，有時同性戀者即使知道自己的性取向，也無法逃脫組建核心家庭的結局。還有些同性戀者受社會利益的驅使或逼迫，如在中國改革開放前實行計畫經濟的單一社會結構裡，社會（單位）福利往往與家庭掛鉤，同性戀者因此身不由己地進入同直婚。

同直婚中的男同性戀者可以找男友實現性慾望，或明或暗地過同性戀生活，但同妻卻無法滿足自己的性慾，有些甚至根本不知道自己由於性慾受壓抑而產生各種問題。不少人士已經意識到，「婚姻中的同性戀者」這一現象並非簡單的個人問題，而是整個社會、文化造成的後果。在這個異性戀婚姻霸權的社會裡，受壓迫、遭戕害的不僅是同性戀者，也包括異性戀者。很多人到了一定年齡（所謂的「婚齡」）想都沒想就跟著進入婚姻，以為一夫一妻制這種社會設置形式一定是自己想要的東西，以為它是愛情的必然歸宿。與同妻一樣，男同性戀者也是這種意識形態的受害者，但兩者的受傷害程度、性質不同。從事同性戀權益運動的女性主義者「何姐」如此說道：

這個婚姻制度確實壓迫同性戀，也壓迫同妻。現在同妻說「我是受害者」，但她往往沒看到同志也是受害者。確實，都是受害者，然而這個社會認為，作為男性出去找性不是問題，而對女性來講，一輩子沒有性，只敢在婚姻裡求得性……所以說，雖然都受壓迫，但壓迫的程度和感受是不一樣的。（何姐，北京同志中心，二〇一二／三／十）

此外，如果婚姻是一種契約關係，那麼這種關係內部也存在各種博弈，較為常見的是對過往生活史和家庭背景的信息隱瞞。在這種情況下，很多婚姻關係實質上是一種相互欺瞞的不公平契約，這對同性戀者的同直婚而言，尤為如此。男同性戀者「Rock」如此看待他與異性戀妻子之間的婚姻關係：

結婚以前沒有跟她說自己是同性戀，這在某種意義上是一種欺騙。但她當時也在欺騙我，也有一種負罪感，她覺得如果結婚前告訴我她曾被人強姦過，我肯定不會跟她結婚。我們兩個人都有錯，這種負罪感好像相互抵消了……有時我很不欣賞一個詞：「女權」或者「男權」。比方說，我和我老婆之間，我在傷害她的同時，她也在傷害我，這種傷害是相互的。中國的傳統好像是男人就應該讓女人，我受的傷害大一點，她受的傷害應小一點，因為我是男人。現在我造成的傷害已經改變不了，比如說我已經跟她結婚，我是一個同性戀——這個肯定改變不了；但是在這之後的好多事，我可以儘量去改變，她需要什麼，我儘量去滿足，但是這個東西也是有限的。其實就是希望男女平等，我覺得做女權（運動）的那些人特別傾向於（維護）女的，有些人則是特別的男權，歧視女性，這樣都不好。「人人平等」這話說起來容易，做起來真的很難。（「Rock」，北京同志中心，二〇一二／三／十）

在中國的傳統社會裡，同性戀者大多進入異性婚姻。由於傳統文化對家庭倫理特別重視，政治上的仁和禮，家庭中的慈和孝，是中國古代社會的重要概念。家庭可以說是政治治理之基礎，而婚姻是家庭延續的保障，因此，一個男人娶妻成家是自立於世的前提（張在舟，二〇〇一）。但是，這些進入異性婚姻的男同性戀者沒有遭受與今天類似的批判，這並非由於當時的社會對同性戀特別寬容，其中一個重要原因是由於女性的從屬地位導致的。在「男尊女卑」的父權專制社會，女性的情、愛、性都是次要的，甚至是不存在的，男性在家庭之外，無論是尋求與異性交歡還是與同性的快感，都不足以構成一個社會問題。在一個不但不存在同性戀「身分」——它在西方也是現代性的產物，而且又是父權至上的社會結構中，何況這些男性都已與異性結婚，正一絲不苟地履行著盡孝、傳宗接代的責任，他們並不對傳統社會結構與秩序構成威脅。（事實上，這種情況在今天依然存在，從前文的案例中我們看到，在同性戀丈夫不對家庭構成威脅的前提下，甚至得到有些妻子的原諒與容忍，這或許是不得已而為之的無奈之舉，但多少反映出傳統文化的延續性。）在這種社會背景下，男男性行為又怎麼會引起他人與社會普遍的恐慌、反對甚至憎恨？而女性之間的同性愛慾更是被忽略與無視。

當歷史的車輪進入現代社會，當女性解放運動的浪潮一波高過一波、女性的主體意識開始覺醒時，同直婚中的（男）同性戀者遭到前所未有的壓力與挑戰。這是一場因文化、價值觀念不同而導致的人間悲劇。人類因意識形態差異與衝突而導致的悲劇，大到宗教戰爭、恐怖主義，小到代際矛盾、情感糾葛等，一直伴隨著人類歷史的發展進程，同性戀者只是其中的一種文化犧牲品。同性戀者因歷史原因造成的同直婚是一場文化悲劇。一些已經意識到自己性取向的同性戀者為了躲避家庭壓力、社會偏見而向異性婚姻尋找慰藉，讓婚姻成為一劑醫治自我的良藥，將痛苦轉嫁到他人身上，同性戀社區裡的很多人士對此都持批判態度。同性戀者的異性婚姻踐踏了不知情的異性戀一方的愛、包容與欣賞，透支了他人的情感，這種狀況對同性戀者將來爭取社會的理解、包容與接納非常不利。「星星」對這個問題的批判提高到了一個新的高度：

你們這一代還好，比你們大一點的很多同志會選擇和異性（戀者）結婚。每個人都有自己的各種理由，如果這個現象有一天表面化的話，有可能給中國同志的狀況帶來非常嚴重的逆轉，甚至有可能是災難性的。現在越來越多的例子是欺騙女性、把性病傳染給老婆孩子，如果這種現象慢慢地引發社會注意，那麼我們現在通過十多年的努力得到的社會寬容可能瞬間就消失了。

中國很多同志不僅自己結婚，還要拉所有人都去結婚，這是件非常惡劣的事情。還有很多人相信這沒什麼不好，很多同志覺得這無所謂，而且不值得抨擊。這是大男子主義，很多人跟女的生了孩子就離婚，把女性當作生育機器一樣。這個現象如果大家不去抵制、抨擊、批評，我們就沒有理由要求社會不歧視我們。這是極端殘忍、自私、無恥的事情。在大城市可能還好，女性發現了可能去法院告他。而在農村的同妻，有時候被發現了，丈夫說：「我就是這樣，妳不喜歡就滾！」因為她們在經濟上完全依賴男性，而且在農村，女人這樣被丈夫「休」了，還會一輩子被人瞧不起。這是一件非常不道德的事情。即使你不在乎道德，但你一定要考慮，如果這種現象不慢慢得到遏制，某一天如果突然表面化了，可能會有不堪想像的後果。（「星星」，北京同志中心，二〇一〇／十／十六）

遺憾的是，有些年輕的同性戀者尚未意識到這個問題的嚴重性，很多人都是從私己的角度出發來看問題，仍不習慣將同性戀族群視為一個整體進行長遠的思考並採取行動。中國同性戀社群剛從灰暗世界中走出來，尚未洗淨內心的各種陰霾，他們缺乏群體意識。從北京同志中心舉辦的一些文化沙龍來看，不少同性戀者依然傾向於進入同直婚，或者對為什麼不能選擇同直婚以逃避社會現實表示不解。還有些同性戀者認為，「進入同直婚是犧牲女性」的說法是一種「過高的道德標準」。此外，值得一提的是，儘管「同妻」問題已經日益引起人們的關注，但是，由於女同性戀者也會瞞著伴侶進入婚姻，而「同夫」問題尚未浮出水面。那些妻子是女同性戀者的丈夫們，他們的生活遭遇、情感世界又是怎樣的？「同妻」與「同夫」存在哪些異同點？這些都是有待深入探討的問題。

四、形式婚姻：「虛鳳假凰」

由於同直婚遭到同性戀社群內部的反對，它本身可能導致一系列難以彌補的心理創傷，並且牽涉到複雜的社會倫理問題，不少同性戀者考慮以「形式婚姻」來應付父母和異性戀社會。但是，形式婚姻也不僅僅是一個「形式」那麼簡單。在中國社會，父母與子女的關係、對子女的期待並不會因一場婚姻戛然而止，兩代人之間仍然會有進一步的互動。形式婚姻關係到雙方情感、財產、下一代等方方面面的問題。一些同性戀者形象地將形式婚姻稱為一場「連續劇」，而且連同性戀者本人也難以預料劇情的發展。因此，做一個好的「演員」很重要。劇中的演員一旦進入角色，恐怕一時難以退出，需要不斷地演下去，因為觀眾（主要是雙方父母）會不斷地提出新的期待和要求，有時甚至會角色串聯、戲裡戲外、真真假假地同台表演。

與同直婚不同的是，形式婚姻沒有傷害無辜者的意圖。婚姻雙方彼此知曉性取向，相互之間甚至還會有各種協議——也可以說是「劇本」。而這個「善意的謊言」的對象則是男女同性戀者雙方並不知情的父母。對許多同性戀者而言，不向父母坦露性身分而假裝進入父母所期待的婚姻，比讓父母知道真相後出現可以預料的各種擔憂與劇烈的家庭衝突要好得多。形式婚姻的適用性也因個人的性格特徵、經濟狀況、家庭背景、婚姻雙方的配合、夫妻在長期生活中出現無法預料的意外事件及其處理方式等因素而存在很大的差異，這方面並沒有統一的模式和定論，而且個人的認知、理解與期待也不盡相同。在實地調查中發現，很多同性戀者對形式婚姻持樂觀和贊同的態度，如：

我二十八歲結的（形）婚，已經五年了，但這五年挺順利的，也很快樂。如果讓我來形容「形婚」的話，那麼它應該叫「一個很美麗的謊言」。為什麼呢？我們中國人有它自己獨特的環境和傳統，我們不是所有的同志都可以選擇出櫃，因為他有自己獨特的情況，或者父母有他們獨特的情況。出櫃應該以不傷害父母的情感或影響跟父母之間的關係、不把事情搞得更僵為前提。我的拉拉女朋友，很T，很爺們兒，比我還爺們兒。（她）是我一個好朋友介紹的，是位醫生。我們倆也是好朋友，在結婚之前，我們倆就有一些接觸，後來協商建立一種好朋友的關係。雖然這是很假的婚姻，但我們用法律或婚姻的關係把我們之間的友誼、我們之間非愛的感情固定下來。我們經常說，這個世界上除了父母之外，可能我們倆是最親的人，因為我們倆就是親人。

關於如何面對雙方父母的問題，其實很簡單，我就把她的父母當成自己的父母、自己的最好朋友的父母，她對我父母也非常孝敬。我現在北京工作，她在秦皇島，我父母身體不大好，她一直在幫助、照顧我父母。她有一個特別相愛的女朋友，她們倆住在一起。在來北京之前我在秦皇島的時候，我自己有一套我們倆的婚房，當時我有男朋友，跟他住在一起。父母可能會經常來查崗，我們倆像小老鼠一樣：噢，父母要來了，趕緊跑到一塊兒去！我們以這樣的方式來面對父母，營造出一種幸福。你說它是演戲也罷，但是還好，沒有太大的破綻。（男同性戀者，懇談會，二〇一〇／十／三十）

考慮形式婚姻的同性戀者通常都是已經有長期、固定的同性伴侶，具備一定的經濟基礎，並且有長期共同生活的打算。結成形婚的雙方，關係、情感是否穩定和牢靠以及經濟自足等是重要的前提條件。正因如此，有形婚打算的同性戀者考慮的問題大多比較具體和實際，如日常生活的開支消費等細節。一些同性戀伴侶會顧慮到由同性戀家長撫養長大的孩子是否在成長經歷中會造成某種「缺失」，是否會與異性戀父母養育的子女有差別等問題。如：

關於孩子的問題，我們正在計畫。但是，為什麼要孩子？這是我們一直很糾結的問題。怎麼要？要來之後怎麼辦？當然我們不會這樣來要（指跟妻子生育），我實在是不行（指與妻子發生性行為），所以我們商量的是可能用人工或第三方的方法要孩子。我們也考慮了很多孩子出生之後的問題，譬如孩子怎樣面對同性戀父母。我們就想，等孩子長大懂事的時候（再去告訴他），當然孩子很小時我們都會愛他；她和她女朋友，我和我男朋友，他（孩子）有四個父母親。當孩子懂事的時候，我會告訴他我們的真實情況，告訴孩子的其中一句話就是：「你像其他孩子一樣，你很幸福；雖然你的父母不相愛，但是你的父母像其他父母一樣更愛你。」所以，我很看好我的這一段連續劇。（男同性戀者，懇談會，二〇一〇／十／三十）

許多研究已經表明，同性戀家庭撫養的孩子在性取向、性別認同、心理健康等方面與異性戀家庭撫養的孩子並無區別（海德、德拉馬特，二〇〇三／二〇〇五：四二八）。形式婚姻的狀況與同性戀者本人非可控制的一些外部因素（如家長對同性戀子女的態度等）以及同性戀者雙方的特質都有很大關係。下面這位男同性戀者與形式婚姻對象從小就「青梅竹馬」，而且雙方父母已經認可他倆的「異性戀關係」，所以他們的形婚比較順暢：

我的成長經歷跟大多數同性戀者不一樣，因為我來自單親家庭，可能從小對我的教育會比較寬鬆一點。在我們家，女孩是當男孩養的，男孩是當女孩養的，所以從小的成長環境不一樣。四年前，當我剛考上大學的時候，我媽媽跟我說過這樣一句話：「如果你要找女朋友，找一個家境好的、能照顧你的女朋友；如果你找男朋友，也記住，找一個對你好的。」我有這樣一個開放的母親，與她相比，我考慮事情有時可能更保守一些。我很幸運，在正式牽手之前，認識的第一個同性戀在「熊」的問題上跟我聊了很多，給了我很多有益的啟發。剛上大學時，我一個同班同學，我們倆住的地方只有十分鐘的距離。她是女同性戀，非常爺們，從我們見面的第一天——我從教室門口走到她旁邊，指著她旁邊的座位問有沒有人坐的那一瞬間，她就確定我是（男同性戀）了，然後跟我各種示好。後來我才知道，這是她（布下）的一個局。因為我是屬於做事大大咧咧、不計後果的人，老是為她擦屁股……但最後，我們倆相互扶持著走到今天。（懇談會，二〇一〇／十／三十）

當然，也有同性戀者對形式婚姻持謹慎，甚至是質疑和反對態度。這些人對形式婚姻更多地感到疲憊與無奈，認為不是萬不得已還是最好不要走這條路，在家庭條件允許的情況下，適時向父母出櫃是最好的選擇。他們明確表示不會考慮形婚，有的同性戀者面對形式婚姻望而卻步，甚至「臨陣退縮」。作為「劇中人」、也是「局中人」，「大錘」對形式婚姻有著非常真切的體驗與感受，他講述了自己的形婚故事：

我們在一塊兒有八年，我找一位拉拉形婚了；而我們家「小錘」已經向家裡出櫃，所以我們倆走的是兩條不同風格的線路。自從二〇〇二年開始，我們在一起，到了二〇〇七年，家裡的壓力就很大，三十歲還不結婚，父母就想盡一切辦法，包括發動所有親友，給我們施加壓力。我就找了一位天津的拉拉朋友結成形婚，到現在已有三年多。「小錘」那邊原先是找了一位特別要好的女性朋友，帶回家裡給媽媽看了一眼，騙她媽說他們準備結婚了。回到北京之後，就跟他們說女朋友出國了，所以一直拖著，拖到去年的時候，實在拖不下去了，他父母那邊也對我們倆的關係有所察覺，「小錘」就順勢跟父母說了。我這邊從形婚到現在三年多，我認為如果有把握覺得父母能理解的話，最好還是別走我這條路。這就像你簽了一份保單，後面沒完沒了的了。你每個月、每一年都要續保，而且不能確定這份保單將來是否能給你保障。

如果能爭取到父母的理解，最好還是跟父母多溝通。如果像我這樣到了三十多歲，非要走形婚這條路，或者覺得形婚可以試一試的話，有幾條建議可以參考一下：第一，年齡太小的不要去想，因為父母的期望值在你三十歲時會達到頂峰，你在這個時候去迎合父母的話，他們的期望值太高，失望會更大，對雙方會造成各種傷害，因為父母這個時候絕對不會讓你湊合著隨便找個伴侶。我覺得要搞形婚也是三十歲以後的事兒；第二，如果自己情感不穩定的話也不要去嘗試，如果你連自己的男友都搞不定，而將兩個沒有感情的人硬扯到一塊兒去演戲的話，這個難度更大。自己的感情都處理不好，就不要想著能處理好形婚這件事兒；第三，如果你真的決定要走這條路的話，一定要簡單、再簡單，把所有的醜話都說在前面。說白了，兩個人就是互為導演與演員之間的關係，不要想著你們之間會有多美好的感情，這個是在你們把所有的關係都處理好之後再表演出來的感情。把所有東西都寫下來吧，要花哪些錢、要做哪些事兒，你的場面要控制到什麼地步，這絕對是一個製片人做的活兒，應當像一個製片一樣把所有可能發現的問題都寫下來。這樣再做導演、再做演員的時候，才能保證你們形婚的過程不出意外。但我覺得，最好還是與父母溝通、獲得他們的理解。

去年我們跟「小錘」的父母說這件事時，「小錘」的父母是挺難過的。我很理解，因為基本上把父母三十多年的願望給破滅了。但是還好，因為我們的感情比較穩定，這樣給了父母另外一種希望，儘管跟他們原來期望的不一樣，但畢竟父母最大的心願是希望自己孩子過得幸福，這是父母的出發點。沒有一個父母會說你結婚了就是我最大的願望，結婚只是他們覺得你通向幸福的一個過程。所以，我們還是跟父母溝通了一下，父母對我們還是很理解，只要我們過得幸福，他們還是可以承受一定的壓力。但事實上呢，他們還是會有些壓力，比如，他們怎麼將這件事跟親戚說出口，他們還是不希望讓太多人知道。但是，各家的情況又不一樣。

最近，我也在考慮怎麼跟自己的父母出櫃，因為這個戲演到這幾集之後，實在不大好續下去了。對父母來說，形婚之後一個重要的人物就要等待出場了，就是什麼時候要孩子。形婚之後，需要一個一個地解決比原來更嚴峻的問題。除非你一開始就明確說只演三年，三年以後打算離婚。要不然，進入形婚之後不是隨便能夠退出的。形婚以後還要考慮拉拉朋友的家庭環境和她那邊的感受。所以，這場連續劇一旦開演之後，你就收不住了，中間會摻插進來很多配角。（「大錘」，懇談會，二〇一〇／十／三十）

「大錘」關於形婚的建議包括「適當的年齡」、「穩定的情感」以及「明確的角色劇本」等，然而這僅僅是形婚的前提，並不能保證形婚的完美。觀眾（尤其是父母）在不斷地期待新的劇情和人物（孩子）出現，接著毫無差錯地真實上演符合觀眾期待的劇目才是關鍵所在。在形婚的這場日常生活的表演中，真真假假已經無法區分，換句話說，日常生活中的表演與舞台上的表演已經不再明確分離。形婚期間，同性戀者在台上台下、戲裡戲外的自我無法脫離作為一個全天候的演員的身分，自我始終處於緊張的臨界狀態，因為他隨時都有可能被孤獨地拋到舞台上進行表演，甚至是客串演出，他需要不停地更換面具。這齣戲劇沒有固定、形式化的劇本和台詞；是戲在演人生，而不是人生在演戲。

形式婚姻具備法律的真實性，它不僅僅是一紙結婚證書，也不是為了應對父母而走過場那麼簡單，它還包含著夫妻雙方實質性的權利和責任。形婚中可能會出現雙方難以預料的情況，如一方重病時期的照料問題，甚至涉及婚姻一方意外死亡後的財產處理等現實問題，這時的形婚會暴露各種問題。就此而言，形式婚姻作為一種偽裝，不能將它看作是中國同性戀群體對主流秩序的反抗，它更多地體現了對傳統家庭／社會秩序的無奈的妥協（丁依然、董晨宇，二〇二一），或者是對異性戀婚姻制度的一種文化適應（富曉星、張可誠，二〇一三）。正是由於各方面的顧慮，很多同性戀者不願意選擇形式婚姻來應付家人和社會，如：

在迫不得已的情況下，我才會考慮形式婚姻。但是：第一，家裡不知道你（結的）是形婚，就會逼著你要孩子；第二，形式婚（姻）開始之後，家裡來人，如何共同生活是個很大的問題。形式婚姻執行起來有很多工作要做，最好還是別考慮。（「海魂」訪談，二〇一〇／九／二）

不是到了迫不得已或者跟父母沒法溝通的地步，還是不要走這條路，因為一個謊言需要一百個謊言來掩飾。這是一個永遠要續保的保單，但這個保單是沒有生意的。你每時每刻要處在演戲的狀態，隨時要能夠進入狀態。這不是一個婚禮這麼簡單，如果只是婚禮的那一個月，就是再頭疼，也都可以忍受過去。但是後面年復一年、沒有盡頭的謊言，那才是對兩個人最大的折磨。（「大錘」，懇談會，二〇一〇／十／三十）

家裡逼你結婚不是目的，目的是要孩子，結婚是解決了燃眉之急，但是下一步逼你要孩子，怎麼解決？這是很多人事先沒有考慮過的。前不久，有位女同跟我來信，她和女朋友與另外兩男同六年前結成形式婚姻，而且生了孩子。現在孩子已經六歲，看出問題了，問「為什麼我爸爸怎麼老是跟一男的在一起，媽媽老是跟一女的在一起？」所以，孩子老是問他們，他們不知道怎麼回答。形婚能夠維持幾年以上的非常少，因為它是一個謊言，一開始就有四個人知道，四個人在各自的圈子裡告訴自己最親密的閨蜜，一下子就十幾個人知道了。這時，就很難維持這個（謊言）。更重要的是，形婚的協議是無法強制履行的。很多人現在簽合同，比如說，保證我媽媽來北京看我時，妳必須來給我扮演妻子。但如果她不來，怎麼辦？你能去法院告她嗎？有一對男同跟女同結婚後一個星期，男的被車撞了，在病房裡搶救的時候，他父母就說，「你老婆怎麼不在？」（其實）他老婆平時根本就不跟他聯繫。

（「星星」，同志中心分享會，二〇一〇／十／十六）

「陸姨」根據她對周圍的同性戀圈子的接觸，也認為結成形婚要慎重考慮：

我接觸的孩子裡邊，有好幾對結成了形婚，每個人的經驗當然不同。有一些很幸運，他們的父母年齡已經很大，也不會繼續去追究這件事情，所以可能就這樣應付過去了。有的可能離婚、出國了，但接下來父母還會要求再結婚。有一個軍人今年結婚，他父母非常重視這件事，結果在三個城市一共辦了上百桌酒席，他父母覺得不辦的話挺虧的，過去送給別人很多錢（禮金），他們想藉這個婚禮收回來。特別不巧，這個男孩子剛得病了，腸道膿腫，他父母對媳婦很不滿意，因為她總不陪在兒子身邊。那個男孩子是在北京的部隊，回到唐山去療養，剛開始還可以解釋——女孩子工作在北京，但是後邊接著「五一」、「國慶」等假期也不過去照顧，這就說不過去了，現在真的快藏不住了！所以我覺得，形婚不能只看到順利的一面，也要看到這些意外的事情。（「陸姨」，懇談會，二〇一〇／十／三十）

對一些已經知道自己子女是同性戀者的父母而言，他們對形式婚姻的看法也不盡相同。如果父母更多的是從自己子女的角度出發想問題，他們會反對形式婚姻。如：

不願意。想讓他幸福才讓他找個男友。（王媽媽，懇談會，二〇一〇／十／三十）

我們倒是考慮過這個問題，還是別找這個麻煩，不僅給自己找麻煩，也給人家女孩找麻煩。（父親李某，懇談會，二〇一〇／十／三十）

同性戀親友會會長吳幼堅女士也不支持形式婚姻，她更多地是從愛情與社會關係的角度來看待這一問題：

形婚是「權宜之計、無奈之舉」，我從來不提倡、不撮合。我覺得人生本來不是很容易，就算你是異性戀，想要找個相愛的人一起過下去也有很多困難和矛盾，更何況你是同性戀，要找到相愛的人好好地愛已經很困難，幹麼還自討苦吃找一個跟你毫無關係的人？不僅把她扯進來，還要把她的父母、祖父母這一輩這麼多人都扯到一起，弄得一團亂麻？可能還沒來得及把喜事的歡樂分享完，就已經遇到很多麻煩了。（吳幼堅，懇談會，二〇一〇／十／三十）

但是如果父母從社會形象、家庭和個人的面子等角度考慮問題，他們會傾向於贊成形式婚姻。有些家長甚至主動幫助兒子在同性戀網站上尋找合適的形式婚姻對象。

同性戀者採取形式婚姻的背後有著更多的文化含義。儒家文化注重「孝」道，它是維持社會安定的手段，孝的解釋是「無違」，就是承認長老權威。長老代表傳統，遵守傳統也就可以無違於父之教。在這種關係裡，「反對」是不允許發生的，除非在文化傳遞失效的情況下（費孝通，一九四七／二〇〇七）。費孝通認為，在一個急劇變遷的社會中，「名」與「實」之間的分離表現得尤為明顯：

在長老權力下，傳統的形式是不准反對的，但是只要表面上承認這種形式，內容卻可以經注釋而改變。結果不免是口是心非。在中國舊式家庭中生長的人都明白家長的意志怎樣在表面的無違下，事實上被歪曲的。虛偽在這種情境中不但是無可避免而且是必需的。對不能反對而又不切實用的教條或命令只有加以歪曲，只留一個面子。面子就是表面的無違。（費孝通，一九四七／二〇〇七：七四）

形式婚姻正是體現了這種「名」與「實」的分離，「無違」地恪守孝道。形式婚姻頗具中國特色，從家庭世系關係的角度來看，中國婚姻很注重形式的要求。子女的婚姻通常是奉父母之命，其目的在於進入家族世系，藉由香火的傳承獲取社會地位，在這種婚姻關係中，愛情與性並非最重要的因素。在一些極端的例子中，比如「冥婚」與「嫁神主牌」，死者亦可以結婚，中國婚姻對形式的要求可以是純粹得只剩下儀式（陳其南，一九九〇）。在一個講究人情、面子的社會裡，它是形式理性和實質理性之調合的產物。在這種情境下，形式主義與人情關係又是另一個讓人感興趣的話題。

第七章

家庭出櫃的兩難困境

父母在，不遠遊。

——《論語・里仁》

不孝有三，無後為大。

——《孟子・離婁上》

無父何怙？無母何恃？

——《詩經・小雅》

夫孝，德之本也，教之所由生也。

——《孝經》

同性戀者的生命歷程中通常會面臨四種抉擇：「坦承」，即承認自己對同性存在慾望；「行動」，即決定是否按這種慾望行事；「述說」，即是否向他人承認自己是同性戀者；「生活」，即是否過一種酷兒的生活（Vaid, 1995: 30）。在這四個抉擇中，「述說」即是「出櫃」，同性戀者是否願意「述說」自己的性身分，涉及他人對同性戀的態度以及整個社會對同性戀的接受度。向家人「述說」，即「家庭出櫃」，是同性戀者在完成自我認同後需要直面的問題，向父母「出櫃」之艱難，令許多同性戀者望而卻步。

同性戀者通常傾向於「認同而不出櫃」，而父母對同性戀子女的態度則是「承認而不接受」。在東亞文化圈中，家庭幾乎無處不在，且無法逃避。尤其在中國社會，一個人最基本的身分屬性來自其家庭－親屬系統，而不是性愛對象的選擇（Chou, 2001: 28）。家庭出櫃的結果往往是父母拒絕接受同性戀子女的新身分，導致原本幸福、祥和的家庭從此支離破碎，造成兩代人之間的隔閡、冷漠甚至以死相逼，這正是同性戀者認同而不「出櫃」的原因所在。在這種情況下，許多同性戀者寧可選擇一輩子躲在「櫥櫃」裡，也不願意向家庭「出櫃」。家庭出櫃不僅是同性戀子女個人的「私事」，而是「家事」。對父母來說，同性戀子女的現身是前所未有的觀念衝擊，它無情地擊碎了父母一生的期盼與願望，它意味著父母從此需要被迫轉變自己的家庭角色，他們可能將不會成為（外）祖父／母，可能會面對親朋好友的質疑，可能會遭遇社會污名等。在這種情況下，面對子女出櫃，父母反而會在他人面前竭力掩飾子女的同性戀身分，即「子女出櫃、父母入櫃」，它表達了家庭出櫃導致兩代人之間的兩難困境。社會偏見、政治意識形態和道德態度等因素在不同程度上決定了父母對同性戀子女家庭出櫃的態度。

然而，倘若同性戀者要想爭取社會的寬容與理解、消除社會歧視、爭取更多的平等權益，尤其是確立同性婚姻等，都需要爭取家庭的理解、認同與接納。家庭出櫃對年輕的同性戀者非常重要，因為他們生活中最主要的反對可能來自於家庭。此外，家庭接納也是同性戀者獲得自身合法身分的重要來源，中國的同性戀者不僅渴望「文化公民身分」，同時也渴望歸屬感，而這在很大程度上取決於他們能否與家庭、社會和諧地共處。由此，家庭出櫃的意義也更加凸顯出來。出櫃的意義已經遠遠超出個人範疇，具有重要的政治含義。

一、家庭出櫃的條件

「社會出櫃」通常以較融洽的生活、工作氛圍作為前提條件，因為在家庭場域之外表明自己的同性戀身分不是必須的，沒有確定的把握就沒有必要走這一步，所以選擇社會出櫃的同性戀者往往有信心能夠被他人認可與接納。當然，在選擇社會出櫃之前，也需要某種「鋪墊」，它對人們接受新身分起到緩衝的作用；或者對周圍的氛圍有良好的預判。不少同性戀者與周圍的人達成一種「不問、不說」的默契，自我認同良好的同性戀者將自己的性身分當成一種隱私來處理，大家彼此相安無事。但是，如果身邊的人一定要得到「親口承認」，或打破砂鍋問到底，那麼這些同性戀者也往往藉機「順勢出櫃」，將原本隱晦、模糊的身分正式浮出水面。如：

> 我是做媒體行業的，之前在報紙和雜誌社都工作過。媒體行業並不是都很開放，有些地方是道德很保守的；而有些地方表面上道德很保守，不可以談論這些東西，純情得要命，可是私下裡也談論些「男盜女娼」的事……有一天，我在家裡接到主編的電話，說「妳最近到底在幹麼？聽說妳在談戀愛？」我說「對啊！」她說「到底是誰啊？」我說「妳又不認識的」。她又問：「那是男的還是女的？」我就說「是女的」。然後，她就很鎮定地說「好！」就把電話掛了。然後，她立刻給雜誌社其他同事打電話，說「『Ada』真的是同性

戀啊！」……（大笑）我覺得特別好。我當時出櫃之後，另外一位同事——他是gay——也出櫃了。我覺得（這氣氛）特別開放，這種開放的氛圍會有帶動（作用）……以前是偷偷摸摸地私下裡議論，當然現在她們也不會當面說，但所有人的心態就變得很好。後來有個同事換了工作，說「都是異性戀的辦公室，真不好玩啊！」（「Ada」，北京同志中心，二〇一〇／七／四）

我在大學裡也不知道自己公開到什麼程度，我不會刻意去公開性取向，但我本身不是帶著排斥（公開身分）的態度。在我看來，它跟異性戀是否有男朋友一樣，所以對於「我是不是同性戀」、「有沒有女朋友」之類的問題，我是把它當成隱私來處理的。（「Daisy」，北京同志中心，二〇一〇／七／四）

相比較之下，「家庭出櫃」沒有「社會出櫃」那樣輕鬆，對許多同性戀者來說，這是個沉重的話題。尤其在一些價值觀念很傳統而父母對子女又有很高期待的家庭，青年男同性戀者更不大可能向父母表明同性戀身分。與中國傳統社會受同性性吸引的人相比，在戀愛文化大眾化和婚姻關係浪漫化的今天，同性戀者正處於更為艱難的時期。由於二十世紀戀愛關係的提倡和普及，婚姻成為對（性）愉悅的個人追求。人們不再僅為取悅雙方的父母而結婚，同時也為了情侶間的情感和性。「戀愛中的他（她）必須表現得情意綿綿、激情奔放、富有魅力、性感風騷、嫵媚動人，甚至充滿妒忌。戀愛文化的出現對中國同性戀群體造成很大的痛苦，因為他們從此必須假裝受異性的吸引。因此，婚姻成為同性戀者最具有壓制性和令人折磨的制度」（Chou, 2001: 31）。受傳統文化的薰陶，一些舊有的觀念在很多父母的腦海裡仍然根深蒂固，傳統倫理本位的文化系統集中表現為以「孝」為核心的一整套禮制。《孝經》曰：「孝，始於事親，中於事君，終於立身。」與職業倫理、知識本位的文化系統有所不同的是，儒家那種「道之以德、齊之以禮」的倫理政治，「必也使無訟乎」的美好人治理想，「父為子隱，子為父隱，直在其中」的濃厚人情味，堪稱世界上最完善、最成功的倫理系統（轉引自甘陽，一九八六／二〇〇六）。受傳統文化潛移默化的浸淫，父母與子女都內化了這種孝道和禮儀，使它成為不可置疑的道德與倫理關係。

在一個「百善孝為先」的社會裡，泛孝主義有助於維護家族內外的權威結構，這便是傳統社會為什麼當家者要提倡「以孝治家」，當政者要提倡「以孝治國」（楊國樞，一九八八：四二）。同性戀子女對家庭出櫃的擔憂主要是認為自己不孝，愧對父母。中國人的家族主義強調家族的延續、和諧、團結、富足及榮譽等。在家族主義取向下，「人們生活圈內的運作一切以家族為重，以個人為輕；以家族為主，個人為從；以家族為先，以個人為後」，楊國樞（一九九三）將這種集體主義稱作「家族集體主義」。他認為中國人的社會取向具有家族取向、關係取向、權威取向、他人取向等特徵。家族團體、人際關係（角色關係）、社會權威及一般他人四者，構成中國人生活圈中的主要社會環境與網絡，社會取向就是個人融入這種社會環境或網絡，從而整合成一整套社會生活的適應方式。這種社會取向是數千年來傳統中國農業社會的產物。

另一方面，從儒家關係主義的角度來看，華人自我觀的最為獨特之處在於：它在「社會我」的層面中進一步分化出「關係我」。儒家文化所界定的自我，不是如西方社會裡那樣的「獨立自我」，而是一種「互依自我」，它以社會角色與關係網絡來定義個體的自我觀念。西方的「自足式個人主義」是以個人身體實體來劃分人己之界限；而在東方的「包容式個人主義」中，個人的「身體我」雖然是獨立的，「社會我」卻鑲嵌在一定的社會關係網絡中，而且「社會我」的邊界會隨著所參與的社會事件的性質不同而發生變化。因此，作為個人的「身體我」，華人稱之為「小我」，「社會我」稱為「大我」；在儒家思想中，分別被稱為「小體」和「大體」（黃光國，二〇〇八）。

這種家族取向的互動特徵與關係中決定自我的文化特徵也決定了同性戀子女與父母之間的互動關係。父母對同性戀子女「出櫃」的消極反應將對同性戀子女的生活產生極大影響，尤其是那些年少的同性戀者，因為他們大多尚未完全脫離家庭、沒有經濟獨立能力、自我認同不堅定、伴侶不固定、缺乏來自同伴群體的支持等。對他們而言，父母與家庭意味著生活的全部和生命的依託。在這種情況下出櫃，如果父母的反應越劇烈，那麼對同性戀子女的精神和肉體的傷害會越大。西方的一些研究表明，與父母和家庭關係親密的青少年同性戀者出櫃的年齡相對較早，並且有著積極的自我身分認同。在中國社會，極少有父母對同性戀子女的第一次出櫃抱著認可，甚至「慶祝」的態度。由於絕大多數中國家庭的子女在結婚前都跟父母住在同一個屋簷下，加上缺乏對隱私權的充分尊重，所以子女一有異常舉動，難免被父母察覺。正因如此，很多同性戀者是被動出櫃的。如：

剛開始的時候，我母親大概知道一些。因為她在我不知道的情況下，會偷看我的QQ聊天紀錄。後來，（男）朋友跟我鬧彆扭之後，他就告訴我媽了。（男同性戀者，北京同志中心）

由於家庭的不接受，使同性戀者與父母之間造成極大的隔閡，這時真相的揭露往往帶來更嚴重的傷害。如：

我是十六、七歲的時候，沒辦法了就跟父母說了。剛開始（父母）不同意，因此我自殺過三次，都是吃藥，因為想不開，覺得世上任何事情（指感情）都沒有真的，都是假的。我在安定醫院看了一年的病，當時抑鬱得特別厲害，包括強迫症。今年四月份，我精神分裂，出現幻覺，主要是幻聽和幻視。（男同性戀者王某，懇談會，二〇一〇／十／三十）

我跟我媽出櫃已經有九年了，說的時候挺衝動的。說完之後，我媽情緒很激動，痛哭流淚，我也不知道該怎麼辦，就看著她哭。當時她可能覺得我年紀小，比較內向，也沒什麼朋友，因此跟某個男生關係比較好，可能以為我（對同性戀）只是一種誤解吧！但是，她最近逐漸意識到事情不是這樣，覺得我真的是一個同志。我是十八歲時知道自己是這樣的，在這個圈子裡，到現在也快十年了。在這期間，我有一位處得比較長久的朋友，我們倆在一起大概有六年，因為之前發生了些事情，這段感情暫時算是告一段落了。剛與朋友在一起時，他家裡是不知情的，我母親知道，但也屬於不贊成的那一類，總是會有阻擋我的舉動。因為我在外地，我媽在老家，我們平時很少聯繫，通常是我媽給我打電話，也不知道該說些什麼。一度有點小抑鬱，曾經有輕生的念頭。（男同性戀者張某，懇談會，二〇一〇／十／三十）

昨天吃飯時，我再次跟我爸確認了我的同志身分，但我爸現在還是保持沉默，一句話都不說，滿臉的陰鬱。（同性戀者張某，懇談會，二〇一〇／十／三十一）

很多父母接受子女的同性戀身分是出於被迫無奈，畢竟做父母的心裡是愛著自己的孩子，他們固然不願意自己的子女是同性戀者，但也更不願意看到自己的孩子如此遭受生理和心理的折磨與煎熬。

對於那些進入同直婚的同性戀者，家庭出櫃更為複雜，因為它牽涉到更多的人，包括他與配偶各自的原生家庭，甚至同性伴侶的家庭。如果夫妻雙方已有孩子，可能對孩子將來的生活帶來不可避免的負面影響。因此，已婚同性戀者牽涉到的問題更多，家庭出櫃引起的震盪也更大。例如這位已婚男同性戀者的敘述：

對我來說，今年類似於發生了一場「唐山大地震」，為什麼這麼說？因為今年，一方面我向父母出櫃了；另一方面，我選擇離婚。當年，我和我老婆應該說是因相愛而結婚的，兩年之後，我上網才發現以前埋藏在心裡的才是真實的自己。從二〇〇三年到今年，在這漫長的七年裡，我老婆和我一起經歷過很多事情，最後我還是決定離婚，我說「希望妳能找到真正的幸福」。當時的情況很複雜，我岳父岳母、還有我父母也在北京，衝突非常激烈，那幾天真的就是一場地震……真的不想我媽為我這麼傷心，她一直覺得我是挺聽話的孩子。在她眼裡，我從小到大都是挺優秀的，她說「真沒想到，你會隱藏著這麼大一個祕密」。我不想再繼續拖她（指妻子），已經拖了七年。對一個女人來說拖了七年，我真是缺德！幸好我們沒有要小孩，事情解決起來比較簡單。（男同性戀者，懇談會，二〇一〇／十／三十）

同性戀者除了要面對自己親生父母對出櫃的劇烈反應之外，如果一對同性戀伴侶長期生活在一起，還會遭遇伴侶一方父母的反對。此時，同性戀者不僅需要面對自己的家庭出櫃問題，還需要考慮如何向同性伴侶的父母出櫃的問題。不少父母對同性戀者有很深的誤解，父母們大多站在自己孩子的一邊，認為同性戀者是後天生活環境和同輩群體的原因導致的，是對方「引誘」、「帶壞」了自己的孩子，因而對自己孩子的同性朋友大張撻伐，毫不手／口軟，如：

她媽媽特別不能接受，還要拿刀來砍我。她媽媽覺得是我把她帶壞的，還經常給我打電話、罵我。（「貝貝」，北京同志中心，二〇一二／二／十九）

四年以前，他（指伴侶）的母親是非常認可我的。因為他母親認為我是個非常優秀的孩子，經常要我男朋友向我學習，她經常會說「你看人家怎麼怎麼樣」。我去他們家，他母親經常做鴨子給我們吃。我當時覺得應該努力表現，如果能得到他母親的認可，那麼將來她知道我們的事情，一切應該會比較順利吧！但事實並非如此，一直到現在，他母親都不能接受，包括我的母親也都不能接受。目前來講，一起走過七年，最大的遺憾就是我們雙方的父母都還不接受。我的父母可能稍微寬容一些，是中度接受，他的母親是極度不接受。我經常收到他母親發來的短信和打來的電話，有咒罵、有哀求，我經常都是一直聽，也不掛電話。因為我想起與他母親之前相處的一些經歷，我對他母親恨不起來，無論她對我怎樣，我都恨不起來，我覺得她的一切反應都是人之常情。但非常遺憾的是，她到現在還不能接受。在那之後，我只見過她母親兩次面，一次見面是她哀求我，另一次見面是她咒罵我。因為他母親現在也在北京，所以我們倆只能週末見一見面，他母親對他看管得非常嚴。

但我們依然堅持下來，相信時間能夠改變他母親，因為我們相處七年已經改變了我母親的態度。我母親在談到這個問題的時候，其實她很驚訝我們在一起竟然能夠有七年。但我母親跟我在一起說到這個事情時，就會泣不成聲，我也沒有辦法，只能看著她哭。但是哭完之後，我們倆又會很好。就是這樣，她每次提到這個問題的時候就會哭。最終我們都沒有尋求一個完全說服對方或者解決的答案，就那樣放著吧！我覺得時間可以解決一切。（「默然」，懇談會，二〇一〇／十／三十）

僅僅因為性身分的不同，「默然」在他同性伴侶的母親眼裡從一個讚賞、施愛的對象，從一個「優秀的孩子」驟然成為咒罵的對象。儘管性僅僅是每個個體特質的一部分而已，但它卻足以讓一個人的其他品質黯然失色。

在一個以他人和關係為取向的社會裡，父母將子女的同性戀身分也看作自我身分的一部分，甚至在某種程度上與自己的子女共享「同性戀」身分。在家庭出櫃的過程中，父母與同性戀子女曾經歷過的一樣，他們對同性戀的認知與接受也需要一個漸進的、緩衝的過程。因此，家庭出櫃的方法也要得當，不能毫無預示地貿然出櫃，讓父母措手不及。在家庭出櫃的諸多複雜因素中，年齡是一個重要的考量。一些有過經歷的同性戀者認為家庭出櫃越早越好，對父母是越拖越僵，因為隨著子女年齡的增長，父母的期待也在不斷地增強，到最後往往發現已無路可退。例如一位男同性戀者講述道：

我今年已經二十九歲，如果能夠及早地跟父母坦白這個事情，我相信無論多早，也總比我現在這個時候好。到我這個年齡時，實在太難、太難了！首先父母非常難以理解你心裡到底是怎麼想的；另外，年輕一點，父母承受打擊的能力也強一些。二〇〇七年的時候，我母親得了腦梗塞，後來我一直覺得這將會是我的一個心病，每每當我想談這個事情的時候，我總是想，要是我媽接受不了這個現實怎麼辦？我把這個事情拖了太久了，我知道自己是gay已經有十年，我們倆在一起已經有八年。現在我都快三十了，再去向家裡提這件事情時，突然間發現太難了！（懇談會，二〇一〇／十／三十）

作為父母，他們也認為家庭出櫃要有一個恰當的時機。如果年齡太小，一方面，子女很難有成熟的心理；另一方面，家長也可能不大當真，以為只是孩子不成熟的想法，等子女長大後會慢慢改變。如果年齡太大，在子女一方，由於婚齡的逼近而缺乏充分回旋的餘地，而在父母一方，則也因年齡大了心理承受能力更弱，這些都容易導致出櫃後的不良效果。如一位男同性戀者的母親講道：

我兒子告訴我的時候（出櫃）是二十四歲。我覺得那個時候告訴我是最佳時段，那是結婚的年齡，「男大當婚、女大當嫁」，那時候告訴我是最好的。兒子小的時候，我的承受力也強，現在我五十多歲，要是六十多、七十多歲，歲數大了更承受不了。（懇談會，二〇一〇／十／三十）

作為同性戀者的母親，吳幼堅也持類似的看法：

出櫃越往後越被動，父母一直完全把你當成一個異性戀來給你設計（未來），越關心你、愛護你，她的過問就越細，而她問的是你最不想答的。結果，很多孩子寧願離開父母去外地工作，怕打電話，最後越來越怕回家。本來，父母老了，更應該回報他們的恩情，結果跟你的內心願望完全相反。到迫不得已被動出櫃，造成的傷害更大。（懇談會，二〇一〇／十／三十）

在有些情況下，同性戀者的出櫃甚至成為一種責任，他們試圖真誠、坦然地面對自己的父母。世事難料，父母可能因意外不幸過世，這些老人們直至臨終都不知道自己的子女是同性戀者，還念念不忘他們的婚姻大事。這時，同性戀者心中的隱祕成為永遠的負擔和愧疚，如：

他們都三十多、快四十歲的人了，說實話，父母已經不逼婚了，但他們還是出櫃了。為什麼？出櫃之後，你和父母的關係一下子都變了，本來很多事情在捉迷藏，這時你會有一種如釋重負的感覺。阿強就是沒有跟他母親出櫃，後來他母親去世了。在他母親臨去世時，還跟他姊姊講，說這輩子心裡邊最牽掛的還是阿強的婚姻問題。阿強說，要是知道現在這樣的結果，就應該向母親出櫃；現在陰陽兩隔，母親與兒子再也無法坦誠地在一起了。（「陸姨」，北京同志中心，二〇一二／二／十九）

家庭出櫃之艱難在整個華人文化圈內都是如此，我們可以感受到傳統文化的強大塑造力，它不因時空而改變。如一位美籍華裔的男同性戀者在家庭出櫃後，他母親「哭了幾個月時間，甚至去找算命先生」。而這位算命先生告訴她：「不要緊的，他只是走錯了一條路，三年之內就會改變。」具有反諷意味的是，這位男同性戀者「三年之後（一起相處的）還是同一個男朋友」（懇談會，二〇一〇／十／三十）。

儘管有些研究指出，男同性戀者的出櫃模式與女同性戀者存在一定差別，但在家庭出櫃的問題上，男女同性戀者面臨的遭遇很類似。相比之下，家庭對女同性戀者的接納程度要比男同性戀者高，父母的反應也略微溫和些。不管是異性戀男性還是女性，都不大傾向於認為女同性戀者會對傳統的性別角色構成明顯的、直接的挑戰與威脅（Kite & Whitley, 2000: 54）。由於社會對女性性別的文化定義比較有彈性，所以女性如果違反了一般的性別角色，較容易被社會接受。在這種社會環境下，女同性戀者因身分認同帶來的困惑、認知紊亂、家庭衝突以及導致的各種極端行為也相對少些。然而，這樣的結論在總體上或許大致如此，但是並不能具體到每一個個體，父母對同性戀子女出櫃的反應受諸多因素影響。下面這位來自單親家庭的女同性戀者這樣敘述：

我自己是P，以前認識過幾個（T）。我今年二十八歲，十九歲出櫃，那時是在很被動的情況下出櫃的。當時年紀很小，認識了第一個女朋友，在很衝動的情況下跟家裡說了。當時家裡炸了鍋的感覺，完全無法接受，帶我去看心理醫生，要求每天放學準點回家，週末不許出去等。我跟第一個朋友在一起四年，四年之後因為感情不大好分手，到現在有十多年的時間，我媽就是一直無法接受這個事情。再加上前一段時間，她由佛教改信基督教，更加無法接受這種事情。她對這個事情完全閉口不談，覺得它是完全錯誤的、違背自然的，完全沒法去跟她解釋。現在，家裡已經到了無法溝通的地步，關係非常僵。我從小就單親，媽媽再婚，之後繼父又去世，現在只有我跟媽媽兩個人。其實那麼大歲數了，兩個人過日子也沒什麼，完全可以很好地在一起，但就是解不開這個疙瘩。現在她對我態度就是「我不去干涉妳，妳也不要來干涉我；妳過妳的，我過我的」。（女同性戀者／P，懇談會，二〇一〇／十／三十）

這裡出現了許多容易導致家庭出櫃產生負面效應的因素，如年齡相對較小、家庭依賴感強（十九歲出櫃）、經濟尚未獨立、缺乏鋪墊的情況下貿然出櫃（「在很衝動的情況下」）、家長對同性戀的認知水平低下（「帶我去看心理醫生」）、與同性伴侶情感不穩定、宗教因素（母親「由佛教改信基督教」，認為同性戀是「完全錯誤、違背自然的」）、單親媽媽（孤獨無助，更希望有後代）等，以至於最終母女倆根本無法溝通，隔閡得如同陌生人。在這種情況下，她的同性伴侶選擇了不向家裡出櫃：

> 我現在的情況是還沒跟家裡說，我也是單親家庭，母親不知道我的事情。所以，我把朋友帶回家是以同學的身分，相處很融洽。因為我朋友那邊現在已經很亂了，我再去跟我媽說這事的話，情況會更糟。先把她那邊解決了之後，再解決我這邊吧！（女同性戀者／T，懇談會，二〇一〇／十／三十）

同樣是離異家庭，如果出櫃的對象不是生身父親，情況似乎又不一樣。同時，家中的兄弟姊妹可以成為家庭出櫃的調解器。「陸姨」向我們轉述了「碩」家庭出櫃的情況。但是「碩」（十九歲）的情況又較複雜，因為他的繼父同時又是基督徒，所以這裡恐怕難以明辨宗教因素與非親生父親對不同出櫃反應的影響。

實際上他的父母我都接觸過。他的出櫃過程是那樣的……（他父親）本身是繼父，但待他非常好，他跟繼父之間無話不談。他跟母親之間反而會有一些隔膜，因為他母親的性格很倔強。他的父母之間經常發生一些爭執和吵架，他認為自己的問題能夠壓過他們吵架的那些事因，有一次他說：「你們還吵吶！我都要死了，你們知道嗎？」、「我自己在出櫃、自我認同方面已經夠痛苦了！」就這樣，他把自己內心的痛苦全講出來了。在這種狀況下，父母的矛盾反而平息了。他的繼父是一個通情達理、非常明事理的人，他曾經很客觀地說：「也許是因為不是我親生的兒子，所以我的情緒不是那麼激動。」而母親覺得孩子年齡不大，將來有可能改變，因此就是不談這個事兒，讓他以學業為重。（「陸姨」，北京同志中心，二〇一二／二／十九）

某些宗教機構對同性戀明確抱有敵意。Andrew 和他母親都是基督徒，他母親對兒子被動出櫃（由教會學校洩密）的反應和其他無宗教信仰者相類似：第一反應是自責，認為是自己和家庭原因（父母離異、兒童期缺乏愛）導致兒子成為同性戀者。與很多其他母親一樣，Andrew 的母親直接無視和回避兒子的性取向，要求他結婚生子。Andrew 的敘述如下：

我四、五歲的時候父母離異，在小學、初中和高中都沒有想過自己是同志這方面的事情，而是一心一意讀書。進入大學之後，才覺得自己應該會喜歡男的。但在上小學時，我也喜歡過女孩，喜歡我們班長。我是一九八六年（生）的，二〇〇八年時出櫃，跟許多人一樣，也是被迫出櫃。我是基督徒，母親也是。我是怎麼讓母親知道（性取向）的呢？因為母親讓我去溫州一個教會學校讀神學，剛進這個學校沒多久，我感覺作為一個同志，內心滿壓抑的，特別痛苦，沒有人能夠理解，也沒有朋友。跟其他人一起聚會、閒聊，他們會說：「我們都找女朋友了，你為什麼不找啊？」有時候，跟他們沒有話可以聊。當時我想，教會裡的都是兄弟姊妹，跟他們講（自己的性取向）可能會得到幫助，所以就把我的事跟他們講了。但他們聽了之後，覺得挺驚訝的，說你長得挺陽光的，怎麼會是那樣的人？沒過多久，他們就把我的事情跟教會學校的老師講了。老師知道這個事情之後，覺得我不能繼續留在學校讀書。他們讓母親把我接回去。這正是二〇〇八年，我在家裡很痛苦的一段時間，半年多時間都沒有出去過。我也不知道他們怎麼想的，首先他們覺得這（同性戀）是不可接受的；然後，他們覺得這個事情在學校裡面（影響）很不好。在我回來的半年多時間裡，他們再也沒有理我，完全斷絕了聯繫。（「Andrew」，北京同志中心，二〇一二／二／十九）

上面講述的案例大多是男同性戀者的家庭出櫃故事，而且父母的反應以消極為主。相比較而言，女同性戀者「Carole」的家庭出櫃則沒有那麼多的糾葛與波瀾：

我跟「濛濛」一起生活差不多快十年了，我們倆都沒有跟男的結婚，所以我們沒有害（異性戀）男人（笑）。以前，我媽媽老是想讓我結婚，覺得自古以來女人是要跟男人結婚的，沒有別的理由。我說，其實（與男人結婚）也未必會很幸福啊，那個時候我還沒有出櫃，跟她講了很多之後，她說「道理倒是有，我跟妳爸在家裡也有很多衝突、吵架」，但最後她還是說「妳應該結婚」。後來我父母過世，跟「濛濛」在一塊兒時，她有父親、也有繼母。

是她父親幫助我們出櫃的。有一次，我們一起在去裝電腦的路上，他就問「濛濛」，「你們倆就打算這樣一直過下去嗎？」這個話題就一下子展開了。當然，一般首先考慮的都是「老了怎麼辦」之類的問題，「濛濛」是很堅定的，她講了自己的想法，就是想一起過下去。我覺得她爸爸實在是太了不起了！因為我的家鄉在貴州，「濛濛」她們家也是在一個小縣城裡，她爸爸依然是那樣對待我，之前怎樣，之後依然還是怎樣。甚至她的繼母還問過我們想不想領養小孩，如果想的話去領養一個來，他們可以幫忙照顧。我們沒打算要小孩，也沒打算要結婚，但是我們有一些乾女兒。只有「濛濛」的姊姊像受了很大刺激一樣，又哭又鬧，發短信給「濛濛」，指責她，最後又拒絕溝通。

我們家雖然父母不在了，但是七大姑八大姨特別多，是一個很大的家族。有一次，幾個七十多歲的老人來到我家，他們從四川來貴州探親，之前也問過我們是不是想結婚之類的話題。有一天，我們給他們放了片子，這也是一種方法，有些機會其實是可以幫你出櫃的。

以前，有一檔名人談話節目曾經採訪過我和「濛濛」，我們家的親戚知道有個電視節目採訪我，但不知道具體內容，說看的時候已經結束了，所以這次我們就給他們補看一下。他們看了以後，我也覺得很意外，居然都鼓掌。這裡面有五位老人，其中有一位哭了，我特別想知道這一位親人為什麼哭，就問她「妳為什麼聊著聊著就哭起來了？」她說，其實妳們倆在一起挺好的，但是妳沒有體驗過男女的那種快樂。她覺得最心疼的是這點，妳一生有那麼多荷爾蒙，卻沒有體驗過那樣的快樂。這可能是因為她不了解同志生活。我想以後找個機會跟她解釋一下，因為那次有點不好意思，七十多歲的人了，我們家以前從不談這種話題。（懇談會，二〇一〇／十／三十）

這種較為溫和的出櫃反應與一系列條件有關，如女同性戀者「Carole」的生活相對獨立，而且是小有名氣的藝術家；向家人逐步透露性身分；不直接口頭表白自己的同性戀身分，而是通過行為本身去表露，這樣相當於給親人以時間去自我反思，然後讓他們主動說出口。同性戀者本人在自我認同的過程中需要許多時間、經歷許多曲折，作為父母也同樣是如此。

男同性戀者面對自己的父母可能更難以啟齒，這不僅是因為父母對兒子有更強烈的傳宗接代的期待，而且一些父母容易將「同性戀」與「雞姦罪」的污名相聯繫，以為兒子下流、品德敗壞，或者覺得兒子被別人「插入」而自感羞恥。但是，男同性戀者如果在出櫃過程中拿捏得當，也可以得到父母的理解與接納。

我家比較特殊，也是單親家庭，母親在我上大三時去世，當時心裡特別痛苦，現在我爸已經七十好幾了，我本人也是七〇年代生的人，所以現在年齡也擺在這兒。我對家裡也出櫃了，先跟我三姊說了，她年齡跟我差不多，後來她跟二姊、大姊都說了。我家在我和三個姊之前生過三個男孩，但這三個男孩因為各種原因都沒有存活下來，所以我在家裡跟寶貝一樣，他們對我的婚姻也很重視。

去年春節回家，我找了個合適的機會，關上門窗，給家裡人放了大連孫爸爸和吳媽媽的（探討同性戀子女問題）視頻。放映完之後，我跟他們說了自己初始的一段經歷。我這人比較開朗，也喜歡運動，從小在他們看來我不會是那方面的人。我大姊當場就說，「哎呀，你怎麼會是這樣的人呢？是不是咱家的風水不好啊？」或者「娘生你的時候，是不是吃錯什麼藥呀？」她們就這樣想。後來通過視頻和我的解釋，她們慢慢覺得這是有先天性因素在裡面——在上小學三年級時，我還偷偷喜歡上了班主任。一開始家裡人不理解，有一次春節回家前，大姊跟我說，「你要是回來的話，找一個你喜歡的男朋友，帶回來給我們看看，合適的話，家裡人沒意見。要是有孩子的話，如果你們帶著不方便，我可以幫你們養。」（懇談會，二〇一〇／十／三十）

儘管這位男同性戀者在他家裡是「獨苗」，其他三個男孩都不幸夭折了，父親也年事已高，而且家裡對他有著很高的期待，但他還是成功出櫃了。當然首先他沒有直接跟父親表明自己是同性戀者，而是先向與他年齡相仿的姊姊表明自己的性身分，接著他試圖從觀念上幫助她們正確認識同性戀現象。雖然他家裡的認知偏見很重，例如他姊姊懷疑是家裡風水不好，或者是因為母親生他的時候吃過什麼藥，總之，她希望尋找原因，這種想法背後的真實意圖是，即希望通過找到原因對症下藥，將他的性取向改變過來。但這位男同性戀者最終還是得到了家庭的認可與接納。家庭的狀況與同性戀者本人的身分認同狀況會不同程度地影響家庭出櫃的結果。如一位已經家庭出櫃的同性戀者講述道：

每個同志要根據自己的家庭狀況來判斷是否應該家庭出櫃。我比較幸運，有個哥哥，我母親也有孫子了，所以對於傳宗接代的問題，她不是特別著急。有些人對於與同志身分本身沒有直接關聯的一些問題，譬如，對於「自我」、「我是誰」、「我這一輩子怎麼生活」等問題，都沒有搞清楚，然後將生活中遭遇的一系列問題都歸咎於「我是一個同志」，這是不對的。好多人自己沒有良好的自我認同，連自己究竟是一個「什麼樣的人」？什麼叫「同志」？什麼叫「MSM」？都弄不清楚，然後就迫不及待地想要跟父母達成什麼溝通、和解，這是不大現實的，還是先要做好自我認同。（「阿華」，懇談會，二〇一〇／十／三十）

有的同性戀者認為，父母是否接受家庭出櫃，不僅跟同性戀者本人的自我認同狀態有關，更重要的是需要在實踐中有所表現。一方面，如果同性戀者自我的身分認同堅定、「理直氣壯」，畢竟是骨肉相連的家長最終將逐漸接受；另一方面，如果同性戀者能夠在生活、工作等各方面做得很好、讓父母放心，那麼家長可能不至於激烈地反對。在北京同志中心舉辦的一場關於家庭出櫃的文化沙龍中，有些同性戀者表達了這樣的看法：

同志本人自己的認同是一方面，這是理念性的問題，我覺得更重要的是實踐方面。獨立很重要。如果你自己做得讓父母放心，能夠過上很好的幸福生活，那麼他們肯定是支持你的。你先自個兒把事做好了，比方說學習，那我就學習得很好、很踏實；如果已經工作，就要在工作的領域做得很務實、很優秀，能夠自食其力。我有點大男子主義，我讓父母過好了，讓他們覺得這個兒子很好，那麼他們也會接受我的一切。其實說得核心些，就是自我認同了，包括理念、自己在實踐方面作出的努力，我覺得這個是最重要的，其他沒有捷徑可言。總之，最重要的還是咱自個兒做好。（男同性戀者，北京同志中心，二〇一〇／十／十六）

在出櫃問題上，最重要的是自己對同志的理念要非常堅定，不能妥協、退縮，不能讓父母存在僥倖心理。歸根結柢，向父母出櫃，最重要的是感情問題。我跟張北川老師交流過這個話題，我們兩個都有同感，成功與否的區別只有一點：不是父母的背景、學歷、農村還是城市等，這些都無關緊要，最關鍵的是：父母考慮的是你的幸福第一，還是他們自己的面子第一？如果他們考慮的是你，那麼也許開始他們的反應很激烈，但你跟他們談、跟他們解釋、跟他們說只有這樣我的本質生活才能幸福，他們最後還是能夠慢慢地接受，或者至少能夠容忍。但是，對於那些只考慮家庭面子、親朋好友的臉色、不管孩子感受的父母，那你沒辦法，怎麼說都沒有用……越拖越久，很多人圖窮匕見時沒辦法，答應結婚了。不能面對父母的人，歸根結柢是不能面對自己，他內心有一種愧疚感，不能理直氣壯地活著。（「星星」，北京同志中心，二〇一〇／十／十六）

家庭出櫃最好事先做一些鋪墊性的工作，比如在未出櫃前讓父母接觸一些關於同性戀的正面、客觀的信息；邀請父母參加同性戀聚會活動；或者通過給父母寫信的形式表達自己的內心感受，書信中可以表述一些口頭無法傳達的內容，而且雙方隔著距離，不容易發生面對面的激烈衝突。如下面這位男同性戀者認為，寫信的表述方式對出櫃有一定的輔助作用：

我父親是一個比較有文化的人，他對文字比較敏感。本來，我覺得跟他的關係不是很好，因為他比較強勢嘛！所以在出櫃之前的兩、三個月，給他寫了一封信，包括對以前兒時的回憶，我知道他很愛我、我也很愛他，大概是給他寫了這樣一封信。這封信其實對我出櫃有一

定的幫助。（「Tony」，北京同志中心，二〇一二／二／十九）

家庭出櫃作為同性戀者重要的生命史事件，出櫃的對象、時機、環境、地點等外在要素的選擇也相當關鍵。還有重要的一點：不要同時向父母出櫃，因為這樣面臨的壓力會更大。很多家庭出櫃失敗，是因為父親接受不了。但是，如果父母雙方有一個接受，那就相對好辦。如：

不要同時（向父母）出櫃，這樣的話會非常危險。在我們家，我媽說話的力度比較大些，「擒賊先擒王」，我就打算先跟我媽講這個事情。之前跟我媽作過一些溝通，然後（通過看博文等這些鋪墊）再找機會跟她說。

二〇〇八年深秋，我媽胃病突發住院。我那會兒去陪她，陪了一宿，到了後半夜，我媽感覺好一些了，我們倆就往（醫院）外邊去走走。然後剛好走到一家麥當勞店附近，因為裡面環境比較好，我說咱們去裡邊坐一會兒。那裡燈光比較溫馨，背景音樂也比較柔和，還有就是：人少。我們聊生活中的一些瑣事，慢慢地，我就說：「媽，我跟您說一件事兒！當然，這件事對您來說是非常打擊的。」接著我又說了好多，把這件事描述得有多麼糟糕，然後又說我怎麼、怎麼愛她。其實在這之前，我從來沒有跟我媽說過這樣的話。我媽聽了感覺不對勁，因為我（把這事）說得特別嚴重，她就很生氣，說「你到底怎麼了？」然後，我沒有說我喜歡男的，我說「我不喜歡女的」。她說，「你戀母」。我當然說我不是。沉默了一會兒，我跟她說：「我長大了，知道什麼是幸福，（同性戀）不是犯罪、也不是病，之前妳看博客也了解了。」我媽後來就說了一句話：「這條路不好走。」（「丸兒」，北京同志中心，二〇一〇／十一／六）

有些同性戀者針對家庭出櫃還精心擬定了縝密詳細的行動綱要，這可謂「出櫃劇本」。他們會列出家庭出櫃對象的具體名單與時間表，比如先向誰出櫃、如何解釋、該說些什麼話對方容易理解與接受，等到對方大致認可和接受之後，再攻克下一個目標，直到最核心的父母。在這個過程中，業已爭取過來的、接受自己性取向的親朋好友都可以成為向父母出櫃的協助力量。這樣，家庭出櫃過程中的人際關係成為一個以父母為中心的同心圓，同性戀者從邊緣向中心逐個攻破，最終達到讓父母接受自己性取向的目的。如：

我的出櫃過程羅列了一條很長的線：先跟我妹說，向她解釋，我妹在老家，在我父母那邊；再跟我三叔說，三叔在河北，他跟我爸關係特別好，他們經常聯繫；他倆知道以後，然後跟我表弟說。這幾位接受起來還都挺好的。（針對父母對出櫃的不同反應）我還準備了一些其他的，比如，假如父親要帶我去看「病」，那好，我已經事先聯繫好兩位心理醫生、兩個醫院，也是通過（北京同志）中心的朋友（聯繫的）。他們都是（對同性戀）認可度比較好的醫生，事先都打電話溝通過。那時，三叔對我（性取向）的接受已經挺好的，他年輕一點，也經常上網，對這個東西比較能夠接受。我跟他打過招呼，給他列了張單子，上面寫著如果我爸給他打電話應該說些什麼。還有給我（異性戀）老婆準備了一份發言稿，給我爸打電話說什麼；還給我妹準備了一份……事先我都做好這些準備工作。然後（婚後）又過了半年，我跟爸說，和這女人做不了，沒法在一起過。我們就在一個單獨的房間裡，非常安靜，那是個下午，正是昏昏欲睡的時候，我跟爸聊了三個小時。最後，他接受起來還比較平靜，他當時的反應是：「唉……」（深深地嘆了一口氣），但沒有歇斯底里地一定要我轉變（性取向）。我媽的反應比較強烈，（出櫃之後）第一次跟我打電話時，一邊哭一邊打，後來慢慢好一些。（「David」，北京同志中心，二〇一〇／十一／六）

除了這種「圍攻」式的家庭出櫃，父母本人對同性戀的認知很重要，如下面這位同性戀者的母親比較信任專家，認為專家說的就是有理的，因此很容易被爭取過來。但是，他父親因為在軍隊裡的經歷而對同性戀的成見頗深。在家庭出櫃中，專家話語與國家的意識形態話語產生了激烈衝突。然而，妥協的結果，或者說最後的贏家往往還是沉默的第三方：傳統的文化價值觀念。很多父母不管子女的性取向如何，反正就認定一個「理」：你得結婚並且生孩子。

我家兄弟三個，我是先和我哥、我弟出櫃，因為他們是我最親的人，我當時是這樣想的。如果連最親的人都接受不了的話，那就更不用談別人了。他們又正好和我是同齡人，差個兩、三歲或三、四歲，都是同一個時代的，好多經歷都有類似的地方，我覺得他們的接受程度應該會好一點。事實上，他們確實接受得相當好。我是結婚之後才跟他們說的，他們說：「你真的不應該結婚，現在已經結婚了，怎麼處理這個事兒啊？如果你當初就說，我們都支持你不結婚。」我哥、我弟能以這樣的態度對待這個事，這一點我很佩服。然後是跟父母出櫃。我媽比較相信主流的電視、媒體報導，我弟接受之後，他讓我媽看一些李銀河寫的博客之類的東西，我媽覺得專家說的肯定對，她是從這個方面去理解的。但是我爸就……他當過兵，他們部隊就正好出現過同性戀。他當時知道的同性戀肯定是作為反面教材。那個年代，他們部隊出了一對兒，是一個上級跟一個下級，好像是一個連長或者營長喜歡一個士兵，他們在一起被人發現了。後來就把他們開除，處分相當嚴厲。因此，同性戀在他印象當中特別不好。當時跟爸說了之後，他直接問了我兩個問題，我覺得特別可笑，他說：「你是不是讓人給雞姦啦？」然後第二個問題是：「你是不是染上艾滋病了？」他們一說同性戀就是艾滋病，把所有不好的地方跟它聯繫起來。但是，我母親在家裡占主導地位，爸什麼都聽她的。我爸、我媽表面上接受，但實質上還是希望……我媽跟我說，「如果你能湊合著生一個孩子，那就生一個吧！生了以後，你要幹什麼那是你的事兒，但你要給我們生個孩子。」

（「Rock」，北京同志中心，二〇一二／三／十）

在家庭出櫃的過程中，子女與家長保持溝通很重要，有了信息的反饋之後，才能即時調整策略。如：

先把工作做在最難的人身上，因為（他）她會自己去思考，多給她（他）一些時間，讓對方站在你的角度去想問題。有什麼想法一定要讓她（他）說出來，心裡特別難受是肯定的，但不能讓她（他）倒下。一定要說出來，最起碼得到反饋，知道她（他）心裡是怎麼想的，這樣溝通起來容易一些。（「XSS」，訪談，二〇一〇／十一／六）

「陸姨」認為，在家庭出櫃的過程中不要「出爾反爾」，因為這種反覆容易不斷地喚起父母的希望，而最終的結果又將是絕望，這等於不斷地使父母陷於痛苦的折磨之中。她也認為出櫃具有個體差異性：

儘量避免（態度）反覆，因為是你主動出櫃的，事情是你挑起的，你要是一再反覆，等於是帶著你們父母——用我們那時候的話說是「重受二茬罪，再受二遍苦」，因為他／她就燃起了希望。（所以）儘量不要這樣。

相對來講，母親比父親更容易接受（出櫃）。但是我覺得裡面又有些差異，往往是女孩子出櫃，父親好接受一些；男孩子出櫃，母親好接受一些。這是個人經驗吧！但是又有這樣一個情況，要是父親知道了（子女的性取向），他會很快告訴母親；而要是母親知道了，她可能會瞞著父親。（「陸姨」，北京同志中心，二〇一二／二／十九）

對父母而言，子女出櫃後，他們需要重新調適自身的角色和對子女的期待。父母對子女出櫃的反應也高度個人化，他們的感受、情感和態度不盡相同，會經歷不同的心理階段，如震驚、拒絕與孤立、憤怒、「商討條件」、絕望，以及最後是否接受等。這些不同的反應不僅取決於出櫃之前父母與子女之間的關係，還取決於父母是怎樣發現、為何發現子女的同性戀身分、同性戀者本人的條件以及如何處理出櫃後引發的一系列事件。事實上，很多家長對子女有著很好的同情式理解，如下面幾位同性戀者母親的敘述：

我的兒子別的地方都很好，學習、工作都很優秀，各方面都很懂事。（關於性取向）這方面，我現在覺得不是缺點，性傾向是正常的。你是這個傾向、我是那個傾向，不能因為家長就改過來，或者找一個女朋友啥的，現在我不這麼想了。我兒子要是幸福，找一個最愛的人，能夠相互體貼、一起過日子，這是最好的，也是我的心願。我經常關心兒子，問他找到朋友了嗎？他說沒有時間，在外企工作很忙。我覺得這（有個歸宿）是家長共同的心願。這次會議讓我兒子結識那麼多朋友，真有緣的話，跟我兒子相處，我心裡都覺得踏實。我兒子現在事業有成，這（性取向）不是什麼大缺點，這位妹妹（指另一位家長）昨天晚上和我住在一起，我還做了她的很多工作，作為家長最初肯定無法接受，我覺得每個孩子都很可愛，他們根本沒有缺點，這不算什麼缺點，如果這麼想的話，都想開了。我還有一個期盼，作為一個家長，也是實話，不管用什麼方式，如果他真的能有個後代，就更理想了。家長最主要還是愛自己孩子的，她一定能想通了，孩子壓力不要特別大。要勇敢地出櫃，但方式方法要得當，不能說「我就是不結婚了」，（以適當的方式出櫃）肯定會得到家長的支持的。（唐山王媽媽，懇談會，二〇一〇／十／三十）

我們覺得以後有沒有孩子無所謂，讓他娶媳婦肯定不願意，我也不勉強。這個過程中，我們有很多痛苦的時候，他痛苦、我們也痛苦，但是我們還是挺下來了。希望他有個幸福的伴侶。（石家莊李爸爸，懇談會，二〇一〇／十／三十）

我覺得自己作為一個女同性戀者的母親，我做得可以了。她去年跟我說了之後，領回過三個同學，都是女的。孩子是無辜的，（我）尊重孩子的選擇，都是熱情地招待，帶她們去天津遊玩。（這個過程中）我還是回避這些（關於性取向的）問題。至於將來的路怎麼走，父

母不擔憂是不可能的。我把話說到了、提醒了，也盡責了。（天津呂媽媽，懇談會，二〇一〇／十／三十一）

學者的影響、公共輿論的正確引導對家長調適自己與同性戀子女之間的關係會有很大的幫助。這種認同的自我支持形式可以多種多樣，如下面這位母親談到：

有人在公開場合問李銀河，妳怎麼看待同性戀？她說得非常幹練，說「那你怎麼看左撇子？」我覺得就是左撇子，你們都是左撇子，是不是？就是跟左撇子一樣，是生理性的，不可改變。既然不可改變，就要去面對，不能逃避。有些家長帶孩子去看醫生、要兒子結婚，我覺得就是一種逃避，這是沒有任何意義的事情，兩敗俱傷。作為同性戀本身已經是個悲劇——我認為是悲劇，不管在座的承認不承認——那麼，就不要製造第二個悲劇、第三個悲劇，比如去結婚哪，當然不包括形婚，我還是贊成形婚的——這是對自己的一種保護。這個東西不是靠意志（能回避的），我意志堅強，你們用什麼眼光看我，我不在乎！——這還是得對自己形成一種保護。就像人家說台灣人會出去大遊行，但是吳媽媽（即吳幼堅）會帶著這些孩子去賞月、去K歌，我覺得這都是一種自我支持的行為，以積極的東西影響周圍。（大連蔡阿姨，懇談會，二〇一〇／十／三十一）

儘管在這位母親看來，同性戀身分是一種「悲劇」，但她自己接受了這個悲劇，並努力去改變它。她還通過各種途徑給兒子配形婚對象：

我去見她們，跟她們聊，一般我跟對方說，「看下照片吧！」對方把照片發過來了，說「把你的照片也給我看下吧！」我說「我是母親」，然後對方說「啊？不會吧，開玩笑吧？」最後去見面。做父母的也沒辦法。（大連蔡阿姨，懇談會，二〇一〇／十／三十一）

一些家長在接受子女的同性戀身分之後，還對子女的擇友問題表示關切，如：

這是孩子的選擇，我們想孩子幸福、快樂！孩子的選擇在原則上沒有問題的情況下，你們繼續相處，這個過程也是考驗你們倆的時候，我也要觀察，你們兩個相互之間是否彼此關心、愛護、幫助以及維持這個家庭繼續發展，不管同性還是異性。（男同性戀者的母親，懇談會，二〇一〇／十／三十一）

我的孩子確實是實實在在的，如果有個穩定的朋友，會很好地過日子。希望他能幸福，不至於很悲哀，不會感到孤獨、煩躁。（石家莊李爸爸，懇談會，二〇一〇／十／三十）

另一位母親則更關心自己同性戀兒子的身體，「我現在也不反對，別人怎麼說我不在乎。要善待自己、注意身體，互相關愛對方，像正常的愛一樣」（馬媽媽，懇談會，二〇一〇／十／三十一）。這裡的「注意身體」可不是一句平常的客套話。也有母親開始想辦法考慮和應付今後自己的養老問題：

將來你管不了我的話，把我送到敬老院，我把工資交給敬老院，不就行了嗎？我也不管你了，反正只能是這樣了。孩子將來如果在國外發展的話，我沒有打算再讓他回來。自己好好生活，自己幸福就行了。人活著，就活在當下。別想太多了。（孫姐，北京同志中心，二〇一二／二／十九）

在同直婚中，同性戀者向妻子出櫃之前通常會有一段偶然的、匿名的性邂逅時期，期間伴隨著強烈的個人焦慮與身分困惑，緩解這種焦慮與困惑的促動力在同性戀者決定出櫃的過程中扮演著重要角色。一些研究表明，有兩個因素促使婚姻中的同性戀丈夫向妻子出櫃，即對性態的自我覺醒以及婚姻關係中這種覺醒事件的時間（Bozett, 1982; Strommen, 1993）。婚前意識到自己的同性戀取向並進行同性性行為的男性會採取逐漸疏遠妻子的方式，他們之所以出櫃是因為需要真實面對隱藏在內心深處的自我感受。而那些在婚姻生活的過程中逐漸意識到自己性取向的同性戀者則會經歷劇烈的衝突，因他們的同性戀感受與行為帶來的愧疚產生個人與家庭危機。這種愧疚甚至會導致在家庭成員中尋找替罪羊、中斷家庭內部的交流，以致出櫃作為解決家庭紛亂的最後方式。家庭結構的變化，諸如孩子的出生、子女離家上大學等因素往往促成這種劇烈衝突式的出櫃。儘管家庭成員對這種出櫃會有一些應對性的調適方式，如維持婚姻內非性的友誼或半公開的關係，但是離婚往往是最普遍的結局。同性戀者的妻子對丈夫出櫃的最初反應與父母的反應類似，如經歷震驚、自責與內疚等。她們感覺自己彷彿「不再認識」自己的丈夫，並且覺得正是作為妻子角色的失敗才導致丈夫成為同性戀者。這些妻子通常比較依賴丈夫，也不肯輕易退出婚姻，即使這種婚姻無法為她們提供需要的關係類型（Coleman, 1985）。此外，妻子對出櫃的反應也在很大程度上取決於夫妻之間的關係、正式出櫃選擇的時機和妻子對同性戀的認知（Gochros, 1985）。下面這位男同性戀者講述了他向妻子出櫃的經歷：

> 我沒有跟她說，是她自己發現的，有兩次吧！第一次是我並不想讓她發現，結果被她發現了；第二次是我有意地讓她發現的，結果她也發現了。第一次是我跟一個朋友，其實也沒幹什麼，就在床上摟著，夏天嘛，穿得很少。當時以為她上班去了，但她中途回到家裡，看到這一幕，她根本就接受不了，說「你是同性戀還是怎麼回事？」當時我還不願意承認，跟她辯解說不是——反正就是給她洗腦，我說：「跟一個男的摟在一起就是同性戀嗎？那我明天

帶個女的回家妳願不願意啊？」她就更不願意。我曾經有一個女的朋友，我們只是朋友，她在我這兒住過，當時她就特別不高興，還以為我跟她有關係。完了之後我就跟她說：「妳看我帶個女的也不行，帶個男的也不行，妳到底想要我怎麼樣？」她好像也默認了（我不是同性戀者）。結果過了幾年，也就最近五、六個月之前，我故意把微博不上密碼，反正她遲早都要看到，還不如早一點看到，跟她談一下，我交代（同性戀）身分，然後我們就離婚，我去找我的幸福，她去找她的幸福。我當時把一些非常肉麻的話（都寫在微博上），還有做愛之類亂七八糟的圖片都有。結果這些她都看見了，之後她說：「你肯定是個同性戀，我都發現兩次了。你就告訴我一句話，到底是還是不是？」我說「是」。然後她居然那樣說：「你能不能從明天開始不要去找別的男人了？」我說「不能」。她說：「那行，咱們離婚吧！」當時其實我特別開心，（因為）她終於看到這一點了。我說：「可以，咱們就去離婚。」

然後寫離婚協議書……但是當正兒八經地去民政局時，她就哭了，其實她特別不想離婚。我看了為她感到難過，覺得如果硬和她離婚的話，真的會很難受。後來我跟她說，「只要妳覺得以什麼樣的方式能讓妳開心，妳都可以去做。」我給她提了好多建議，說「妳可以去找別的男人，在找好的情況下你們結婚，咱們離婚，我還給你們祝福」。她都不願意。我說服不了她，我現在還在找一個特別的方式（解決眼下的困境）。她確實是個好人，真的，我們之間除了性生活不和諧，其他方面真的挺好。我即便跟她離婚，她至少也是我這輩子的一個親人，我肯定把她當成親人，而不（僅僅）是朋友，我們之間親情關係占了很大一部分。（「Rock」，北京同志中心，二〇一二／三／十）

與西方社會的同性戀妻子相比，中國情境下的「同妻」至少有三點不同之處：

第一，當她們發現自己的丈夫是同性戀者或丈夫主動出櫃時，很多時候她們的第一反應不是自己是受害者；相反地，她們以為是由自身的原因導致的，這一點與有些同性戀者父母的反應相似。

第二，當丈夫是同性戀的事實鐵定無疑時，離婚未必是最終的結局，不少同妻會苟且地挽回這段破碎的婚姻。她們在明確知道自己丈夫是同性戀的情況下，也不敢輕易離婚，因為對她們而言，當前社會中離婚的成本太大，重新選擇婚姻又面臨太多不確定的因素，如家庭（冷）暴力、高離婚率、丈夫行為不端（婚外戀、酗酒、吸毒、賭博、嫖娼等），而性生活不和諧只是這諸多因素的一種（儘管每個人對性的需求程度不一樣），這使她們甘願委曲求全，忍受殘缺不全的感情，並守著這個名義上的家。如：

第一次開同妻會時，來了一個男同性戀，帶著他老婆，他老婆堅決不離婚，孩子不讓他離婚、父母也不讓他離婚，逼得他兩次自殺未遂。（何姐，北京同志中心，二〇一二／三／十）

這是在現實處境和社會價值觀念倒逼下個體理性權衡利弊的結果。對很多人而言，婚姻並非愛情的結晶，而是一種經濟契約關係，而同性戀者的婚姻（無論是同直婚還是形式婚姻）更是多了權宜性的色彩。

第三，大多數同妻首要關注的是孩子，而不是她個人的性慾望。很多同妻非常渴望要孩子，但她們的同性戀丈夫卻有不同的想法，如：

但她唯一的一點是想要孩子，她跟我說「有了孩子之後，你願意幹麼幹麼，我不管你；但是你必須給我做母親的權利」。她就這麼簡單的要求，我正在糾結要不要生一個孩子。如果真有孩子的話，我還有些顧慮，比如，有了孩子之後再離婚，對孩子的傷害特別大，所以挺矛盾的。就個人而言，我肯定不要孩子。不是不喜歡孩子，而是我無法給他一個很好的環境，我也不是很有錢，我的教育程度、教育方式或許對他有陰影，我肩負不起這個責任，所以壓根兒不要（孩子），如果他一出生就給他帶來傷害的話，還不如不要。（「Rock」，北京同志中心，二〇一二／三／十）

也有其他同性戀者持類似的看法，認為結了婚也不應該要孩子，因為在當前的社會環境下，很難給孩子良好的生活環境。如一位從事教育工作的男同性戀者對「Rock」的經歷如此談論道：

我覺得這個婚姻不存在誰傷害誰的問題，您的妻子跟您結婚的原因就很奇怪。因為同志不可能喜歡女人，那兩個人在一起，又怎麼會幸福呢？從某種角度來看，您不是傷害她的人，您也不用在道德上有低人一等的想法。我想跟您說，千萬不要生這個孩子，不要覺得自己做錯了，虧欠她，然後要給她一個 baby，這種事情我覺得不是很好。生下來的孩子是會成長的，十歲時他怎麼想這個問題？二十歲時又會怎麼想？如果您沒有非常完善、完備的理念去告訴他同志婚姻到底是什麼，那麼我覺得這個孩子千萬不要生下來，因為生下來對他（孩子）很不公平。（「傑西」，北京同志中心，二〇一二／三／十）

對男同性戀者而言，跟父母出櫃與跟妻子出櫃遭遇的困難不可同日而語，前者更構成一個「問題」，因為它面對的是「長輩」、「權威」。孝道本質上是父權思想的反映，向父母出櫃時，同性戀者處於父權制等級結構的下端，他們本身成為受害者；然而這些同性戀者（作為丈夫、男人）一旦面對自己的妻子卻成為名副其實的施害者。同樣是表露性身分，同樣是家庭出櫃，卻可以形成如此大的反差。他們自甘情願地受害，也暴徒般地施害。他們潛意識地將這種因傳統文化而被迫進入的畸形婚姻內遭受的所有痛苦轉嫁到自己的妻子——這個無辜的女人——身上。男同性戀者在家庭出櫃中對父母和妻子不同的應對策略反映了中國家庭的權力結構和資源分配問題。

特定的文化價值決定了各種傳統的地位。例如，在美國主流社會裡，亞裔除了受傳統的家庭期待約束外，他們還更多地受其他文化規範束縛。美國社會的少數族群（如亞裔、拉美裔、非裔等）傾向於認為同性戀是「白種人的、西方的現象」。他們不願意向父母出櫃是因為懼怕遭到拒絕與污名化（Chan, 1989）。在家庭出櫃中，他們直接向父母成功出櫃的情況也比較少見，通常姊妹成為第一個出櫃的選擇對象；或者先向身邊親密的朋友出櫃，然後才向家庭成員出櫃（Herdt & Boxer, 1993）。西方的一些研究表明，考慮到母親更可能產生積極的反應，因此年輕的同性戀者更願意先向母親而不是父親出櫃（Cohen & Savin-Williams, 1996）。年長的、教育程度較低的、與子女關係不融洽的父母更容易產生否定反應，但這種否定性的反應隨著時間的推移會有所改善（Savin-Williams, 1990）。這些結論與中國同性戀社群面臨的出櫃情況存在類似之處。

總之，同性戀者的婚姻狀態、自我認同程度、兄弟姊妹、宗教信仰、父母的認知度等因素都會影響父母對出櫃的態度。如果同性戀者已經進入異性婚姻、有兄弟姊妹並且其中已有人結婚生子、父母能夠接受新事物和新觀念等，這些因素都是家庭出櫃的積極因素。在中國的文化情境中，同性戀者家庭出櫃的首要對象（父親或母親）沒有顯著的偏向性差異，同性戀者本人以及父母的素質、家庭環境、子女關係等因素會影響第一個出櫃對象的選擇。大體而言，如果強調情感性的維度，那麼首先向母親出櫃的機率較大，一般中國家庭裡母親與子女相對更親近，但這不能一概而論。同時，在有些傳統的家庭，父親往往居於主導地位，掌握著家庭話語權，甚至替代性地決定著家庭成員的自主選擇，而母親則處於無權的失語境地。在這種情況下，向母親出櫃不僅說服不了父親，母親的痛苦與不理解反而會阻礙同性戀者向父親出櫃的勇氣。因此，不少同性戀者不得不斷然向父親這個權威直接發起挑戰，啃下了這塊硬骨頭，其他的問題都迎刃而解。出櫃需要具體問題具體分析，同性戀者應根據本人的生活經驗、能力、意願和家庭（父母）狀況進行自我決斷。

二、文化偏見、孝道與代際衝突

對大多數父母而言，「同性戀族群」、「同性戀現象」是一種遙遠的想像。當他們突然發現自己的子女就是同性戀者時，無論如何都不願意相信這是事實，認知的缺乏導致了「文化休克」。中國的同性戀子女們通常從盡孝、報恩的角度考慮，因而遲遲邁不出家庭出櫃這一步；而有些父母則更多地從同性戀子女的將來著想，他們覺得這條路不易走（似乎它可以選擇）。這種自覺的換位思考也反映出中國文化的關係取向和他人取向。父母們面對這種「節外生枝」感到無助和無奈，如這位男同性戀者的母親講述道：

在他十六歲網上聊天的時候，一個很偶然的原因，讓我發現了（異常），他就再也不讓我看他的聊天紀錄。後來我就破了他的密碼，偷偷地看他的聊天紀錄，裡面（聊天對象）全是男孩，這是怎麼回事啊？我當時就很糾結。我是一九五八年生人，今年五十三歲，三十六歲要的孩子，我生孩子非常痛苦。因為我對麻醉藥過敏，當時是在沒有麻醉藥的情況下破腹產的，疼得死去活來。這是特別痛苦的一件事情，你想，這麼大一個刀口，還要把孩子七拉八扯地拉出來，又是腸子摻和一塊兒……打了三針「杜冷丁」（一種臨床鎮靜藥），一點作用都沒有，我對麻醉藥這東西都沒反應。所以，有了孩子之後，就覺得他（孩子）應該順順利利的，而且對他也百般呵護。在這種情況下，他出現這問題（指性取向），我是不是應該很糾結？可能跟別的母親不一樣——都是自己身上掉下來的肉麼，肯定都愛自己的孩子——我呢，可能要加一個「更」字。那時，他（兒子）常常跟他朋友吵架，吵得不亦樂乎。第二天（兒子的男友）告訴我，「你知道你兒子是怎麼一回事嗎？」我說「我不知道」。「他是同性戀，你知道嗎？」我說「我真不知道」。當時我聽了就傻了，愣在那裡，一句話都說不出口。我想好好跟他過一輩子，而他就是不想跟我好好過日子。我說同性戀那是犯法的，怎麼可能呢？我說你們倆在一塊兒根本不可能，為什麼呢？你們倆憑什麼能幸福一輩子？開玩笑吧！不行。說實話，你們倆吃吃喝喝、玩玩都行，但是生活一輩子那是絕對不可能的。我當時就跟那男孩說，不是同意不同意，而是根本就沒考慮。（孫姐，北京同志中心，二〇一二／二／十九）

父母的憂慮來自多個方面。與「孫姐」一樣，很多家長開始都不願意相信這是真的，認為同性戀是「犯法的」，他們知根知底的孩子不可能幹這種「違法犯罪」的勾當。這種對現實的拒斥和回避是許多家長的一種自我保護心理。家長還有一個重要的顧慮是艾滋病，「孫姐」甚至要求他未成年的兒子時刻帶著避孕套在身邊。此外，「孫姐」的顧慮還包括家族的傳宗接代和同性戀子女今後的養老問題：

我跟他聊了很長時間，主要是今後的前途問題，還有就是養老問題，以後沒有孩子怎麼辦？沒有孩子誰來給你養老送終？而且我們家這樣不是斷子絕孫了嗎？我們就這麼一個孩子，再也沒有後代了，不可能了，是不是？我跟他說，你選擇的這條路，是非常痛苦的一條路，是非常孤獨的一條路。你現在年輕，什麼都好辦，你有資本——年輕、漂亮，不愁沒有朋友，老了以後怎麼辦呢？你上了三十、四十、五十——三十或許還行，到了五十你可怎麼辦喲？誰還要你啊？真的。雖說現在國家挺重視社會養老的，可是將來也面臨著問題。這是我最不能接受的。（孫姐，北京同志中心，二〇一二／二／十九）

在很多家長的內心，事實上仍然沒有放棄能改變自己子女性取向的念頭，很多父母接受同性戀子女實在是出於別無選擇，如：

三年前他跟我談過這個問題，我也去找過心理專家、跑過些醫院，不知道怎麼處理這個問題。那時我還存在幻想：等過兩年他會好一點。在前一、兩天，他又在電話裡跟我談起這個事兒，當時我們兩人都弄得不是很愉快。他十七歲時，父親去世，我們娘倆相依為命，說實在的，這對我來說已經很不容易，所以不想出現這種情況。那時候我不懂這些，也沒考慮過這些問題，我期盼著某一天，他遇到合適的女孩子，兩個人走到一起的話，或許會好起來。現在……真的，說我心裡不想、不傷心是不可能的。（懇談會，二〇一〇／十／三十）

他畢業後在成都買了房子，後來我想為啥去成都？（原來）成都也是大城市，同志特別多。他有時帶我去參加同志聯歡會，找很多材料給我看，其中有份材料的名字叫《朋友》。我記得第一次去那個地方，不知不覺地眼淚就掉下來了，覺得我的孩子在這個圈子裡就固定了，不想找女朋友了。後來在成都時，他給我找的材料我都看過，有吳姐（即吳幼堅）的電話，還有大連的那位大哥，他跟我講述了他的親身經歷。我的感觸是，如果家長一概地反對這個事，反對能成功嗎？後來我想，不能成功。大連那位確實是對兒子動刀、動什麼地打起來了，哎喲！但最後的結果，他們還是很清楚的。這次打電話，給我的感觸挺深的。我想這個事情不能用硬的方式。哎喲！只能說服從……（唐山王媽媽，懇談會，二〇一〇／十／三十）

父母們總希望自己的子女能夠結婚生子，完成自己一輩子的夙願，然而活了一輩子卻突然發現自己子女是同性戀者，這無異於致命一擊。一些父母在兒子出櫃後仍抱有幻想，認為這只是一時的癖好，等時過境遷，一切都會發生改變。她的兒子仍然會是原來的兒子，會娶妻生子。

與其他媽媽們一樣，我也希望兒子幸福，但我一直接受不了他（哽咽）。其實我好多年以前就知道了，但是我們倆一直沒有面對面去談這個事兒。他以前跟我側面說過，但我總是抱著希望，想他以後會慢慢變好，但還是……我不說了。（同性戀者的母親，懇談會，二〇一〇／十／三十）

他父親開始是堅決不接受的，他父親現在的態度也是「他還小呢！」還在說：「他會改變的，現在還小。」他父親就是抱著最後一絲希望。（孫姐，北京同志中心，二〇一二／二／十九）

我是一名來自東北的同志，現在在北京工作。十年前剛上大學時，就跟媽媽說了我的情況，今年我二十八歲。上大學時喜歡一個男孩，他是直男，當然不敢跟他說。我自己很痛苦，每次回家都魂不守舍的。孩子的一言一行，做父母的都看在眼裡，他們就一直問我，我就跟媽媽講了我的事情。當時父母沒有說太過偏激的話，他們可能認為，孩子現在還小，等他長大就結婚了，以後不是這個樣子。這個時候我告訴他們，不會像他們想像的那樣改變

的，但他們不相信。（男同性戀者，懇談會，二〇一〇／十／三十一）

我兒子二〇〇六年時讀研究生，放假回來跟我說，「媽，我給你找了一個男的朋友」，當時我也沒有激烈地反對他。我愛我的兒子，不願意當場駁他，但等他們走了之後，我的心都提到了嗓子眼，經常有一種不舒暢的感覺。哎呀！這個事情，我想或許將來過了一、兩年或過了一段時間，他能改變。（唐山王媽媽，懇談會，二〇一〇／十／三十）

很多父母對同性戀的認知較為陳腐，將同性戀視為一種可以醫治的病症。因此，當同性戀者出櫃時，對父母而言，子女不是在向自己表達一種身分、一種性取向類別，而是展示一種「病態」。這種情況下，父母的反應除了責難、拒絕、脫離關係等抵觸行為之外，他們還會與子女一道尋醫求治，以期做回「正常人」。

因為我們國家認為，所謂的同性戀是有害的。弄得不好，別人會認為你這孩子是怎麼地，所以心裡有些顧慮。社會上都認為，這種人幹些下流、流氓的事兒。在過去舊的印象裡，就是這樣。我的孩子經過那個「治療」後，開始幾天精神有些錯亂，現在稍微好點，（因為）時間一長，精神病藥不起作用了。他當時上班心情很煩躁。我們勸他別在外面發牢騷，有什麼氣回來跟我們說。他不願意在外面亂來，怕得病，想找個固定的，但又沒有找到讓他滿意

的。就這樣耽誤了好多年，也影響了他的社交能力。（懇談會，二〇一〇／十／三十）

一方面，同性戀被認為是「有害的」、「下流、流氓的一些事兒」，是一群道德敗壞的人；另一方面，又認為它是一種心理疾病，可以被救治。家長的意識中被灌輸了很多這樣的陳腐偏見。但在家庭生活中，父母面對的不再是「同性戀」這樣一個遙遠而毫不相干的抽象概念，而是一個具體的、活生生的兒子。他們朝夕相處，彼此之間太了解了。因此，父母開始懷疑：自己的兒子怎麼會是「那種」同性戀呢？他們的刻板印象完全無法得到印證。上面這位父親相信自己的兒子比較誠實，不會撒謊，所以他「不相信有這個性傾向就是壞人，這是我接受這方面的根本原因」。「相信自己的孩子」也是為人父母的最真實的內心表達。農村家長的樸實、真誠、毫無功利意識，有時他們也會無所顧忌地表達自己的無知與偏見，而這些無知與偏見又正是社會造成的。今天，城市的家長們可能很少再會那麼執著地為自己的同性戀子女一心尋求醫學救助，即使他們去醫院找醫生，大多也只是為了解決自己心中的疑惑，即同性戀是否真的不可治？這也是父母自我接受的一個過程。父母相信自己的兒子，因而認識到「性取向不是壞的」，這也表明家庭出櫃對提高同性戀者的社會可見度十分重要。

關於同性戀的社會污名大多針對男同性戀者，這也影響到家長對同性戀子女的態度，一些女同性戀者的家長不願意將自己和男同性戀者的家長混為一談，甚至不願意稱自己是「同性戀者」

的家長。

我是拉拉的母親，「偽同志」的母親……我尊重她的選擇，但是我覺得，女同性戀比男同性戀壓力要更大。現在妳沒問題，很年輕，未來十年、二十年呢？一個男性（同性戀者），他是社會主流，可以走南闖北；作為一個女性，十年、二十年之後，妳的社會認可度怎麼來？（社會對女性的）認可度主要來自家庭，我擔憂的是她的未來。作為一個女同性戀，她以後的路會很難走。她現在還年輕，有資本去生活，但是三十五歲的時候呢？作為女性，妳還單身的話，社會對妳的認可度——這比男的要困難得多。我是替女兒的將來擔憂。（天津呂媽媽，懇談會，二〇一〇／十／三十一）

這位母親將自己女兒的性身分與「同性戀者」這一性類別分開，從而保持安全的（心理）距離，避免不必要的心理負擔和道德恐慌。她不承認自己的女兒是同性戀者，在她的觀念裡，只有男的才會「搞同性戀」，而對女女之間的性行為她則無法想像。因此，她稱自己的女兒是「偽同志」，自己則是「偽同志」的母親。通過這種身分的自我隔離來擺脫那套既有的同性戀話語以及同性戀身分帶來的社會污名，既是替女兒澄清，也是替自己作為母親的身分（包含著責任）作澄清。她坦言：

我沒接觸過，也沒看到過什麼叫同性戀的。我來北京是想觀察觀察這個人群，它是不是都像報紙上所宣揚的，都是吸毒的、比較猥瑣的那類人。（天津呂媽媽，懇談會，二〇一〇／十／三十一）

從這位母親的自我表述中似乎可以理解她為何試圖劃清界限，因為女兒顯然不是她想像的那類「吸毒」、「猥瑣」的人，而她對男同性戀群體的真實情況又缺乏了解。在這裡我們也再一次看到了媒體的誤導以及由此產生的污名化效應。

父母擔憂同性戀子女的一個方面是考慮到將來的問題。在這位母親看來，女同性戀者具有雙重弱勢身分：她是女性，又是同性戀者。這種身分將會影響到女兒將來的社會認可度；同時，背後潛藏的、未曾言明的意思是這種狀況也會影響到她作為其母親的社會認可度。

許多父母仍會以為是自己的原因「導致」子女的同性性取向，尤其是單親離異、家庭不和以及家長對子女（異性）戀愛的干涉。如：

我母親認為是她不夠關心我，才使我變成同志。但是我覺得同志是天生的。（「Andrew」，北京同志中心，二〇一二／二／十九）

在高中的時候，她有過早戀，找的是異性，所以大學時她這樣，我挺吃驚的，因為她不是從小這樣。大學時，她告訴我這件事，我感覺很自責，那個早戀，（那時她）高二了，現在我追悔不已，當時我卻不惜要拆散他們。（現在覺得）哪怕考不上一本，那考二本啊！這樣可以走正常的女孩子的道路。後來她跟我說，這是無法改變的，要我尊重她的選擇。（天津呂媽媽，懇談會，二〇一〇／十／三十一）

面對母親的自責，呂媽媽的女兒卻全然不這麼認為：

中學時代我就跟男性交往過，我想跟媽媽說，不要自責，這跟妳一點關係都沒有。我到大學之後，有了很喜歡的女生，基本上從我喜歡的那一刻，就選定了。我覺得不管是天生還是後天的，你是（同性戀）的話，早晚都會是。（天津女同性戀者，懇談會，二〇一〇／十／三十一）

同性戀子女與父母之間的兩難困境在根本上是因為兩代人之間的觀念差異造成的。在懇談會上，一位男同性戀者如此批評當今的父母：

母親們聽到自己的子女是 gay，是 lesbian 的時候，感覺很痛心、很難過。我們可以問一下，痛心或難過，是因為什麼？很多孩子不敢把自己內心最私密、最隱祕的東西告訴自己的母親或父親，這是為什麼？像我們這一代人的父母，其實過得都很不容易。（他們）在自己不願意的情況下，讀了不想讀的書、做了不想做的工作、嫁了不想嫁的人，等等。在自己的人生選擇中，有很多身不由己的東西。（我們這一代人）從一生下來到死，都是跟父母的期待連在一起的。雖然已經成人，但是你的生活照樣會影響父母，父母的痛苦同時也會被加到你身上。當你到了這樣的年齡時，這種期待還連在你身上。什麼時候，你們（父母）的不快樂可以來自於自己內心呢？什麼時候，你們可以有自己的生活？也就是說，你們一輩子實現了上一代人的幸福，現在又把幸福寄託在下一代人身上，where are you? 你們自己又在哪裡呢？父母應該找到自己的定位，說句非常不孝順的話，父母「無恩」，這是我一直的觀點。很多父母生養孩子，是為了回報。當父母今天替兒女的未來、前途命運擔憂的時候，請問你們自己這樣一個問題：「如果今天你的生命結束，或者我的生命結束，未來會怎麼樣？」

（懇談會，二〇一〇／十／三十一）

對「八〇後」這一代同性戀者的父母而言，他們經歷了中國社會的斷裂式劇變和發展，但許多父母的觀念仍然是陳舊的老一套，毛澤東時代的意識形態在他們身上打下了難以消除的烙印，他們與「八〇後」子女的代溝頗深。他們之間存在比較典型的代際衝突，如父母傾向於將自己的孩子當作一種保險和投資，即所謂的「養兒防老」；而新一代的子女在代際傳承和贍養父母方面的觀念比較單薄。同時，有些家長好面子，總是盼望著子女出人頭地、光宗耀祖，自己臉上也跟著光彩，在親友面前頭抬得起來、嗓門亮得起來；而年輕一代的子女根本就拒絕這種「天然的」人格捆綁，他們大多缺乏這種傳統的家族觀念，而追求個性的自由與人格的獨立。這一代父母中的很多人甚至認為，子女是同性戀者是自己做父母的失敗。對此，一些同性戀者如此批評道：

中國的媽媽們總是把來自外界的歧視和偏見帶給自己的孩子。（她們）回家說，你知道嗎？別人就怎麼怎麼說……別人的評價真的比自己子女的幸福更重要嗎？（「阿強」，懇談會，二〇一〇／十／三十一）

中國的好多父母活了一輩子，自己的前半生沒有什麼特別值得炫耀的東西，認為孩子是自己生命的延續，就把自己一生的、所有的希望都寄託在孩子身上。他不能容忍孩子有任何問題，認為孩子的這種身分就構成了一個問題。其實，孩子是不是同志，跟他的父母本身沒有任何關係，父母只要過完他們自己的一生就可以了！我是老師，接觸過很多外國人，在我的學生當中，很多外國人退休以後來中國學習漢語，他們對中國一無所知，退休之後完全開闢了一種全新的人生。而在中國的父母中，是很少能發現這種情況的。他們老了之後，沒有什麼更多的寄託，就寄託在子孫身上。所有的希望就是含飴弄孫、迫不及待地希望家裡的孩子能成親，得到自己的孫子，讓自己的生命、生活得到延續。父母應該有更高的眼界，去開拓自己的人生，不管是六十歲也好、七十歲也罷，應該去過好自己的人生。（「阿華」，懇談會，二〇一〇／十／三十）

（父母們）現在是不是可以尋找一下自己的生活？和老姊妹打打麻將、跳跳舞、旅旅遊，不要把所有心思都放在已經長大的兒子上。尋找自己的幸福，我們每個人都有自己的責任，如果所有爸爸媽媽，能夠把自己的幸福從寄託在孩子身上解脫出來的話，這本身也是一種解放。（李某，懇談會，二〇一〇／十／三十一）

總有一些父母認為孩子是自己的財產，他們可以隨意支配自己的財產，孩子要按照自己的意志來發展。如果這個孩子 out of my control，就會大發雷霆，這個孩子就是大逆不道，如果是這樣，他會想盡一切辦法（去糾正）。很多父母都認為，孩子的成長、發展他們說了算。像我們這麼大的人，三十歲左右吧，已經結婚、有孩子——不是同性戀的也是這樣——在家裡依然要聽父母的，然後他自己的孩子由父母來養，回家由父母做飯，除了帶回來一個女人以外，（家裡的生活）跟以前沒有任何區別。（男同性戀者，懇談會，二〇一〇／十／三十）

中國人的「身分」不是被定義為「自我特性」，而是一種對群體歸屬感的渴望（Sun,

1991）。儒家文化中的自我是根據個體在群體中的角色被關係性地加以定義，由於生活在群體壓力之下，中國人的心理、倫理觀念都與西方不同。就家庭結構而言，不同於西方家庭的繼承模式，中國的家庭結構是一種反哺模式，它更多地承擔著社會功能；而在繼承模式下，西方社會中的家庭更多地履行著情感、性滿足的功能。在前者看來，婚姻是一種社會行為；而在後者看來，婚姻更多的是一種個體行為。一位母親也談到自己類似的想法：

父母上半生過自己的日子，下半生就過兒女的日子，總想以兒女的驕傲為自己的驕傲，好像就沒有別的什麼事情可以去做了似的。我覺得現在自己過的就是我兒子的日子，我兒子好就是好，我兒子要是不好，我感覺就是不好。（懇談會，二〇一〇／十／三十）

父母一輩子的期望都寄託在子女身上，希望從子女身上完成自我價值。但是，有些父母不接受同性戀子女，可能並非因為「社會地位」、「面子」或者「傳宗接代」等原因。許多父母無法在子女面前表達內心深處那些「脆弱」的東西，而這些脆弱的東西恰恰就是愛。如：

做父母的對兒女的愛是最無私的，一點都沒有假，我覺得只要我兒子好，我就什麼都認了。但無論是同志這種關係、還是異性那種關係，應該先有事業再成家吧！有了自己的事業之後，再找個合適的、雙方都負責任的人，然後一起去過日子。我看到有些同志在一起好幾年，其實我挺羨慕，我不想讓我兒子三年、兩年換一個，歲數越來越大，這麼換也不是個事兒。同性、異性都應該長期地去過日子。（同性戀者的母親，懇談會，二〇一〇／十／三十）

我對這個問題的認識也有一個過程。孩子跟我說了之後，我也反覆思考。剛開始接納時很難，我覺得自己的孩子很優秀，不管在學校還是在單位。對這個問題的認識，孩子開始（他自己）可能知道，但是我們由於工作忙，交流確實欠缺。我是這樣想的，既然出現了，不管它怎麼發生的，因為現在無論是其他國家還是咱們國家，科學還無法很好地解釋這個問題。但是這個事情已經出現，出現了以後我們要怎樣來挽救或者迎合這部分孩子的心理？這是目前最主要的問題。（同性戀者的母親，懇談會，二〇一〇／十／三十一）

有的孩子提出來說，所有的事情都是父母安排的。但這並不是出於自私，可能是語言不當，但做父母的是永遠愛你們的。也有的說，你看國外多好！子女成家立業後，各自顧自己的自由生活，可是在我們的國家不一樣，特別是當今獨生子女社會，只有一個孩子，如何達成共識，如何讓孩子理解父母、父母理解孩子？這是最主要的問題。同志也好，拉拉也好，（生活）都是非常隱蔽。作為母親我是感同身受，也非常同情，怎樣讓社會、家庭、親人更好地認識這個問題，又不能徹底地公開？我們做父母的能認可孩子，就已經非常不容易，親戚、朋友、同事，所有的生活圈子，怎樣來認可他（是一個問題）。形婚也好，其他種種的方式也好，都需要探討。有些孩子認為，我過我們的生活，只要我們快樂就行。但作為一位母親，我有周圍的同事，有父母、朋友，我將來如何向他們解釋這個問題？我不可能把這些東西都公布於眾。特別是老人，都快九十歲的人了，她看著一個個孫子、外孫都成家立業，唯獨有一個卻沒有，為什麼？她肯定會關心是怎麼回事。對年齡很大的父母也好、爺爺奶奶也好，可以撒「善意的謊言」，我們不能因為這些東西影響他們的身體健康。（同性戀者的母親，懇談會，二〇一〇／十／三十）

我的家庭是相當保守的，三代從軍。我的爺爺、姥姥都是從軍的，我的父母、包括我自己也是。所以我母親能接受到這種程度，已經是非常感激。剛開始時，我認為父母是礙於社會地位——因為他們在當地的社會地位是比較高的，是礙於面子或者傳宗接代的角度來思考這個問題。但後來慢慢地發現，這些都不是最重要，最重要的是父母永遠最愛自己孩子。我是近來才漸漸明白，父母想的是怎麼讓孩子過得好。他們窮盡一生，都只是為了這個問題。她讓我結婚、有自己的孩子，不是為了照顧自己的面子或社會地位，而是她在想：如果有一天，爸爸媽媽不在了，孩子怎麼辦？誰來照顧自己的孩子？所以我現在所能做的，就是盡自己最大的努力，讓父母放心。（男同性戀者，懇談會，二〇一〇／十／三十一）

許多同性戀者正默默在做而沒說出口的，就是希望自己能經濟獨立，並能讓父母過上好日子，以消除父母的後顧之憂。從這種意義上而言，人們對同性戀者的反應也可以影射出一個社會的文化規範與信仰模式。事實上，同性戀子女的家長也容易受到周圍人的冷嘲熱諷，尤其是艾滋病的污名。如在聽到熟人在說同性戀者「很髒」的時候，一位男同性戀者的母親如此描述道：

> 我說「我兒子挺乾淨的，他每天都洗澡」。對方卻說：「他要是很乾淨的話，為什麼還要每天都洗澡呢？」（王媽媽訪談，二〇一〇／十／三十一）

借用范伯倫的「代理有閒」概念，同性戀者的父母遭遇的污名也可以稱之為「代理污名」，即間接的、替代性污名。由於自己所愛的子女遭受痛苦，父母因同情而感同身受。此外，父母的壓力還來自周圍無處不在的異樣眼光。這對做家長的而言，彷彿芒刺在背。

> 周圍所有人都知道，而且我媽最好的朋友給她打電話，說「妳兒子怎麼會是這樣？怎麼是同性戀？」我母親就又來說我，我也沒有辦法。我想過找一女的，在家溜達兩圈兒（「碩」，北京同志中心，二〇一二／二／十九）

周圍人獵奇、質疑和探詢的眼光中隱含著冷嘲熱諷與奚落，這讓很多同性戀者的父母覺得心裡特別難受。這種日常生活中的社會污名也是父母顧慮的一個重要因素。消除同性戀者的社會污名與歧視，不僅需要改變父母的價值觀念，而且也需要整個社會改善對同性戀的態度。

許烺光視「報恩」為中國主要的文化慣例，它在很大程度上加強和鞏固著群體的凝聚力（轉引自 Sun, 1991: 37）。中國傳統社會以君臣、父子、夫婦、兄弟、朋友為「五倫」（其中有三種是家庭關係），強調關係性與交互性。毛澤東時代的中國繼續在這種集體的社會環境中抹除個體性；在現代中國社會，家庭這一母體中的「安身立命」比以往任何時候都更真實（Sun, 1991: 4）。在分析前現代中國的敘事時，浦安迪（Andrew Plaks）注意到社會關係在定義個人性格時的重要性，人們在類型化的性格中體現出來的獨特社會關係比心理學特質更重要（Plaks, 1977）。他認為，對中國人而言，「出櫃」和「現身並自豪」在文化上是成問題的。因為「出櫃」意味著離開家庭、父母和文化，成為個體性的女同性戀者或男同性戀者；而「自豪」則具有文化詆毀性，這對於性態方面的「離經叛道者」更為如此。在這種情況下，周華山認為「回家」（coming home）可以被認為是同性戀者自我肯定的一個本土化術語。回家意味著尋找一個屬於自己的最終歸宿。這裡的「家」不僅指生物學意義上的、同性戀者一輩子掙扎不已的「家庭」，同時也指同性戀伴侶組成的家庭，是讓他／她感到溫馨和支持的另一個家。在這種意義上，出櫃不是將性從社會中隔離並與社會相抗衡。通過「回家」表明，同性戀者的可見性不是從社會關係中抽象出來的孤立自我，而是作為一種在主流社會關係中定位同性戀者的方式。回家可以被解釋為是將性帶入家庭－親屬網絡並建構同性關係的過程（Chou, 2001: 35-36）。回家通過打破「自己人－外人」的界限，使同性戀者逐漸融入家庭。

三、家庭出櫃的過程與結構

下面分別是一位男同性戀者（「Tony」）和一位女同性戀者（「范拉」）相對完整的家庭出櫃故事，分別屬於主動出櫃和被動出櫃（或者說「順勢出櫃」）的情況。在這種主體的敘述中，通過一種對個體存在的敘述化，我們可以大致勾勒出同性戀者家庭出櫃的基本圖景。

個案一：

我是主動出櫃的。我知道自己是同性戀大概在十五歲時。中間這些年，跟父母基本處於越走越遠的狀態，包括我來北京上學、工作。做父母的會產生這樣一種感覺：好像我的孩子跟我們越來越疏遠。去年，可能是遭遇一些變故的原因，我有接觸過心理學方面的東西，了解到很多已出櫃同志的一些故事。也就是在去年，我決定要出櫃了。但在這之前，這是一個連想都不敢想的事情。從去年六月份開始，一直到去年底，這半年我基本在為這個事情作準備。但是，我覺得最大的準備——應該說是鋪墊吧——是為自我認同做一些建設性的工作。

我認為我的自我認同更好了，雖然當了很多年同志，但自我認同其實並沒有很好。

到了快過年的時候，（出櫃準備工作）就進入衝刺階段。我結識了很多人、進了很多（聊天）群，也準備了很多資料。到最後一個月，我作了很多準備，在快回家的那些天，我都沒有睡好覺。晚上，我留在公司專門打印材料。舉個小細節，我打印了香港的一個公益組織的文件，叫〈給父母的信——當您的孩子亮相時〉，我打印了兩份，後來準備走的時候，又去打印了第三份，為什麼呢？因為兩份——一份是給爸、一份是給媽的嘛！但是我又設想了一個情節，那就是他們都把這個東西撕了。那段時間，在晚上回家的路上，被寒風吹得特別清醒；有時候會突然發現自己一個人在喃喃自語，可能在臆想自己跟爸媽的對話。在坐飛機回家的前一天，根本就沒有睡著。回家之後，我也是費盡心思尋找一個適合出櫃的機會。我們家在長沙市，但很多親戚都在別的地方。過年的時候要不斷地走親戚，所以我就想，一定要找一個只有我們三個人在長沙家裡的時候說。這個過程中也做了很多努力、費了很多腦筋。

我是大年初四的時候跟他們說的。出櫃之前，我作了一些心理預設，就是預料中會出現的情況一定要作好準備。第一，父母是肯定不會接受的；第二，這意味著可能需要花好幾年的時間和父母作很密切的溝通；第三，父母肯定會出現很激烈的反應，他們會罵你「變態」，或者哭得死去活來。這些都需要作好思想準備，不能中途自己先崩潰了；最後一點是，千萬不能心軟，不能父母讓你去改（性取向）你就改。前面三點我都做得很好，包括我媽後來給我下跪，我爸在廁所裡面哭，這些我想到的都已經出現了，我也能夠給自己調節，這樣我才能夠處理好他們的情緒。但是，最後一點我沒想到的是，我本來無數次地跟自己說，無論出現什麼樣的情況，都不能夠說「我可以試著改變一下」。但是，我可能低估了我對他們的愛，還有低估了我的心軟程度。在出櫃後三、四天，他們帶我去看心理醫生。那個心理醫生也說，「這個不是病，但是你以後會遇到很多困難，當爸媽的也痛苦。」其實我很想反駁他，但是覺得沒有必要，而且如果我反駁他，他肯定會告訴我爸媽，我爸媽可能會覺得我不聽話。後來我們就達成了一個共識：（醫生說）「你嘗試著換個角度去看女性，我呢，會跟你爸爸媽媽解釋，降低他們對你的期待，並且告訴他們這個不是病；不是你們（家長）的錯，也不是孩子的錯。」我想了一下，在那個狀態下，我說任何話，父母都不會相信的。如果有一個專家、醫生、他們相信的人說一些帶點信息的話，其實也算是取得了階段性的勝利。所以我就說好。結果，從醫院出來之後，我媽就跟我說：「今天我還是算鬆了一口氣。第一個是你終於要嘗試著改變一下；第二個是，這個不是你的錯、也不是我們的錯。」

第二天早上，我媽披頭散髮地從床上突然坐了起來，說：「我想好了，我不能去死，我一定要幫你好好守著這份家業。」本來接下去的一個星期，我是打算去學車的，後來我就跟他們說「不去學車了，待在家裡面好好陪你們」。那一個星期算是比較平靜，但是間隙性地我爸媽會輪流找我過去談話。後來包括我外婆的生日，以及一起去參加他們同班同學的聚會之類（父母以前是同班同學），都選擇一家三口好像什麼事情都沒有發生過的樣子。但是只有我們三個人在場的時候，我爸就會說：「你看，這麼其樂融融的場景，你難道忍心去破壞嗎？」在家的時候，他們突然想到什麼，就會問我一些同志圈裡的問題。比如說，我爸還問我，「你們同志總有一個人做主、一個人做副吧？」我基本上每次答完之後就說，「噢！我出去走走。」家裡面的氣氛太尷尬了。但是，我回北京之前，第一個階段——崩潰的階段基本上已經過去了。儘管我知道他們還是處於非常痛苦的階段，我媽還是堅持讓我改。他們本來都是不讓我再回北京的，但還是放我回來了。最近一次通電話，我媽說，她現在每天只要一想到這個事情，就什麼事兒都不想幹了，還要我一定嘗試著去接觸女性。我說：「媽，妳一天到晚待在家裡也不是事兒，不如按妳自己的方式去看一些資料什麼的。」因為我帶回去的資料他們都沒有看。她說不敢看任何資料，因為很怕得知同性戀是不可以改變的。

（「Tony」，北京同志中心，二〇一二／二／十九）

個案二：

我的自我認同比較晚，是在青春期之後。之前試著找男朋友的時候，一直都沒有感覺，覺得挺沒勁的，所以一直沒有男朋友。到了工作之後，我覺得大家都找了（男朋友），我也應該找一個。後來，在偶然的場合認識了一個男生，他的性格、為人各方面都比較溫和，也善解人意。我就跟他相處，但是快一年了，我都沒有什麼感覺，他有時候要kiss什麼的，我覺得特別難受。我覺得戀愛不應該是這種感覺，於是就提出分手。即使是在這個時候，我也不知道自己是（拉拉）。直到工作中遇到一位同事，我特別喜歡她，我覺得這應當就是戀愛的感覺，這種感覺就對了！我對她表白，然後被拒了（對方是直女），我很傷心。後來在（北京同志）中心認識了現在的partner，我們認識了之後特別幸福，感覺無法用言語來形容。

正在這個時候——二〇〇八年的時候——我媽過來看我，說妳都快三十了……反正一系列衝我喊啊什麼的，我媽比較強勢。我說「跟女生一起挺好的」，她問道：「是誰呀，是不是跟妳一起住的那個？」我說「嗯」。就是在完全沒有準備的情況下出櫃了，我媽直接崩潰。後來他們帶我去看心理醫生。再後來，在他們的安排下，相親過好幾次，我找各種藉口說不行，我媽也覺得我在找藉口。今年，我媽說最後再給妳一年時間。我也不知道該怎麼辦。我想過形婚，但是上次遇到吳媽媽（吳幼堅），她說「妳已經出來了，為什麼還要退回去？」我覺得也是。因為我已經出櫃了，我想即使形婚，他們以後也肯定會懷疑，老來視察什麼的，肯定夠嗆，所以我覺得這條路行不通。

那時候（過年）我沒敢回家。在外頭（家附近）的「錦江之星」酒店（住下），我把爸叫了過來。我跟爸說：「如果我回家，我媽的反應肯定會非常大，所以想讓你先看看（這個視頻）。」那是瀋陽孫爸爸（孫德華，同志父親）的視頻，後來看完了那個視頻，他說：「我還有點事兒，得先走了。」半個小時之後，（父親）就進醫院了。他本身心臟不好，但我不知道那麼嚴重，因為以前從來沒有見他犯過心臟病，可能有一點毛病吧。我心裡特別內疚。後來我爸做了（心臟）支架（手術），現在還可以。正因為這個原因，我更加不敢和他們說這個事情了。我爸不想交流這個事情，有一次我媽樓下倒垃圾，我聽到我媽對爸說：「哎呀，孩子得了絕症還得救呢！還得治呢！你就不管了？」

後來我跟他們說，可以為了他們再繼續相處幾個相親的，繼續接觸男生。我媽說：「兩個（普通）朋友在一起還能處出感情來，幾個月不聯繫還特別想念。男女之間肯定能培養出感情，妳就培養培養吧！」我說：「那最後如果培養不出來（感情），是不是就可以不結（婚）了？」我媽說：「到時候再說！」她還抱著希望。她的意思是：三十五歲時候也能找得著（男性），四十歲也有機會，大不了找離異的呀！（「范拉」，北京同志中心，二〇一二／二／十九）

在北京同志中心那樣的公共空間裡，同性戀主體通過敘述向在場的他者出櫃，在這個「經驗共享」的過程中，個體所表明的不僅僅是自己的性身分，還有一種對自我和生活的自主性和掌控能力，對過去出櫃經歷的回憶是重塑自我和身分的重要方式。講述出櫃的故事也成為自我探索和自我整合的過程，它也可以被視為一種自我釋放甚至是抗爭的形式。同時，Tony 的家庭出櫃經歷為在場的其他尚未出櫃的同性戀者起到一種示範作用。在這種特定的情境和主體意識下，Tony關於家庭出櫃的敘述突出了主體的情感和能動作用，比如他詳細敘述前－出櫃階段的精心準備工作以及採取的不同話語和行為策略，並強調他對父母的愛和自己的「心軟程度」。在 Tony 的敘述中可以體味到，家庭出櫃這場擬劇的核心人物是他本人，父母、心理醫生時而成為推動劇情發展的重要人物，時而退到幕後，成為模糊的可以虛化的背景和舞台設置。

而范拉的身分敘述則是由倒敘式的身分建構開始的。在這種回憶式的自我發現過程中，後來的實踐經歷重構了過去的認知。不同於 Tony 的主動出櫃，范拉則是在完全沒有預料的情況下被動出櫃。作為女同性戀者，范拉的出櫃敘述不像男同性戀者 Tony 那樣通過強調自主的行為來凸顯主體意識；相反地，在她的出櫃敘述中，主體被隱去了，幾乎只成為一種情感的衍生物（不斷地出現「傷心」、「內疚」等），而強調了父母的劇烈反應，尤其是范拉向父親出櫃後對方心臟病突發的重要事件。在整個出櫃的敘述中，范拉不自覺地將自己放在一個從屬的弱勢地位，而母親則「比較強勢」，父母置她的性身分而不顧，仍不斷地要求她相親、甚至結婚。我們從中可以體味到，在中國的情境中，范拉的身分屬性首先是一位女性，其次才是一位同性戀者。范拉家庭出櫃的結果是她完全敗退下來，為了父母只能「繼續相親」。然而，從另一個角度來看，她主動選擇了向他人敘述自己的出櫃故事，這本身或許也可以被視為是一種弱者的反抗形式，是一種自我治療式的敘述。

在中國的同性戀族群那裡，成功的出櫃通常是一種自覺的、高度組織化的和深思熟慮的謀略行為。從上述兩個典型案例以及前面涉及的其他個案的敘述中，我們大致可以描述出家庭出櫃過程中父母經歷的五個階段。

第一階段：崩潰階段。主要的情緒表現有恐慌、驚愕、不知所措、哀傷、哭泣，甚至產生一種家庭的毀滅感。這是一個撕裂的、徹底決裂的階段。對很多父母而言，在沒有任何預兆的情況下得知自己的子女是同性戀者，這無異於一場噩夢。父母的反應首先是原有信念的全線崩潰而產生的失語和文化休克。在子女告知他們同性戀性取向的剎那間，父母腦海裡頓時湧上同性戀與艾滋病、雞姦犯、性別角色的違犯者（「兔子」）等相關的污名符號和負面形象；或者腦子裡一片空白，由無知而導致莫名的恐懼。「同性戀」這三個字本身攜帶著各種社會意義，它是被驅逐、遭詆毀的邊緣化群體，是道德低劣者。同性戀者被異性戀文化剝離得一絲不掛，只剩下生殖器，所有的情、愛和共同體意識都統統被閹割了。另一方面，同性戀仍是一個不可見的少數族群，是被抹殺的、想像中的客體，是被集體窺視、大眾調侃以及不斷遭到質疑和審視的對象。對很多父母而言，同性戀子女的家庭出櫃類似於一場難以意料的人生和家庭災難，這種文化的悲劇將產生真實的心理／身體創傷。

第二階段：拒斥階段。主要的情緒反應是憤怒。在將異性戀「自然化」的社會中，尤其是對二十世紀五〇年代出生的很多家長而言，同性戀只是一種遙遠的、與己無關的想像。在他們的觀念和認知分類體系中，並沒有同性戀的位置，他們自然而然地將它作為無法歸類的「異類」進行排斥和拒絕。父母對這一外來身分缺乏預期，無法即時應對，他們對同性戀身分有著一種「本能的」恐懼、抵觸和反感。除了這種「本能式」抗拒之外，父母還有很多實際的考量。通常情況下，父母主要關心同性戀子女三個方面的問題：第一，養老；父母擔心的不僅是自己將來的孤苦伶仃，還擔憂子女將來誰來照顧的問題。第二，傳宗接代；子女的性取向導致了自己家族的斷子絕孫，它切斷了長輩對子女後代的期盼和未來的想像；第三，面子；在一個以他人為取向的關係網絡中，面子問題也是很多父母難以跨越的心坎。拒斥是一種自我保護的心理，以此維持或幻想著原有熟悉而穩定的世界。在這種情況下，一些父母會採取家長專制式排斥或道德訓斥，甚至動用極端的身體暴力。

第三階段：僵持階段。這一階段，父母在經歷了激烈的崩潰、拒斥階段之後，態度稍顯緩和。一方面，父母抱著「家醜不可外揚」的態度，採用軟硬兼施，如勸誡、恐嚇、威脅，甚至出現傳統的下跪求饒。由於無處不在的真實污名、鄰里之間的閒言碎語和飛短流長，一些家長試圖努力挽回殘局。另一方面，家長在冷靜下來之後，開始不停地尋找各種原因。由於對同性戀的認識不充分，有些父母以為是自己的家庭、為人父母本身的原因（如兒童時期缺乏關愛）導致了子女的同性戀取向，由此產生自責之情；同時又進行責任的轉嫁與推脫，認為子女是他／她身邊的人帶壞的（如部分家長認為女同性戀關係中是T帶壞了P）。通常，這一階段的父母會帶著子女四處求醫問診，動用專家話語，試圖訴諸醫學的管控機制來挽救子女的性取向。這是家長制與醫學監控之間的聯動與共謀，專家權威在知識和權力的爭奪中發揮著重要作用。家長寄希望於科學的、理性的話語介入，能重新賦予日常生活世界以秩序感和安全感。這種心理醫治的本質與其說是子女問診，不如說是父母自己的求醫——尋求心理和精神上的安慰和解脫，是父母給自己一個理解與適應的機會。

第四階段：補救階段。該階段是父母主動付諸理性行動、尋找實際的應對策略。在前三個階段，父母與同性戀子女之間的關係是對立、分離的。從現階段之後，父母逐漸變得理智，並開始與子女尋求配合。考慮到性風險（尤其是艾滋病）、子女前途、養老、面子等問題，這些都使父母產生一種難以言說的強烈不安和焦慮感。如何排遣這種難纏的焦慮？這時，一些父母強勢的家長權威心態逐漸抬頭，他們可能會以另一種方式要求子女改變性取向，比如找異性結婚，無論是同直婚還是形式婚姻。這樣既可以在親友面前挽回面子，而且認為或許能改變子女的性取向。異性婚姻只是一種形式，一場試圖偽裝與掩蓋的擬劇表演。當同性戀子女鼓起勇氣撕下自己的性身分面具時，他們的父母卻自覺而不約而同地戴上了一副社會面具。通過這種方式，父母努力試圖將同性戀子女重新規範化，以納入「正常」的軌道。

第五階段：妥協／整合階段。事實上，妥協帶有幾分無奈的意味，如一些父母仍然幻想著子女有朝一日「回心轉意」，認為現在只是年齡小，將來有一天「懂事」了會改變。有些父母則無奈地接受這一事實，只好自我安慰——「人活著只在當下，以後各顧自己」。這種內心的缺憾在子女出櫃留下的虛空中無限延展，它或許將伴隨著父母的終身。在該階段，通過父母的心理調適和代際間關係（家庭關係）的整合，父母和家庭最終接納同性戀子女的性身分，只是前後的期待不再一樣，子女和父母的角色也發生了變化。

上述五個階段僅是理想類型，在實際家庭出櫃的情形中，未必逐一呈現。有些家庭的出櫃過程可能比較順暢，會沒有出現「崩潰」現象；而有些家庭在經歷崩潰階段後可能會一直停留在拒斥或僵持階段，雙方無法達成妥協，更無法重新整合家庭關係。根據范金納普（一九六〇）、維克多·特納（一九六〇）等人對通過儀式與閾限的論述，如果將家庭出櫃看作是一種「通過儀式」，那麼可以用下面的理論圖示（圖7-1）來表明家庭出櫃儀式的結構和過程，以及同性戀者在通過儀式中的地位轉變。

在圖7-1中，虛線的橫軸表示儀式主體（同性戀者）在通過儀式過程中經歷閾限階段後發生的身分／角色轉變，但是每一次家庭出櫃儀式發生時，這種身分／角色轉變不一定都能順利完成。儀式過程中身分／角色的轉變既是對同性戀子女本人而言，也是對父母而言。作為同性戀父母，子女出櫃賦予其身分與角色以新的社會意義，而真實性身分暴露後的同性戀者在獲得新的身分之後，也需要即時地調整與父母的互動策略。實線的縱軸表示通過儀式過程，即分離↓閾限↓重融，這也是世俗領域↓神聖領域↓世俗領域的發展過程。橫縱軸的交界處是閾限，是儀式過程之突生性發展與身分／角色轉變的關鍵點，它是一個多重的臨界點。

我們可以將「同性戀親友會」現場看作是一場集體性的家庭出櫃儀式，會議主持人起到儀式主持者的作用，推動著出櫃儀式過程的發展，他在話語引導、調和現場的同性戀子女與家長之間的矛盾關係、緩解現場氣氛並保持會場的嚴肅性等方面起到重要作用。遵循著范金納普對通過儀式的分析，相應地，家庭出櫃儀式也可以分為三個階段：

第一階段：與日常生活世界（家庭／工作場所）的分離。同性戀親友會的參會者要求是同性戀者及其家長，這一要求將同性戀者與其他異性

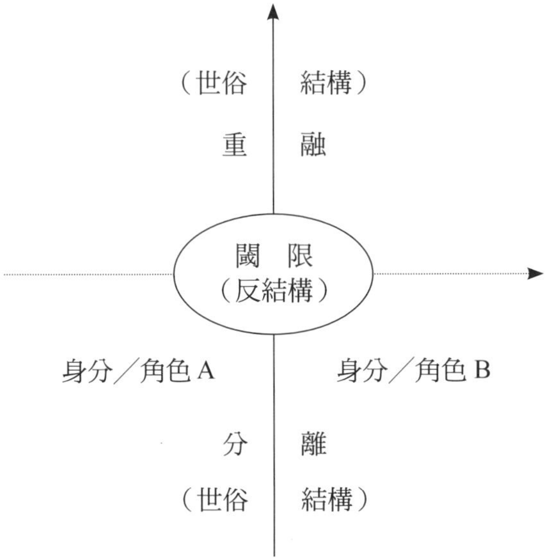

圖 7-1　家庭出櫃儀式的結構及其過程

戀群體分離開來。無論是單一的家庭出櫃還是親友會現場的集體家庭出櫃，發生的場域都是與外界相對隔離的空間，使得出櫃時的情境與外面的世俗世界相分離。空間的分割確保了出櫃儀式的神聖性，這是出櫃得以順利進行的外部條件。在這種空間裡，人們的關係變得陌生化，即使是父母與子女之間也發生身分的退化現象，此時的父母－子女關係不再是血親關係、不再是私密的情感聯繫；對父母而言，這種關係被客觀化為「作為父母的我們」與「作為同性戀者子女的他們」之間的一般性聯繫。這種身分與親子關係的陌生化、平等化效果是在儀式現場在地生成的。與此相應的一個事實是，同性戀親友會的參與者大多數都來自外地，北京本地的參與者相對較少。通常的解釋是他們害怕遭遇熟人，因為親友會現場所處的畢竟是半開放、半封閉式的空間，無法保證會議的完全私密性質，更何況現場還有當地的記者和防艾官員。這種行為與心理邏輯背後其實是對儀式侵擾與破壞的隱憂，熟人所帶來的無意後果正是對陌生化情境的破壞，使得儀式又逆向朝著世俗化的方向進行，導致無法實現出櫃情境中神聖與世俗之間的分離，從而出櫃也無法達到預期的效果。

第二階段：敘述、話語爭辯與身分爭奪，這也是家庭出櫃儀式中的閾限階段，也是作為通過儀式的家庭出櫃之核心階段。由於神聖空間裡身分的模糊性和臨界性，同性戀子女與家長之間的激烈衝突主要發生在這一時期，諸如哭訴、父母與子女之間在其他場合（即世俗空間）無法輕易表現出來的坦誠與勇敢、同性戀子女對父母的公開批判，甚至已婚同性戀者的自我辯護等。在獲得閾限的過程中，「經歷分享」具有十分重要作用（特納，一九六九／二〇〇六）。顛覆性的行為與話語正是鬆動原本僵化、頑固不化的文化定見之基礎，正是在這個衝突性的交融過程中，分享、改變與新的接納才得以可能，作為外來者或模稜兩可的身分地位得到重構，或者被解除成員資格，或者被重新接納、進入家庭。在這種「集體性的儀式化象徵實踐」（Knottnerus, 2011: 10）中，充滿了顛覆、解構與逆反性，這也就是特納所謂的「結構與反結構」特徵。

第三階段：回到家庭，即通過儀式中的重融階段。在這個階段，同性戀者做回自我，不再需要帶著面具在父母面前表演。父母也重新接納同性戀子女的身分，並重新賦予新的認知與期待。此時的儀式主體——無論是同性戀個體還是家庭——重新獲得相對穩定的狀態。在同性戀親友會展現的集體出櫃儀式中，兩天的會議臨近結束時，通過現場的同性戀者與母親們集體唱歌、合影、向母親獻鮮花（一位蒙古族青年還向媽媽們獻上哈達和美酒）等方式慶祝同性戀子女與父母／家庭的重新融合，現場也回歸到日常的世俗生活秩序之中。通過這種方式，個體得以維持穩定的人格結構，而社會重新獲得穩定的結構狀態。

家庭出櫃儀式是在異性戀共同體受到身分／價值觀念衝突的威脅時做出的應激性反應，具有治療性與補償性。它可以吸收「外來的」、「異己的」個體，使之獲得群體成員身分。家庭出櫃儀式提供了面對面地傾訴痛苦與創傷的機會，因此起著一種關係與結構的修復功能。另一方面，儀式又可能產生危險、懼怕、傷痛與禁忌。處於出櫃閾限中的人們並非模式化、類型化的常規性家庭成員之間的互動，這種情境類似於加芬克爾（Harold Garfinkel）的破壞性試驗，突如其來的變化導致觀念衝突、驚愕、困惑、震怒等情緒，處於閾限中的人以這種不規則、不相容性改變「結構中永久性的類別」之間的自然平衡（特納，一九六九／二〇〇六：一七九）。通過儀式試圖以有意識的反結構狀態來鞏固和強化社會結構與社會關係——即結構狀態，但是儀式並不一定都能理想地達成其目的。儀式結果有可能失敗，也可能是調和達成的暫時妥協狀態，通常的家庭出櫃儀式更多的是出現後者這種結果。一些同性戀者與父母之間的關係類似於一種停戰協議，而不是完全接受他新的同性戀身分，它無法消解原有的角色與規範衝突，甚至可能僵化、結構化這種衝突與困境。

家庭出櫃儀式中主體關係的轉變是在閾限中實現的，在這個反結構性的空間裡，原有社會結構中的角色、關係、身分暫時消失，同性戀／異性戀的二元對立類別被解構，認知模式中的分類圖式逐漸消解，取而代之的是「轉換模式」。這裡，同性戀子女與父母之間的關係不再被放到家長制下，也不是醫生與病人、法官與罪犯之間的關係，整個場合提供了兩代人之間進行溝通、理解的機會。經過閾限狀態之後，處於臨界點和混合狀態的儀式主體重新回歸正常化、規範化。家庭出櫃儀式的反結構性表現在以下四個方面：第一，與日常生活的世俗領域相分離，這種形式性的空間隔離進而影響到儀式參與者（同性戀子女與父母）的認知態度與精神狀態，使其身分、角色脫離原有的結構與規範的約制。第二，臨時性。同性戀親友會組織的集體出櫃空間是暫時構成的，它本身不會持續存在。因此，它具有一次性的社會與個體互動所具有的一般性特徵。第三，強制性異性戀統制的弱化。同性戀子女與父母都在一定程度上內化了異性戀規範，尤其是那些內化了恐同症的同性戀者。在家庭出櫃儀式中，這種規範得到弱化，從而同性戀者得以發出自己的聲音。第四，身分／角色的消融。雙方不再具有地位高下之別，不再以儒家倫理的關係性來看待彼此的社會位置，而是獨立存在的個體。因此，同性戀者對父母的批判得以可能。

由於現有的法律、道德規範難以容納同性戀身分，因此同性戀者在家庭或親屬群體中的獨特結構位置導致社會關係和社會地位整合的尷尬，性身分的暴露使他們成為熟悉的陌生人，在整個社會結構與親屬關係體系中顯得格格不入。通常情況下，子女在以關係為主要取向的家庭與親屬結構中占據某一特定的位置，家庭結構與親屬關係對其資格成員的潛在、默認假設是異性戀者，這不僅在家庭中如此，而且整個社會都是異性戀統制的社會。同性戀者無法履行血脈繼承的家族義務，破滅了家族對子女婚姻與生育的期盼，「同性戀」這一外來的身分使同性戀子女在結構中所處的位置變得模糊不清，甚至岌岌可危。當前的家庭結構中沒有同性戀的位置，法律上也是如此。爭論、焦慮的對象不僅針對個體而言，而且包括針對個體扮演的社會角色。這種結構性衝突的一種解決方案便是竭力「治癒」、「矯正」子女的同性性取向，使之回歸到原有「穩定的」、「正常的」社會結構體系。在一個無視同性戀存在的社會，同性戀者處於已建構的社會秩序之外，社會否定、抵制甚至扼殺任何「異質的」、「非我族類」的事物。

從表面上看，家庭出櫃過程似乎充滿情緒性的色彩，其實這種情感表達的背後隱藏著一個社會的文化和制度觀念。在這個異性戀社會裡，同性戀者充滿了與道德、法律、疾病之間的糾纏，他們成為離經叛道的、陌生的、需要重新社會化的他者，是未被審判而遭到放逐的犯人。異性戀文化試圖通過強制性的、潛移默化的同化手段，使同性戀者被納入、吸收甚至湮沒在異性戀社會中，失去其自身的獨特性和身分。同性戀者的家庭出櫃是對既存的權力結構（家庭乃至整個異性戀社會）、話語和實踐的挑戰，這是一場規訓與抗爭之間的較量，涉及細微的權力鬥爭的深層法則和知識的形態。在這場博弈與爭奪中，要麼以事實和信念去迎合一個權威的說教，要麼與傳統話語和權威作徹底的決裂，不再留戀那由於忽視而苟得的自由。作為性主體的身分覺醒，家庭出櫃也是一個自我支持和自我賦權的過程。家庭是家長專制與異性戀統制的權力運作與實踐的最具體的場域和最真實的形式。二十世紀八〇年代以來，當國家逐漸退出對私人生活的全方位管制與監控之後，家庭對個體的管制功能卻沒有消減。因此，在某種程度上而言，家庭出櫃是新的政治個體破繭而出的蛻變過程。也是在這個過程中，我們可以看到新的同性戀主體／身分是如何在異性戀統制下產生並且得到維護的。在家庭出櫃中，我們可以看到異性戀文化的張狂自大與頑固不化，它構築文化高牆，排斥性地自我封閉。這種文化的過度自戀和盲目崇拜導致的居高臨下感、無可置疑、不可違犯的姿態其結果反而重傷了自己。同性戀者在異性戀社會的有機體上撕開了一條深刻的裂痕，同性戀現象告訴我們：異性戀只是一種脆弱的社會和文化建構。

同時，我們也要看到，中國的同性戀者在面對家長的各種反應時，他們不會想到訴諸個體的自由或性少數族群的權利來駁斥父母，而是在情感的漩渦裡迴旋，直到雙方疲憊不堪為止。對個體權利的訴求實質上也是一個自我認同和自我表達的問題。當然，這裡有傳統儒家文化的影響，其中孝道是主要因素。傳統文化通過社會化過程在個體身上產生內在的自我管制作用，比如內在良知的懺悔。這種情況正如傅柯在《監視與懲罰》中探討「圓形敞視監獄」時所說的，「靈魂終成了肉體的監獄」。中國同性戀者潛意識地試圖調和同性戀性取向（同性性慾）與家庭角色所承載的義務（盡孝），因此才有了諸多的進入異性婚姻的同性戀者——不管他們是否事先意識到自己的性取向，才會有如此多的同性戀者、甚至家長認真考慮形式婚姻。

結語

本書以實證研究的方式記錄了當代中國同性戀社群的生存狀態，通過「在具體的文化中辨別同性戀表達的主要形式、檢驗其歷史和社會背景」（Sullivan, 2001: 265），以揭示哪些因素會促使產生獨特的同性戀形式，進而釋放被總體化敘事壓制的自主話語、知識和聲音。通過闡述同性戀的歷史流變、身分轉變與話語演變，我們可以看到強制性異性戀的作用機制，這種機制與父權制、性別歧視以及政黨統治等諸多因素相結合，從而使它的運作難以察覺又無處不在。

西方的同性戀現象經歷了從宗教意義上的「惡」到法律意義上的「罪」，從醫學意義上的「病」到文化意義上的「身分、獨特的生活方式」的過程。換言之，同性愛情與同性性慾的本體論地位經歷了這樣的變遷：從一種污名化群體的越軌行徑、一種罪惡活動、一種臨床精神障礙到一種肯定性的社會身分和亞文化。從整個過程來看，它體現了從異常到差異的轉變過程。中國的同性戀存在則經歷了從一種「癖好」、「風習」到「病態」的逆向轉變過程，在毛澤東時代更是成為嚴厲懲治的犯罪行為，近年來又經歷「非病理化」和頗具爭議的「非罪化」，這個過程深受西方同性戀解放運動的影響。這個過程也創造了新的同性戀主體，他們重新定義同性戀身分及同性戀存在的意義，同性戀族群正從一個無集體／身分意識的群體逐漸向一個自覺的性少數族群轉變。

本書通過懸置各種先入之見的污名、標籤和想像，從同性戀者主體的生活和話語來反思、質疑中國社會存在的一些根深蒂固的文化偏見和社會問題。同性戀者的情感以及性角色與性別角色之間的關係錯綜複雜，同性戀者的擇友、戀愛方式、關係的維持與異性戀者存在相似的地方，不少同性戀者形成了長期固定的伴侶關係模式。由於異性戀社會的刻板印象與污名化，男同性戀者往往給人以「亂交」、「濫交」的形象，這種印象嚴重阻礙著人們接受同性戀社群。有關同性戀情感關係的研究表明，同性戀者追求的並不都是短期的伴侶關係和純粹的性行為，許多同性戀者具有穩定的伴侶關係，或者渴望找到能一起安穩地「過日子」的同性伴侶。所謂「性亂」是欲施加道德暴力於同性戀的一種建構，異性戀群體也存在類似行為，卻沒有引起公眾的過度關注與大加撻伐。儘管同性戀者的情感關係缺乏法律制度的保障和親友家長的支持，也沒有其他整合性的力量來維繫同伴關係（如共同生育的孩子、財產等），但仍然有很多同性戀者注重感情，不願意「湊合著」過日子。他們一旦遇到合意的對象，就傾向於過兩個人的生活世界，不願意與外部世界有更多的牽連與瓜葛。同性戀者的情感世界很豐富，不能將（男）同性戀者簡化為性存在，他們也具有其他個人特質和社會屬性。

同性戀的性角色通常有「攻」（1／T）和「受」（0／P）之分，而同性戀的性別角色類似於異性戀話語中的男性角色和女性角色；然而，同性戀者的性角色並不總是與性別角色相一致，女性氣質的男同性戀者在性行為中可能扮演主動的角色，反之亦然；因此，性別角色與性角色無法相互推斷。性角色和性別角色部分源於生理性別與社會性別之間的劃分，但性角色不是完全由生理因素決定，攻、受行為沒有完全結構化。男同性戀社群中「受」的角色占多數，這可能與長期的歷史—社會塑造和文化心態有關。在同性戀社群裡，文化對性行為的作用通過性別角色規範為中介得以實現，從中也可以看到社會／文化如何建構行為，以及性與社會結構之間的連接如何通過性別角色實現。

由於制度性的有意忽略、文化傳承斷裂、社會污名以及內化的傳統儒家思想（主要是孝道），使得絕大多數同性戀者不願意向他人（尤其是自己的家人）表明自己的真實性身分，他們寧願躲在自我的「櫥櫃」裡。「認同而不出櫃」是本書描述當前中國同性戀者生存現狀的一個基本結論，即那些對自己的性身分有著良好認同的同性戀者不願意向周圍的人透露性取向，尤其不情願向父母出櫃。由於中國傳統儒家文化注重家庭和孝道，很多同性戀者生活在真實的異性戀婚姻裡。同性戀者不出櫃得以可能有兩種替代性的選擇，一種是步入同直婚，另一種是結成形式婚姻，這兩種婚姻形式事實上仍是同性戀者躲在「櫥櫃」裡的手段與方式。西方學者關於同性戀者自我認同的研究主要針對性身分認同，同性戀者經歷了從行為到身分的演變過程，「出櫃」則意味著自我認同的完成。中國同性戀者的情況與西方有很大不同，尤其是同性性行為並不必然轉變為一種同性戀身分。在現階段，中國同性戀者的集體身分感很脆弱，他們仍囿於各自的小天地裡，對同性戀圈裡圈外的事情抱著「事不關己高高掛起」的漠然態度，這對同性戀社會運動可能產生消極影響。許多同性戀者仍希望借助於同直婚改變自己的性取向，或通過形式婚姻掩護自己的性身分，從而滿足父母的婚姻期待。

西方觀念中的「出櫃」不僅僅是關於女同性戀／雙性戀／男同性戀運動的政治議題，而且它以肯定個人主義價值觀、話語權利、自主性以及更一般意義上的性態為前提條件，西方社會重視個人的坦白／懺悔，並堅決捍衛言說的權利。因此，通過集體出櫃的形式將性權利轉變為政治權利，常被性少數族群一致認為是捍衛權益的主要途徑。中國同性戀者拒絕接受「lesbian」（女同性戀）、「gay」（男同性戀）或者「coming out」（出櫃）的思想，他們因此被西方的同性戀活動家批評為躲在「櫥櫃」裡、不誠實和自我否定。在西方社會，自我認同良好的同性戀者將那些具有同性慾望並可能發生同性性行為、但是缺乏同性戀身分認同的人稱為「櫥櫃皇后」（Closet Queens），該詞有時也用來指自我認同但不願意與其他同性戀者產生聯繫，或者整天偽裝成異性戀者的同性戀者，這些「櫥櫃皇后」被認為最大程度地內化了異性戀社會對同性戀者的各種否定性偏見（Dank, 1971）。然而，在中國的情境下，「櫥櫃一族」也可以被視為一種自覺的抵抗形式，即反對將西方的「同性戀－異性戀」二元模式加諸於中國人的關係性和動態的性觀念之上（Chou, 2001: 28）。中國同性戀族群的「認同而不出櫃」是很具有文化特色的現象。「櫥櫃」實踐至少避免了身分暴露帶來的風險，並在異性戀與同性戀世界之間尋找一條適合自己的道路。

儘管同在一個共享的儒家文化圈內，日本同性戀者與異性戀婚姻之間的關係似乎沒有像在中國的情況如此緊張。在日本社會，家庭作為一種制度設置擁有不可動搖的地位，但他們的家庭觀和婚姻觀與西方盎格魯－撒克遜文化有著顯著不同。日本人對婚姻的構想不是根據西方社會的「同伴模式」，他們結婚的理由是建立一個「家庭」（household），這與歐美人心目中「家」（family）的概念存在諸多不同。在這種背景下，婚姻被描述為一種「共同的再生產工程」。相關研究表明，一些日本男同性戀者尋找同性性行為非常活躍，但拒絕與其男性伴侶共同生活，因為這會讓人懷疑「他是同性戀」。日本的男同性戀者並不忌諱與異性戀女性結婚，對他們而言，性並非是其個人特質的重要組成部分，家庭的地位要高於個人的性，甚至對女性完全缺乏性興趣也不至於成為婚姻的障礙。日本媒體甚至披露有些女性傾向於與男同性戀者結婚，因為男同性戀者的「女子氣」被理解為對女性更體貼以及他們在日本社會的從屬地位（McLelland. 1999; McLelland, 2000）。亞洲社會處於一種從傳統到現代的連續統中，在全球化的背景下理解亞洲同性戀文化，也有助於我們了解中國同性戀思想由傳統到現代的演變過程中的本土性與植入性問題。

大體而言，在討論中國的同性戀現象時需要考慮到以下幾個方面：

第一，制度缺席。這是認識中國同性戀族群生存現狀的基本前提和背景。同性戀族群由於人為製造出來的差異而遭受排斥、被忽略和邊緣化。在抹殺性，甚至取消性別差異的毛澤東時代，儘管同性戀沒有作為法律主體進入中國的司法話語體系，但同性戀行為卻被斥為「雞姦」行為而遭到嚴厲懲罰；在一九九七年中國同性戀「非罪化」之前，同性戀行為則被隨意性較大的「流氓罪」論處。即使在同性戀「非罪化」和非病理化之後，中國的同性戀群體在司法實踐過程中也存在很大的不確定性。當前的同性戀者在法律和制度層面是缺席的，沒有任何切實的保障可言。對同性戀者而言，制度缺席意味著在這樣一個威權主義國家，它無法通過自上而下的政策性措施消除普通民眾對同性戀的錯誤觀念，而只能依靠影響力有限的各類民間組織和邊緣化的團體，這類組織團體通常資金捉襟見肘、人手匱乏，相互之間存在競爭關係，它們日常的「防艾」工作又不可避免地使同性戀者與艾滋病污名聯繫在一起。站在政府的立場上，同性戀群體主要是病理學監控的對象。同性戀者若要在主流社會獲得更多的承認和能見度，就需要在制度層面獲得更多認可，但這在眼下難乎其難。

第二，文化斷裂。由於一百多年來中國社會發生的劇變，人們在思想觀念上對同性戀的態度也發生了斷裂式改變。斷裂式社會發展導致文化發展與傳承的斷層，更何況這個社會進程本身包含著對某些文化要素的滅絕性侵害。當代中國同性戀社群剝離了傳統同性戀文化的歷史內涵和社會屬性，僅剩下赤裸裸的行為本身。二十世紀中葉，當時的同性戀者面臨的是一種空白的性腳本，由於缺乏性的傳承機制，他們的性認同更多地通過性行為本身完成，而同性戀身分認同尚未提上議事日程。身分認同模式也與代際差異有關。改革開放之後出生的同性戀者面臨的情況有所好轉，這主要得益於互聯網提供有效的信息傳播和文化形塑的平台，他們甚至可以通過性行為之外的方式完成個體的性認同和群體的身分認同，進而呼籲同性戀權益。在劇變的社會裡，不同年代同性戀者的社會處境不可同日而語，而且面臨的個體困惑和社會問題也不同。改革開放之後出生的同性戀者面臨的問題主要是出櫃（尤其是家庭出櫃），而改革開放之前出生的同性戀者面臨的問題主要是如何處理已成事實的同直婚和家庭問題。當前的中國同性戀族群仍然缺乏或尚未產生其特有的同性戀亞文化，它正處於代際轉變期。文化缺失致使同性戀者的日常生活與思維方式傾向於模仿異性戀的文化模式。

第三，族群分化。當前中國的同性戀族群在多個層面上存在分化現象，集體身分感尚很脆弱。這種自我分化不僅存在於男、女同性戀群體之間，也存在於以「素質」分高下的同性戀社群內部。中國同性戀社群呈現出一種複雜、多元和異質的群像，他們中有的人為求生計而「賣身」，有的人正陷於同直婚苦苦無法自拔，有的人為了尋求一時性發洩而出沒於各大公園的角落，有的人因為性取向問題而導致家庭分裂、割脈自殺，有的人操一口流利的英語、出入於酒吧等高消費場所，有的人頻繁參加國內外同性戀共同體組織的精英培訓和公共活動，諸如此類。在有些情況下，同性戀精英塑造的「潔身自好」形象是以群體內部的分裂為代價的；他們對底層普通同性戀者採取避而遠之的切割策略造成同性戀群體內的自我隔絕，這種情況下所謂的「同性戀運動」彷彿成了一小撮人的事業和生活方式，甚至成為某個小圈子裡的話語遊戲。同性戀族群集體身分認同的自我瓦解也削弱了它的組織與動員的能力，導致群體成員在遭遇強大的國家機器時，通常表現出集體無行動，正如「重陽節事件」所展現的。族群的自我分化與弱認同是交互作用的，弱認同下的集體行動遵循著另一條路徑，它表現為道德抗議與文化運動。從「認同而不出櫃」的現狀來看，中國當下的同性戀解放運動未必要如歐美國家的同性戀「驕傲月」、「驕傲遊行」那樣張揚、外顯，它可以是潛在的觀念改變，這在中國的語境與文化實踐中可能更現實，而且這種改變可以在多個層面並行不悖。

另一方面，社會對同性戀觀念的改變需要同性戀族群有一定的「可見度」。因此，在有條件的情況下，適時改變同性戀族群的「結構性不可見」狀態也同樣重要，至少讓異性戀社會意識到這個族群和這股力量的存在，進而使同性戀權益的保障上升到一種公共需要。正是在這種意義上，家庭這個權力鬥爭的場域可能不再是同性戀者應該畏懼的「敵區」，父母可以被動員起來，成為聯合反對社會污名、爭取同性戀權益的一股不可低估的潛在力量。現實生活中也已出現了這樣的實例，這些人身為同性戀者的母親、父親，卻站出來替同性戀群體發出聲音，他們作為「長輩」、「他者」和異性戀者義無反顧地捍衛同性戀社群的正面形象。這些人的行為會產生良好的社會效應，不僅同性戀者需要這樣的聲音，同性戀家長也需要這種相互支持的行動。

最初，「同性戀」這一類別的建構被用來劃清界限、清除異己，以此鞏固異性戀社會。然而，這一企圖卻產生了未曾意料的悖謬性後果：它反過來顛覆性地批判異性戀文化，這個過程具有強烈的文化解構意味。同性戀社群的存在也促使人們反思異性戀文明，這裡簡單談及三點。

首先，婚姻制度與代際關係。一夫一妻制是人類社會發展到一定階段的產物，它並非人類必然的、本能的社會設置。同性戀群體的存在以及他們遭遇的難以擺脫的困境讓我們反思一夫一妻制婚姻、異性戀核心家庭等這些社會制度的壓迫性。在我們的多元化社會裡，並不是所有的人都適合建立婚姻關係、進入家庭生活。對這些人而言，婚姻不僅是愛情的墳墓，也是生活的墳墓，而家庭也可能是一種累贅、負擔與強制。對於每位社會成員而言，婚姻、家庭這類社會設置並非是不可置疑的，誠然，它們具有一定的社會功能，如社會控制與管理、自我組織化以及初級社會化等職能。但對不同的人而言，它們也可能成為一種強制性的束縛。大多數人不經思考就進入婚姻、家庭，或者未能在婚姻、家庭之外思考新的可能性，因為他們已經被社會規訓太久，喪失了自我反思與反叛的能力。而且這種質疑和叛逃的代價較大，更何況個體的抗爭在短期看來微不足道，此外還受傳統文化、宗教制度、親族關係等因素制約。或許正因如此，有些同性戀者對同性婚姻不置可否，在他們看來，同性戀者進入任何形式的婚姻都是一種自我束縛、自我異化。如果婚姻制度和家庭生活不是必然的、必須的，那麼當下中國同性戀者苦不堪言的家庭出櫃本身也就不足以構成一個真實的問題。婚姻制度不僅壓迫同性戀者，而且也壓迫異性戀者，現代社會的高離婚率可以佐證這一點。

在代際關係方面，同性戀者是兩代人之間緊張關係的極端表現。中國的父母都希望子女盡早成家立業、自己能夠含飴弄孫，這與關係型的人格取向密不可分。傳統反哺模式下的父母將自己與子女一輩子捆綁在一起，認為子女便是自己的全部、甚至是化身。子女就像是父母名下的土地和財產，家長不僅擁有子女本身，還「天然」擁有他們的產品（兒孫）。這種家長制關係通過一整套複雜的轉換機制，被包裝成一種強烈的情感關係和孝道，從而掩蓋背後真正的權力關係。家長干預並侵入子女生活的狀況，與個人的性行為和私人快感成為道德倫理的關注對象可謂同根同源。子女被規訓成父母養老的工具，儒家文化強調的孝道，如「父母在，不遠遊」、「不孝有三，無後為大」等，成為最具壓制性的話語。在如今日益強調個體價值和生命體驗的時代，年輕一代早已脫離土地、家庭的羈絆，並且在科層制體系的運作下，血緣關係的重要性顯著下降。年輕人完全可以憑自己的能力在不同的領域打拚創造一番天地，他們較少像傳統社會裡那樣依賴父母的經濟支持和祖輩的遺產，而希望人格獨立、婚姻自主、生活自立。在現代社會，這種新的具有獨立精神的個體之崛起與父母一輩仍抱守著的傳統觀念形成強烈反差和衝突。

其次，解構二元對立的思維模式。類似於種族歧視和男性霸權，異性戀主義是社會權力的結構形式，它賦予異性戀優越的特權。它製造各種對立的意識形態，其中同性戀－異性戀是最常見的二元對立範疇之一。異性戀主義通過各種主體化的過程，產生恐同症主體，尤其是自我憎恨的同性戀者。作為一種統治形式的異性戀主義還導致強制性異性戀，在無處不在的異性戀主義鐵幕下，同性戀者在同性慾望、家庭責任、出櫃壓力、恐同症、社會污名以及對艾滋病的恐懼中痛苦地掙扎。

同性戀慾望與異性戀慾望僅是對人類慾望的一種任意劃分，而慾望本身是多形態的和未分化的。當代許多研究都試圖消解傳統意義上的「同性戀－異性戀」二元對立。在現代大多數西方文化中，性取向僅被理解為「同性戀－異性戀」二分法已經很少見。而且同性戀僅是其中一種性少數族群，此外還有自我認同為「既不是同性戀也不是異性戀」（如「無性」）的人，還有諸如雙性戀、跨性別者、易裝皇后、虐戀、戀物癖者等。顯然，「同性戀－異性戀」這種二元對立式的劃分忽略了性與社會性別的多樣性。人類性本能的對象和滿足方式可以非常廣泛和多變：對象可以是戀人（包括戀童、戀老等）、戀動物、戀衣物、戀屍、戀腳等，滿足方式也可以從露陰（癖）、偷窺（癖）到各種類型的性行為以及性施虐、受虐、姦屍、獸姦、排糞淫等。同時，性身分是流動不居的，而非固定不變，身分認同是一個不斷協商的、持續終身的過程。任何固定的分類體系與框架會限制個體完整、真實的自我認同。酷兒理論將異性戀／同性戀二元性看作一種建構自我、性知識和社會機構之總體的、宏大的和壓制性的框架。這種二元劃分的性系統，或者稱之為權力／知識體系產生了僵化的心理和社會邊界，它無可避免地產生了支配制度和權威等級組織（Kong, 2011）。

類別化的思維方式有助於我們理解新生的、陌生的事物，並使日常經驗組織化與秩序化。但它僅是一種認知手段和工具，無法取代事實本身，不應該將類別、範疇本身當作現實與真理，甚至反過來本末倒置成為歪曲事實的理據。針對二元對立思維模式的反省與解構有助於我們更好地認識到現實世界的複雜性，人性或其他事物本身不是二元對立的，而是多維的、是一種連續譜。

最後，增權的權宜性。同性戀族群的自我分化與碎片化妨礙著爭取同性戀權益的集體行動和社會運動。一方面，這種分化源自各個利益小群體之間各自為政、畫地為牢，彼此「井水不犯河水」；另一方面，它源自同性戀小群體內部存在的歧視現象。弱勢群體在爭取權益的過程中，需要淡化小群體之間的邊界，確立廣泛的統一戰線，這樣才能彰顯自身的存在和力量。如果同性戀族群自身內部或之間無法消除芥蒂、無法克服歧視和偏見，那麼更難以要求異性戀社會消除誤解並支持同性戀者的各項權益。在弱勢群體爭取權益的過程中，要不斷地擴大、兼併不同的「類」，這些類別之間或許存在差異與矛盾，但是在爭取權利的初期，他們總能找到共同的利益和合作的動機，從而達成一個暫時的、權宜性的行動團體。不同群體在爭取權利與維權的過程中可以相互促進。作為一個權利抗爭群體，同性戀者的特殊之處在於：它要爭取的基本權利，異性戀社會已經廣泛享有。在全球化的大背景下，政府日益缺乏正當的理由限制同性戀社群爭取基本的合法權益。

關於同性戀的研究還涉及交叉性問題，即性取向與性別、種族、國籍／地域、階級、宗教等屬性交叉，從而產生極為複雜的現實處境。這方面的探討可以與我們關於南非黑人女同性戀者的研究形成對照。南非的黑人女同性戀者處於一種總體性的交叉弱勢狀態，「同性戀」、「女性」、「黑人」、「非洲」等這些身分相結合迫使她們處於社會的邊緣，不同身分範疇的交叉性與實踐經驗之間在具體的情境中彼此建構（王晴鋒、李雨邊，二〇二二）。儘管同為發展中國家，中國同性戀者的現實處境與南非同性戀者存在很大區別。具體而言，南非同性戀的合法化過程是一場自上而下的政治干預，正因如此，它導致國家－制度層面與社會－文化層面對同性戀現象的認知出現斷裂與脫節，這種深層次的斷裂是後種族隔離時代南非社會撕裂的重要表徵形式。基於此，我們認為恐同症存在兩種基本的形式，一種是國家-制度支持的恐同症，另一種是社會文化支持的恐同症。與其他非洲國家不同，南非表現出來的主要是社會文化層面的恐同症。南非社會對同性戀者的接受程度較低，很多人仍然將同性戀視為一種外來的、不是非洲本土的屬性。對於在性別、階級和種族的階序等級中處於劣勢的黑人女同性戀者而言，她們的現實處境更加艱難。南非的案例給我們的啟示在於，即使國家的法律保障同性戀者權益，但是在對同性戀者充滿敵意的文化裡，它依然需要不斷地通過草根運動對公眾進行潛移默化的教化與啟蒙，以逐漸減少基於性態的認知差異而引發的文化失調乃至暴力衝突。由於存在種族、性別、階級、性取向等要素的交互影響，南非的同性戀群體內部存在嚴重的分歧與矛盾。底層的同性戀巡遊確實具有一定程度的包容性、開放性或解放效果，但它實質上是性別、種族、階級、國籍等身分類別排斥的結果，我們無法忽視在它之外同時還發生著聲勢浩大、更加「主流」的同性戀活動。

南非黑人女同性戀者的生存處境也可以用來反觀中國的社會現實。例如，中國的女同性戀群體同樣處於交叉性的弱勢地位，儘管兩者在弱勢程度、社會可見度和交叉性的範疇等方面存在差別。我們期待更多地從不同階層、民族、宗教以及城市／農村等方面研究女同性戀者，這些不同的身分屬性與父權制、異性戀霸權、性別歧視等彌漫性的意識形態相結合，深刻影響著當下中國女同性戀者的生存狀態和行動取向，包括女同性戀群體內部因異質性而導致的自我分化以及與男同性戀群體之間的複雜關係。我們還發現，關於性取向的「大眾啟蒙」很重要；南非黑人女同性戀者面臨的處境是「制度認同而社會恐同」，因而它更多地是期待著「自上而下」的賦權；與這種情況相反，中國女同性戀者面臨的大環境是「制度恐同而社會認同」。這是否意味著，在制度賦權暫時缺位的情況下，自下而上的自我賦權是一種可行的渠道？當然，在儒家文化和國家威權主義的影響下，這種基本判斷絕不意味著美化中國女同性戀者的社會處境，她們在異性戀婚姻、家庭／社會出櫃、生兒育女等事項上亦面臨著不平等、不公正的遭遇。

關於南非黑人女同性戀者的研究表明，忽略階級、性別、種族而強行建構某種統一性，實質上否定了本土同性戀者的主體性與文化認同。西方女性主義理論通常將愛慾置於生活基本需要之上，將同性戀性取向與維持生計、社會政治賦權孤立開來，這不僅使生活在第三世界的廣大窮苦女同性戀者的經歷變得不可見，而且也忽略了塑造社會群體內性關係的實踐與鬥爭的結構過程（Swarr & Nagar, 2004: 492）。從縱向的歷史進程來看，非西方社會對於西方性文化的接納也應持謹慎態度。無論是殖民主義時代還是去殖民化和民族國家的建設進程中，黑人的性態通常是被迫沉默的，尤其是殖民者剝奪黑人作為性主體的能動性，使之淪為易被改造的性客體（Osha, 2004: 92）。在後殖民時代，黑人的性態又受異性戀政權和全球化命運的宰制。就南非而言，無論是殖民地時代同性戀的罪化／病理化，還是後來的非罪化和非病理化，實質上都是將自身的性自主權拱手相讓，與西方亦步亦趨，它在這個過程中摒棄了自身本土的性歷史、傳統與文化，以至於陷入本質與建構、本土與外來、行為與身分的無盡爭論之中。西方評論者通常以非歷史主義的態度評判非洲的同性戀現象，以西方的理論和觀念來定義與解釋非西方的同性戀文化，將原本複雜多元的非西方性態強制性地納入二元對立的性態話語，使之隸屬於西方的性態話語和想像，並在政治上將其邊緣化和附屬化。這涉及西方同性戀文化／身分的全球化而產生的地方性後果問題。就此而言，非洲國家在借鑑西方學者近些年來積極建構的多元或流動的性／別文化的同時，仍然需要審慎地獨立探尋和思索屬於自己的歷史和文化，以重建非洲本土的性話語與傳統。在殖民主義與帝國主義的歷史大背景下，南非的黑人或許無法選擇；但是在新民主化的社會進程中，這不僅是南非的同性戀者／性少數群體，也是南非普通民眾可以深入思考的話題。

在不同的社會文化背景下，如何求同存異，消除因種族、階級、性別、性取向的差異而導致不同主體之間的分歧、衝突或無法聯合行動，仍然是一項任重道遠的研究課題。西方同性戀文化的全球性傳播被普遍看作是解放第三世界國家的性少數族群的進步性力量，這一現象被稱為「酷兒全球化」。「酷兒全球化」通過假定「酷兒」、「性存在」有一個跨越時空的超穩定的同一性結構基礎，這種同一性基礎的穩定性由於西方酷兒文化和身分的滲入而得到強化。結果，酷兒的跨文化交換總是陷入進退兩難的非歷史性的身分宣稱之中。當一種獨特的同性戀身分被視為支配性的和散布全世界的，那麼同性戀類型也變得平面化，從而抹除了西方和非西方世界具有同性慾望者之間的差異與不同（Collins, 2005）。針對西方酷兒理論家的「全球酷兒化」（Global

Queering）概念，林永銘（Eng-Beng Lim）提出亞洲的「全球本土化酷兒」（Glocal Queering）說法，通過這一概念，他試圖「促成對全球酷兒化這一闡釋性範式的認知轉移，因為該範式狹隘地關注所謂的地方性酷兒主體如何採納西方模式的男同性戀、女同性戀和跨性別的身分作為他們自身的能動性」（Lim, 2005: 386; Lim, 2014）。

這種思考其實亦涉及非西方國家的學者如何研究其他非西方國家，或者南－南研究的合法性問題。從根本上而言，它涉及非西方國家的被研究者如何成為主體，並且發出聲音的問題——這也是「庶民研究」的核心課題。事實上，我們面臨的關鍵問題不是如何回避或摒棄「運用西方生產的核心範疇」來研究非西方社會，實質性的問題或許是如佳亞特里．史碧瓦克（Gayatri Spivak）所言：「如何讓庶民（subaltern）說話？」我們這裡的「庶民」是指處於社會底層的沒有話語權的同性戀者。可以預料，在南南研究中，這種關於西方中心主義的學術批判與後殖民主義的回應仍將繼續。

總之，「同性戀」是一個龐大的、不可忽視的重要議題。近些年來，人們開始嚴肅對待這個話題，但令人遺憾的是，我們仍然以各種理由限制它、回避它，或者使之娛樂化、戲謔化。歷史上第一部同性戀電影是完成於一九一九年、由理查德．奧斯瓦爾德（Richard Oswald）和馬格努斯．赫希菲爾德共同編劇的《與眾不同》（*Anders als die Andern*）。影片講述了一位小提琴家與他的男學生之間的愛情悲劇，男主角被敲詐勒索、審判，最後不堪凌辱自殺身亡。影片充滿了對同性戀者的同情，控訴當時德國歧視同性戀的刑法「第一七五條」（Paragraph 175）。在這部無聲電影的結尾處，銀幕上出現了這樣的文字：

我們希望看到這樣時代的到來：這樣的悲劇不再重演，社會良知不再沉默，真理不再成為謊言，愛情不再變成仇恨。

謹以這百年前的希冀作為本書的結尾。

後記

時常身邊有人好奇地問我「為什麼選擇作同性戀研究？」而通常他們又懶得去聽完我平淡乏味的回答，這大概是由於他們覺得我的敘說並沒有吐露他們想像中我內心深處的某種創傷與渴望，或者乾脆直白地告訴人家：「因為我也是個同性戀者！」可惜我不是。其實，我一直沒有意識到身分問題對於學術研究的重要性。二〇〇九年夏天，在北京的一次性學會議上，我私下告訴一位參會的圈內學者說想作同性戀研究，他直截了當地質問我：「你有什麼資源？你的動機是什麼？」然後，他拍拍胸脯說：「我就是Gay！」那種自豪感曾讓我無地自容，就像因突然發現自己的某種先天性缺陷而感到遺憾、懊惱甚至痛恨一樣。那天中午，正下著濛濛細雨，我跟在張北川後面，有些失落地問他該不該繼續作同性戀研究。他說：「我不是同性戀者，李銀河也不是！」我當即信心大增。在此後很長的時間裡，我靠著自我封閉式的閱讀與田野調查維持著這種自信。但後來，種種個人經歷交織起來，依然令我感受到那張無形的網似乎無處不在。如同女性主義、宗教研究一樣，同性戀研究也有一個潛在的身分問題，這是我始料未及的。這並不是指人際交往中的拒絕、排斥、抵制或敵視，而是指研究者與被研究者之間互為主體的可進入性和進入程度問題，以及無法深刻體會到與個人的日常生命息息相關的那種直覺和意識，這些東西會直接或間接地影響研究者的問題意識、思考方式乃至表達形式。

在研究的實地調查過程中，曾經遇到過很多友好、善良的人們。也許是自知這一話題的敏感與私密性，我極少輕易向人開口說要一本正經地做訪談。我也不是一個八面玲瓏、善於交際的人，儘管自己若即若離地身處社會學領域那麼多年並且一直試圖改變這種窘境。所以，在這些年來斷斷續續的調查中，我並沒有遭遇過特別令人沮喪的經歷。北京「同語」和「北京同志中心」許多不知名的朋友給予了諸多幫助，很遺憾我不能一一道名致謝。時至今日，我們仍以荒謬的理由無視、拒斥和歧視著一個無辜的群體，這是我們集體的哀涼。這個國度每天都在上演著無數的悲劇性衝突，除了日常生活的抵制與反抗，更多外顯的、劇烈的衝突形式以僵持、無果、兩敗俱傷而告終。當行動者被激醒之後，行動者與結構／制度之間的耦合問題正變得日益突出和難以避免。同性戀者與醫學、法律、道德、倫理等之間的衝突與對抗，集中反映了此類挑戰。

在本書中，我希望不是為了轉述一些異性戀者聞所未聞的新鮮性故事和話語，或者僅是經驗材料有序無序地拼湊與堆積，而是試圖能在理論上有點新的闡釋，這便是後來所作的一點努力。將家庭出櫃看作一種儀式的靈感來自傑弗里·亞歷山大（Jeffrey Alexander）的文化社會學課程，近些年來，他很推崇人類學家格爾茨（Clifford Geertz）的文化闡釋和涂爾幹（Émile Durkheim）晚期的宗教研究，強調儀式、意義等要素在社會學解釋中的作用。特納在范金納普基礎上對通過儀式中閾限階段的闡述自然而然地進入我的視野。之後，我發現人類學家吉爾伯特・赫德特對美拉尼西亞社會的研究中提出過「儀式化同性戀」（ritualized homosexuality）這一術語（Herdt, 1984），他也曾將出櫃看作是一種「通過儀式」。原來還試圖將家庭出櫃作為一種「社會擬劇」進行分析，羅恩・艾爾曼（Ron Eyerman）在《暗殺梵谷：從社會擬劇到文化創傷》（*The Assassination of Theo van Gogh: From Social Drama to Cultural Trauma*, 2008）一書裡對「暗殺梵谷」這一事件條分縷析，這讓我覺得可以將家庭出櫃視為一種「社會擬劇」，但這部分內容最終未能進入文本。

最後想說明的是，本書從成稿到現在已有些年頭，承蒙時報文化出版公司的幫助，如今有幸得以在台灣出版。此次出版增補了一些新的研究文獻，但因時間、精力以及研究對象所限，沒有繼續開展訪談。因此，從時間上看，書中涉及的田野調查資料可能稍顯陳舊，但是基於這些資料勾勒出來的中國同性戀社群的生態群像以及「認同而不出櫃」的結論，仍然基本符合現實。這些年來，中國同性戀社群的現實處境、法律地位以及公共可見性等，並沒有得到根本性改觀（如果不是說更糟糕的話）。我與一些年輕同性戀者以及同性戀父母的交流，也繼續驗證著這種判斷。

王晴鋒

二〇二二年十月十五日

附錄一

同性戀者身分形成階段的不同維度（Cass, 1984: 7-12）

因素	認知	行為	情感
1. 投入（Commitment）	同性戀和／或異性戀自我形象的個人接受度。 在性取向方面自我形象的困惑程度。 他人對同性戀者和異性戀者的自我印象的接受程度。 同性戀者的行為意義和自我形象感知的明晰度。		接受同性戀自我形象的感受。

2.公開 （Disclosure）	渴望向同性戀者／異性戀者公開同性戀行為／自我形象的程度。 個體願意公開的同性戀／異性戀的類型。 促使公開欲望的自我與他人之間關係構成的感知。	向同性戀者／異性戀者公開同性戀行為／自我形象的程度。 個體公開的同性戀／異性戀類型。 促使公開的自我與他人之間的關係構成。	向同性戀者／異性戀者公開同性戀行為／自我形象的感受。
3.總體性 （Generality）	同性戀者／異性戀者的自我形象被視為自我組成部分的程度。 個體想像他人對同性戀自我形象的總體性感知。	在出現可能的情境時同性戀和／或異性戀行為的發生程度。	
4.身分評價 （Identity Evaluation）	對同性戀者消極刻板印象的自我接受程度。		評價同性戀者和／或異性戀者的自我形象／行為。

因素	認知	行為	情感
			評價他人對同性戀者／異性戀者的自我形象／行為的看法。
5.群體認同 （Group Identification）	對同性戀者／或異性戀者群體的歸屬感。 個體的自我感知與同性戀者／異性戀者的相似程度。 同性戀者／異性戀者群體滿足自身需求的程度。		對同性戀作為一整體的驕傲程度。
6.社會互動 （Social Interaction）	與同性戀者和／或異性戀者互動的感知性質量。	與同性戀者／異性戀者社會接觸的頻率。 與同性戀者／異性戀者進行社會互動的環境類型。	與同性戀者和／或異性戀者互動的滿意度。

7. 疏離感（Alienation）	個體感覺到與他人的差異，是自我的陌生人。		個體喜歡與眾不同的感覺程度。
8. 不一致性（Inconsistency）	個體對自我、行為和他人的自我印象的感知與性取向的不一致程度。		附屬於同性戀的自我、行為和他人的自我印象之間的不一致性而產生的不安程度。
9. 性取向活動（Sexual Orientation Activity）	個體希望增加／減少同性戀情色的、情感的和性的活動的頻率。	與同性戀者進行情色的、情感的和性的活動的頻率。	從同性戀情色的、情感的和性的活動中感受到的愉悅程度。
10. 文化植入（Acculturation）		參與同性戀亞文化活動的形式。	進行同性戀亞文化活動的舒適感。
11. 順從他人（Deference to Others）	與同性戀者／異性戀者意見保持一致的重要性程度。		

因素	認知	行為	情感
	認為同性戀者／異性戀者的分類很重要。		
12. 二分化（Dichotomization）	同性戀者和異性戀者被視為兩個分離的和截然不同的群體。		
13. 個人控制（Personal Control）	同性戀身分被認為對日常生活和將來產生影響。 同性戀身分被視為干擾生活的程度。		
14. 策略（Strategies）	個體希望繼續使用概化模式的策略。	概化模式中的策略被採納的程度。 運用自如地使用策略。 採用不同類型的策略。	

15. 個人滿意度（Personal Satisfaction）	個人對當下生活的滿意度。 個人希望改變當下生活的程度。 生活被看作確定和穩定的程度。		
16. 專家接觸（Professional Contact）	個體由於同性戀行為／自我形象而希望向專家尋求幫助的程度。 尋求／希望求助專家的理由。	由於同性戀行為／自我形象而是否正在或已經向專家尋求幫助。	

附錄二

訪談提綱

一、個人基本情況

性別、年齡、婚姻狀況、學歷、職業(主要看是否自雇)、工資水平(是否相對較高)、是否獨生子女(若有兄弟姊妹,那麼是否已婚、是否有孩子)、目前是否有伴侶、性角色(0/1、T/P、或不分)。

來自農村或城市;家庭環境(是否單親)、父母職業,撫養模式及父母的期待;對父母的印象及評價(如是否認同父親的角色而貶低母親的角色等);兒童期重要的生活經歷;自己偏好的打扮以及他人對自己的看法以及回應等。

二、性與情感

性別角色扮演,1/T是否控制慾較強(聯繫兒童期經歷),抗爭與遵從。

如何獲得同性戀亞文化？第一次同性性行為何時、如何發生？伴侶如何相識？長期固定還是短期狩獵？是否一直保持偶遇性行為？目前的伴侶已經相處多久？

對伴侶之間現有的關係是否滿意？哪些因素對同性伴侶關係的維持最重要？

伴侶雙方之間是否有爭吵？通常的原因是為什麼？如金錢、交流、親屬、性、孩子、朋友、不平等、嫉妒、不信任等。

日常生活中的分工與合作，是否體現平等、角色扮演與權力等。

對同性伴侶忠貞的看法。

三、日常生活中的身分管理

身分管理的不同策略：包括印象管理、信息控制、披露儀式（既不暴露給父母、周圍的異性戀，又要讓同性戀知道）。

如何在實際生活中管理自己的性身分，隱瞞或公開？在學校（老師、同學）、工作場所（同事）、家庭（父母）等場合如何與他人進行互動。

如何尋找、參加同志聚會、酒吧、志願者組織或同志組織（如北京同志中心）？

如何看待他人的異樣眼光；對異性戀文化的看法。身分偽裝的精神壓力，如身分偽裝會越陷越深，為防止事情敗露，只好一個接著一個地撒謊。

有沒有因為身分洩露而給生活、工作帶來不便？

是否遭遇社會歧視，是否有恐同症的經歷。

四、身分認同和出櫃

身分認同包括社會的與自我的維度。與身分認同相關的方面：社會交往、社區活動、婚姻、社會運動、出櫃、艾滋病等。

對成因的理解（性取向：先天或後天）。如何逐漸意識到自己是同性戀者？自我認同與社會認同之間的互動。身分的壓力主要來自哪裡？中國社會中亦實踐「不問、不說」？

身分認同過程的自我敘述。

認同危機：是否（曾）有改變性取向的時候？是否尋求過各種形式的治療和情感疏導？

身分的可見度（visibility）；對目前身分狀態的感知；哪些因素影響了自己的身分認同？

怎樣才算是「同性戀」？日常生活中判斷他人性取向的根據（如果有的話）。

是否接受「同志」的稱呼，是否有別的合適的稱呼？gay？酷兒？或其他。

如何理解行為與身分的不一致？

是否已經出櫃？出櫃是何種程度上而言的？每個人都有不同程度的出櫃。

「出櫃」的說法有問題嗎？哪裡獲得這種認知？有沒有屬自己的表達方式？

公開身分不同的表達方式，是否已經家庭出櫃，家庭出櫃的難處。

出櫃時是怎麼想的、向誰出櫃、怎麼出櫃，描述整個過程。（不同的對象：父母、最好的朋友、同事、周圍的同志圈、偶爾認識的或有交往的同志）如果尚未出櫃，那麼是否有嘗試過？對方的反應和結果（被斥或被接納？——對原有關係的影響），出櫃過程中是否有重要他人或出現重要事件？

可否提供日記或通信？

五、社區內關係

作為同志社區、防艾組織等的志願者參與情況。

群體分化，如何看待其他男同性戀者（包括ＭＢ），對孌童、異性戀、女人氣的同性戀者的看法。

關於同性戀者素質的討論（如反對只重性的同性戀者）。

對同性婚姻的態度？願意參加類似西方的同性戀驕傲大遊行？

怎麼看待同志平權運動？如何爭取平等？

六、同性戀的本土化與全球化

對西方同性戀運動的看法，周圍圈子是否有外國同性戀者，對其的接觸、了解以及看法。外國的同性戀生活方式是否適合中國？同性戀生活方式的日益趨同？

是否學習、內化了歐美同性戀思想的某些觀點。

七、未來的打算

形式婚姻的看法（疑慮和擔心的地方）；

同直婚；

單身或同居；

理想的同性戀生活模式（包括伴侶、子女、父母關係、職業、法律地位等）；

對父母及將來後代的考慮。

Research 35(1):1-9.

Weststrate, N., & Kate McLean. 2010. "The Rise and Fall of Gay: A Cultural-historical Approach to Gay Identity Development." *Memory* 18(2):225-240.

Whitam, F., & R. Mathy. 1986. *Male Homosexuality in Four Societies*. New York: Praeger.

Whitehead, N., & Briar Whitehead. 1999. *My Genes Made Me Do it!* Lafayette: Huntington House Publishers.

Wilkerson, W. 2007. *Ambiguity and Sexuality: A Theory of Sexual Identity*. New York: Palgrave Macmillan.

Wills, G., & R. Crawford. 2000. "Attitudes Toward Homosexuality in Shreveport-Bossier City, Louisiana." *Journal of Homosexuality* 38: 97-116.

Wisniewski, T., & T. Robinson. 2010. "An Evolutionary Psychological Investigation of Parental Distress and Reproductive Coercion During the 'Coming Out' of Gay Sons." *Journal of Homosexuality* 57(1): 163-190.

Wolf, M. 1985. *Revolution Postponed: Women in Contemporary China*. California: Stanford University Press.

Wong, Chi-yan & So-kum Tang. 2004. "Coming Out Experience and Psychological Distress of Chinese Homosexual Men in Hong Kong." *Archives of Sexual Behavior* 33(2): 149-157.

Wooden, W.S., H. Kawasaki, & R. Mayeda. 1983. "Lifestyles and Identity Maintenance Among Gay Japanese-American males." *Alternative Lifestyles* 5(4): 236-243.

Young, I. 1989. "Polity and Group Difference: A Critique of the Ideal of Universal Citizenship." *Ethics* 99(2): 250-274.

Formation and Its Implications for Health Care Practice." *Journal of Advanced Nursing* 30(2):520-525.

Troiden, Richard. 1988. *Gay and Lesbian Identity*. New York: General Hall.

——. 1989. "The Formation of Homosexual Identities." *Journal of Homosexuality* 17:43-73.

Vaid, Urvashi. 1995. *Virtual Equality: the Mainstreaming of Gay and Lesbian Liberation*. New York: Anchor Books.

Valentine, G., & T. Skelton. 2003/2008. "Finding Oneself, Losing Oneself: the Lesbian and Gay 'Scene' as a Paradoxical Space." *International Journal of Urban and Regional Research* 27(4):849-66.

Van Gennep, Arnold. 1908/1960. *The Rites of Passage*. Translated by Monika B. Vizedom & Gabrielle L. Caffes. Chicago: The University of Chicago Press.

Vance, Carole. 1991. "Anthropology Rediscovers Sexuality：A Theoretical Comment." *Social Science and Medicine* 33(8): 875-84.

Wang. Frank T.Y., Herng-Dar Bih & David J. Brennan. 2009. "Have They Really Come Out: Gay Men and Their Parents in Taiwan." *Culture, Health & Sexuality* 11(3): 285-296.

Warner, M. 1993. *Fear of a Queer Planet*. Minneapolis: University of Minnesota Press.

Weeks, Jeffrey. 1977. *Coming out: Homosexual Politics in Britain, From the Nineteenth Century to the Present*. London: Quartet Books.

——.1981a. "Discourse, Desire and Sexual Deviance: Some Problem in a History of Homosexuality." In *The Making of the Modern Homosexual*, ed. Kenneth Plummer. London: Hutchinson.

——. 1981b. *Sex, Politics, and Society: The Regulation of Sexuality Since 1800*. London: Longmans.

——. 1985. *Sexuality and Its Discontents: Meanings, Myths and Modern Sexuality*. London: Routledge & Kegan Paul.

——. 1995. "History, desire, and identities." In *Conceiving Sexuality*, eds. R. Parker & J. Gagnon. New York: Routledge.

Weinrich, James. 1987/1990. "Reality or Construction?" In *Forms of Desire*, ed. E. Stein. New York: Garland Publishing.

Weis, D. 1998. "The Use of Theory in Sexuality Research." *The Journal of Sex*

Gay Men." *Irish Journal of Sociology* 12(2):68-85.

Saguy, A., & A. Ward. 2011. "Coming Out as Fat: Rethinking Stigma." *Social Psychology Quarterly* 74(1): 53-75.

Sang, Tze-lan D. 2003. *The Emerging Lesbian: Female Same-Sex Desire in Modern China*. Chicago: The University of Chicago Press.

Savin-Williams, R.C. 1990. *Gay and Lesbian Youth: Expressions of Identity*. New York: Hemisphere Publishing.

Seidman, S. 1993. "Identity and Politics in 'Postmodern' Gay Culture." In *Fear of a Queer Planet: Queer Politics and Social Theory*, ed. Michael Warner. Minneapolis: University of Minnesota Press.

Shively, M., & J. DeCecco 1977. "Components of Sexual Identity." *Journal of Homosexuality* 3(1):41-48.

Showalter, E.1990. *Sexual Anarchy: Gender and Culture at the Fin de Siècle*. New York: Penguin Books.

Sommer, M. 2000. *Sex, Law, and Society in Late Imperial China*. Stanford, Calif.: Stanford University Press.

Spanier, Bonnie. 1995. "Biological Determinism and Homosexuality." *NWSA Journal* 7:54-71.

Strommen, E. 1993. "'You're a What?': Family Member Reactions to the Disclosure of Homosexuality." In *Psychological Perspectives on Lesbian and Gay Male Experiences*, eds. L. Garnets & D. Kimmel. New York: Columbia University Press.

Sullivan, G. 2001. "Variations on a Common Theme? Gay and Lesbian Identity and Community in Asia." In *Gay and Lesbian Asia*, eds. G. Sullivan & P. Jackson. New York: Harrington Park Press.

Sun, Lung-kee. 1991. "Contemporary Chinese Culture: Structure and Emotionality." *The Australian Journal of Chinese Affairs* 26: 1-41.

Swarr, Amanda & Nagar, Richa. 2004. "Dismantling Assumptions: Interrogating 'Lesbian' Struggles for Identity and Survival in India and South Africa." *Signs* 29(2): 491-516.

Tang, C.S., F.D. Lai, & T. Chung. 1997. "Assessment of Sexual Functioning for Chinese College Student." *Archives of Sexual Behavior* 26:79-90.

Taylor, B. 1999. "Coming Out as a Life Transition: Homosexual Identity

Travis Kong. Oxon & New York: Routledge.
Poster, Mark. 1978. *Critical Theory of the Family*. New York: Seabury.
Reiss, I. 1986. "A Sociological Journey into Sexuality." *Journal of Marriage and the Family* 48(2): 233-242.
Remafedi, G., & S. French, et al. 1998. "The Relationship between Suicide Risk and Sexual Orientation: Results of a Population-Based Study." *American Journal of Public Health* 88(1): 57-60.
Rhoads, R. 1994. "Coming Out in College: The Struggle for a Queer Identity." In *Critical Studies in Education and Culture*, eds. Henry A. Giroux & Paulo Freire. Westport, CT: Bergin & Garvey.
Richards, David. 1998. *Women, Gays, and the Constitution*. Chicago: The University of Chicago Press.
Richardson, D., & John Hart. 1981. "The Development and Maintenance of a Homosexual Identity." In *The Theory and Practice of Homosexuality*, eds. J. Hart & D. Richardson. London: Routledge & Kegan Paul.
Riley, B. 2010. "GLB Adolescent's 'Coming Out'." *Journal of Child and Adolescent Psychiatric Nursing* 23(1): 3-10.
Risman, B. 2004. "Gender as a Social Structure: Theory Wrestling with Activism." *Gender and Society* 18(4): 429-450.
Risman, B., & P. Schwartz. 1988. "Sociological Research on Male and Female Homosexuality." *Annual Review of Sociology* 14:125-147.
Rofel, Lisa. 2007. *Desiring China: Experiments in Neoliberalism, Sexuality, and Public Culture*. Durham: Duke University Press.
Ross, M. W. 1983. "Femininity, Masculinity, and Sexual Orientation: Some Cross-Cultural Comparisons." *Journal of Homosexual* 9(1):27-36.
Rotello, Gabriel. 1998. *Sexual Ecology: AIDS and the Destiny of Gay Men*. New York: Plume.
Ruskola, Teemu. 1994. "Law, Sexual Morality, and Gender Equality in Qing and Communist China." *The Yale Law Journal* 103(8): 2531-2565.
Rust, Paula C. 1993. "'Coming out' in the Age of Social Constructionism: Sexual Identity Formation among Lesbian and Bisexual Women." *Gender and Society* 7(1): 50-77.
Ryan, Paul. 2003. "Coming Out, Fitting In: The Personal Narratives of Some Irish

Mustanski, B., Meredith Chivers, & J. Michael Bailey. 2002. "A Critical Review of Recent Biological Research on Human Sexual Orientation." *Annual Review of Sex Research* 13:89-140.

Ong, Aihwa.1999. *Flexible Citizenship: The Cultural Logics of Transnationality*. Durham: Duke University Press.

Osha, Sanya. 2004. "Unravelling the Silences of Black Sexualities." *Agenda* 62(2):92-98.

Patterson, C. 2000. "Family Relationships of Lesbians and Gay Men." *Journal of Marriage and Family* 62(4): 1052-1069.

Paul, J., Joseph Catania., Lance Pollack, et al. 2002. "Suicide Attempts among Gay and Bisexual Men: Life Prevalence and Antecedent." *American Journal of Public Health* 92(8): 1338-1345.

Peiss C., & Simmons C. 1989. "*Passion and Power: Sexuality in History*. Philadelphia: Temple University Press.

Peñaloza, L. 1996. We're Here, We're Queer, and We're Going Shopping! A Critical Perspective on the Accommodation of Gays and Lesbians in the U.S. Marketplace."*Journal of Homosexuality* 31(1/2)：9-41.

Peplau, L., C. Padesky., & M. Hamilton. 1982. "Satisfaction in Lesbian Relationships." *Journal of Homosexuality* 8: 23-35.

Plaks, A. 1977. Towards a Critical Theory of Chinese Narrative. In *Chinese Narrative: Critical and Theoretical Essays*, ed. A.H. Plaks. Princeton: Princeton University Press.

Plummer, Kenneth.1975. *Sexual Stigma: An Interactionist Account*. London: Routledge & Kegan Paul.

——. 1981a. "Homosexual Categories: Some Research Problems in the Labeling Perspective of Homosexuality." In *The Making of the Modern Homosexual*, ed. Kenneth Plummer. London: Hutchinson.

——. 1981b. "Building a Sociology of Homosexuality." In *The Making of the Modern Homosexual*, ed. Kenneth Plummer. London: Hutchinson.

——. 1995. *Telling Sexual Stories: Power, Change, and Social Worlds*. London: Routledge.

——. 2011. "Hybridic Sexualities and the Search for Global Intimate Citizenship." In *Chinese Male Homosexualities: Memba, Tongzhi and Golden Boy*, ed.

LaSala, Michael. 2000. "Gay Male Couples: The Importance of Coming Out and Being Out to Parents." *Journal of Homosexuality* 39(2): 47-71.

Laumann, E.O., J. H. Gagnon, R.T. Michael, & S. Michaels. 1994. *The Social Organization of Sexuality: Sexual practices in the United States*. Chicago, IL: University of Chicago Press.

Levine, Martin. 1992. "The Life and Death of the Gay Clone." In *Gay Culture in American: Essays from the Field*, ed. Gilbert Herdt. Boston: Beacon Press.

Lim, Eng-Beng. 2005. "Glocalqueering in New Asia: The Politics of Performing Gay in Singapore." *Theatre Journal* 57(3): 383-405.

—— 2014. *Brown Boys and Rice Queens: Spellbinding Performance in the Asias*. New York:New York University Press.

Lippa, R. 2005. "Sexual Orientation and Personality." *Annual Review of Sex Research* 16:119-153.

——. 2008. "Sex Differences and Sexual Orientation Differences in Personality: Findings from the BBC Internet Survey." *Arch Sex Behavior* 37(1):173-187.

Mann, S. 2000. "The Male Bond in Chinese History and Culture." *The American Historical Review* 105(5): 1600-1614.

McIntosh, Mary. 1968. "The Homosexual Role." *Social Problems* 16(2):182-192.

McKusick, L., & W. Horstman & T. Coates. 1985. "AIDS and Sexual Behavior Reported by Gay Men in San Francisco." *American Journal of Public Health* 75(5): 493-496.

McLelland, M.1999. "Gay Men as Women's Best Friends and Ideal Partners in Japanese Media: Are Gay Men Really a Girls' Best Friends?" *US-Japan Womne's Journal, English Supplement* 17: 77-110.

——. 2000. "Is There a Japanese 'Gay Identity'?" *Culture, Health & Sexuality* 2(4): 459-472.

Morton, D. 2001. "Pataphysics of the Closet: Queer Theory as the Art of Imaginary Solutions for Unimaginary Problems." In *Marxism, Queer Theory, Gender*, eds. Mas'ud Zavarzadeh, et al. New York: The Red Factory.

Murray, Stephen. 1992. "Introduction: Homosexuality in Cross-Cultural Perspective." In *Oceanic Homosexualities*, ed. Stephen Murray. New York: Garland.

——. 1996. *American Gay*. Chicago: The University of Chicago Press.

Hostetler, A., & G. Herdt. 1998. "Culture, Sexual Lifeways, and Developmental Subjectivities: Rethinking Sexual Taxonomies." *Social Research* 65(2): 249-290.

Howard, A., P. Blumstein., & P. Schwartz. 1987. "Social or Evolutionary Theories? Some Observations on Preferences in Human Mate Selection." *Journal of Personality and Social Psychology* 53: 194-200.

Jackson, P. 2001. "Pre-Gay, Post-Queer: Thai Perspectives on Proliferating Gender/Sex Diversity in Asia." In *Gay and Lesbian Asia*, eds. G. Sullivan & P. Jackson. New York: Harrington Park Press.

Jacobsen, Joyce. & Adam Zeller. 2008. *Queer Economics: A Reader.* New York: Routledge.

Jeffreys, Elaine. 2006. *Sex and Sexuality in China*. London & New York: Routledge.

Jones, Rodney. 2007. "Imagined Comrades and Imaginary Protections: Identity, Community and Sexual Risk Among Men Who Have Sex with Men in China." *Journal of Homosexuality* 53(3):83-115.

Kang, Wenqing. 2009. *Obsession: Male Same-Sex Relations in China, 1900-1950*. Hong Kong: Hong Kong University Press.

Katz, J. 1983. *Gay/Lesbian Almanac*. New York: Harper and Row.

——. 1995. *The Invention of Heterosexuality*. New York: Dutton.

Kaufman, J., & C. Johnson. 2004. "Stigmatized Individuals and the Process of Identity." *The Sociological Quarterly* 45(4): 807-833.

Knottnerus, J. David. 2011. *Ritual as a Missing Link: Sociology, Structural Ritualization Theory and Research*. Boulder & London: Paradigm Publishers.

Kong, Travls. 2011. *Chinese Male Homosexualities*. Oxon & New York: Routledge.

Kotarba, J., & N. Long. 1985. "Gay Lifestyle Change and AIDS." In *The Social Dimensions of AIDS*, eds. F. Douglas & T. Johnson. New York: Praeger.

Kulick, Don. 2003. "No." *Language and Communication* 23(2):139-51.

Kus, R. 1985. "Stages of Coming Out: An Ethnographic Approach." *Western Journal of Nursing Research* 7(2): 177-198.

Larson, W. 1999. "Never This Wild: Sexing the Cultural Revolution." *Modern China* 25(4): 423-450.

Gagnon, J. H., & W. Simon. 1973. *Sexual Conduct: The Social Sources of Human Sexuality*. Chicago: Aldine.

Gleason, P. 1983. "Identifying Identity: A Semantic History." *Journal of American History* 69(4): 910-931.

Gluckman, A., & B. Reed.1993/2008. "The Gay Marketing Moment." In *Queer Economics: A Reader*, eds. J. Jacobsen., & A. Zeller. New York: Routledge.

Gochros, J. 1985. "Wives' Reactions to Learning that Their Husbands are Bisexual." *Journal of Homosexuality* 11(1/2):101-13.

Gonsiorek, C., & J. Rudolph. 1991. "Homosexual Identity: Coming out and Other Developmental Events." In *Homosexuality: Research Implications for Public Policy*, eds. C. Gonsiorek & J. Weinrich. Newbury Park: Sage Publications.

Greenberg, David., & M. Bystryn. 1984. "Capitalism, Bureaucracy, and Male Homosexuality." *Contemporary Crimes: Crime, Law and Social Policy* 8: 33-56.

Greenberg, F. 1988. *The Construction of Homosexuality*. Chicago: University of Chicago Press.

Grierson, Jeffrey. & Anthony Smith. 2005. "In from the Outer: Generational Differences in Coming Out and Gay Identity Formation." *Journal of Homosexuality* 50(1): 53-70.

Halperin, D. 1990. *One Hundred Years of Homosexuality and Other Essays on Greek Love*. New York: Routledge.

Hammack, Phillip L. 2005. "The life Course Development of Human Sexual Orientation: An Integrative Paradigm." *Human Develop* 48: 267-290.

Harry, J., & W. DeVall. 1978. *The Social Organization of Gay Males*. New York: Praeger.

Herdt, G. 1984. *Ritualized Homosexuality in Melanesia.* Berkeley: University of California Press.

Herdt, G., & A.M. Boxer. 1993. *Children of Horizons: How Gay and Lesbian Youth are Leading a New Way Out of the Closet.* Boston: Beacon Press.

Ho, Wing Wah. 2008. "Speaking of Same-Sex Subjects in China." *Asian Studies Review* 32(4): 491-509.

——. 2010. *Gay and Lesbian Subculture in Urban China*. London & New York: Routledge.

DeVine, J. L. 1984. "A Systemic Inspection of Affectional Preference Orientation and the Family of Origin." *Journal of Social Work and Human Sexuality* 2(2-3):9-17.

Dikötter, F. 1995. *Sex, Culture and Modernity in China: Medical Science and the Construction of Sexual Identities in the Early Republican Period.* Honolulu: University of Hawaii Press.

Dowsett, G. 1996. *Practicing Desire: Homosexual Sex in the Era of AIDS.* CA: Stanford University Press.

Dubé, Eric M. 2000. "The Role of Sexual Behavior in the Identification Process of Gay and Bisexual Males." *The Journal of Sex Research* 37(2): 123-132.

Duggan, L., & Nan Hunter. 1995. *Sex Wars: Sexual Dissent and Political Culture.* New York: Routledge.

Elder, G. H. 1998. "The life Course as Developmental Theory." *Child Development* 69(1): 1-12.

Eliason, M.J. 1996. "Identity Formation for Lesbian, Bisexual, and Gay Persons: Beyond a 'minoritizing' View." *Journal of Homosexuality* 30: 31-58.

Epstein, Steven. 1987/1990. "Gay Politics, Ethnic Identity: The Limits of Social Constructionism." In *Forms of Desire*, ed. E. Stein. New York: Garland Publishing.

——. 1994. "A Queer Encounter: Sociology and the Study of Sexuality." *Sociological Theory* 12(2): 189-202.

Evans, Harriet. 1995. "Defining Difference: The 'Scientific' Construction of Sexuality and Gender in the People's Republic of China." *Sings* 20(2): 357-394.

——. 1997. *Women and Sexuality in China: Dominant Discourses of Females Sexuality and Gender since 1949.* New York: Continuum.

Ewen, Stuart. & Elizabeth Ewen. 1982. *Channels of Desire.* New York: McGraw-Hill.

Francoeur, Robert T. 1991. *Becoming a Sexual Person.* New York: MacMillan.

Gagnon. J. H. 1987. "Science and the Politics of Pathology." *The Journal of Sex Research* 23(1): 120-123.

——. 1990. "The Explicit and Implicit Use of the Scripting Perspective in Sex Research." *Annual Review of Sex Research* 1: 1-43.

Aesthetics and the Performing Subject: A Reader, ed. Fabio Cleto. Ann Arbor: University of Michigan Press.

Cohen, Jean. 1985. "Strategy or Identity: New Theoretical Paradigms and Contemporary Social Movements." *Social Research* 52: 663-716.

Cohen, K., & R. Savin-Williams. 1996. "Developmental Perspectives on Coming Out to Self and Other." In *The Lives of Lesbians, Gays, and Bisexual*, eds. R. Savin-Williams & K Cohen. New York: Harcourt Brace.

Coleman, E.1982."Developmental Stages of the Coming out Process." *Journal of Homosexuality* 7(2-3): 31-43.

——. 1985. "Integration of Male Bisexuality and Marriage." *Journal of Homosexuality* 11(1/2): 189-207.

Collins, Dana. 2005. "Identity, Mobility, and Urban Place-Making: Exploring Gay Life in Manila." *Gender & Society* 19(2): 180-198.

Connell, R. 1992. "A very Straight Gay: Masculinity, Homosexual Experience, and the Dynamics of Gender." *American Sociological Review* 57: 735-751.

Cox, S., & C. Gallois. 1996. "Gay and Lesbian Identity Development: A Social Identity Perspective." *Journal of Homosexuality* 30(4): 1-30.

Dank, B.1971. "Coming out in the Gay World." *Psychiatry* 34(2): 180-197.

D'Augelli, R., Hershberger, L., & Pilkington, W. 2001. "Suicidality Patterns and Sexual Orientation-Related Factors Among Lesbian, Gay, and Bisexual Youths." *Suicide and Life-Threatening Behavior* 31(3): 250-264.

D'Augelli, R., A. Grossman., N. Salter., & J. Vasey. 2005. "Predicting the Suicide Attempts of Lesbian, Gay, and Bisexual Youth." *Suicide & Life-Threatening Behavior* 35(6): 646-660.

DeLamater, John., & Janet Hyde.1998. "Essentialism vs. Social Constructionism in the Study of Human Sexuality." *The Journal of Sex Research* 35(1): 10-18.

D'Emilio, John. 1983. *Sexual Politics, Sexual Communities*. Chicago: University of Chicago Press.

——. 1992. *Making Trouble: Essays on Gay History, Politics, and the University*. New York: Routledge.

——. 1993. "Capitalism and Gay Identity." In *The Lesbian and Gay Studies Reader*, eds. Henry Abelove, Michèle Aina Barale, David M. Halperin. New York: Routledge.

Lesbian Couples." *Journal of Gay and Lesbian Social Services* 1(2): 101-117.

Buss, D.M., & D. Schmitt. 1993. "Sexual Strategies Theories: An Evolutionary Perspective on Human Mating." *Psychological Review* 100(2): 204-232.

Butler, A. 2005. "Gender Differences in the Prevalence of Same-Sex Sexual Partnering: 1988-2002." *Social Forces* 84(1):421-449.

Calhoun, C. 1993. "Denaturalizing and Desexualizing Lesbian and Gay Identity." *Virginia Law Review* 79(7):1859-1875.

Cass, V. 1979. "Homosexual identity formation: a theoretical model." *Journal of Homosexuality* 4: 219-235.

——. 1983/1984. "Homosexual Identity: A Concept in Need of a Definition." *Journal of Homosexuality* 9: 105-126.

——. 1984. "Homosexual Identity Formation: Testing a Theoretical Model." *The Journal of Sex Research* 20(2): 143-167.

Chan, Connie. 1989. "Issues of Identity Development among Asian-American Lesbians and Gay Men." *Journal of Counseling and Development* 68(1): 16-20.

Chauncey, George.1982-83. "From Sexual Inversion to Homosexuality: Medicine and the Changing Conceptualization of Female Deviance." *Salmagundi*: 58-59,114-146.

——.1994. *Gay New York*. New York: Basic Books.

Cheung, Fanny. 1986. "Psychopathology Among Chinese People." In *The Psychology of The Chinese People*, ed. Michael Harris Bond. New York: Oxford University Press.

Chou, Wah-shan. 2000. *Tongzhi: Politics of Same-Sex Eroticism in Chinese Societies*. New York: Haworth Press.

——. 2001. "Homosexuality and the Cultural Politics of Tongzhi in Chinese Societies." In *Gay and Lesbian Asia*, eds. Gerard S. & Peter J. New York: Harrington Park Press.

Chow, Pizza Ka-Yee & Sheung-Tak Cheng. 2010. "Shame, Internalized Heterosexism, Lesbian Identity, and Coming Out to Others." *Journal of Counseling Psychology* 57(1): 92-104.

Cleto, Fabio. 2002. "Introduction: Queering the Camp." In *Camp: Queer*

Bhugra, Dinesh. 1997. "Coming Out by South Asian Gay Men in the United Kingdom." *Archives of Sexual Behavior* 26(5): 547-557.

Blachford, G. 1981. "Male Dominance and the Gay World." In *The Making of the Modern Homosexual*, ed. K. Plummer. London: Hutchinson.

Black, Dan., G. Gates., S. Sanders., & Lowell Taylor. 2000. "Demographics of the Gay and Lesbian Population in the United States." *Demography* 37(2): 139-154.

Blasius, Mark. 1992. "An Ethos of Lesbian and Gay Existence." *Political Theory* 20(4): 642-671.

Bohan, J. S. 1996. *Psychology and Sexual Orientation: Coming to Terms*. New York: Routledge.

Boswell, J. 1980. *Christianity, Social Tolerance, and Homosexuality*. Chicago: University of Chicago Press.

——.1982/1989. "Revolutions, Universals and Sexual Categories." In *Hidden from History: Reclaiming the Gay and Lesbian Past*, eds. M. Duberman, M. Vicinus & G. Chauncey. New York: Meridian.

——.1990. "Categories, Experience and Sexuality." In *Forms of Desire*, ed. E. Stein. New York: Garland Publishing.

Boxer, A., & B. Cohler, 1989. "The Life Course of Gay and Lesbian Youth: An Immodest Proposal for the Study of Lives." *Journal of Homosexuality* 17(3-4):315-355.

Bozett, F. W. 1982. "Heterogeneous Couples in Heterosexual Marriage Marriages: Gay Men and Straight Women." *Journal of Marital and Sexual Therapy* 8:81-89.

Brady, S., & W. Busse 1994. "The Gay Identity Questionnaire: A Brief Measure of Homosexual Identity Formation." *Journal of Homosexuality* 26(4):1-22.

Bridgewater, Dee. 1997. "Effective Coming Out: Self-Disclosure Strategies to Reduce Sexual Identity Bias." In *Overcoming Heterosexism and Homophobia: Strategies that Work*, eds. J. Sears & W. Williams. New York: Columbia University Press.

Brown, Peter. 1988. *The Body and Society: Men, Women and Sexual Renunciation in Early Christianity*. New York: Columbia University.

Bryant, A., & Demian. 1994. "Relationship Characteristics of American Gay and

魏偉（2007a），〈城裡的「飄飄」：成都本地同性戀身分的形成和變遷〉，《社會》第 1 期。
—— 2007b，〈傾聽「出櫃」的故事：話語衝突和社會變遷〉，載於黃盈盈、潘綏銘編，《中國性研究》，高雄：萬有出版社。
—— 2010，〈從符號性滅絕到審查性公開：《非誠勿擾》對同性戀的再現〉，《開放時代》第 2 期。
—— 2011，〈「酷兒」視角下的城市性與空間政治〉，《人文地理》第1期。
魏寧格，奧托（1901/2006），《性與性格》，肖聿譯，北京：中國社會科學出版社。

英文文獻

Adam, B. 1978. *The Survival of Domination: Inferiorization and Everyday Life*. New York: Elsevier/Grenwood.
——. 1985. "Structural Foundation of the Gay World." *Comparative Studies in Society and History* 27: 658-671.
——. 1995. *The Rise of a Gay and Lesbian Movement*. New York: Twayne
Alderson, K. 2003. "The Ecological Model of Gay Male Identity." *The Canadian Journal of Human Sexuality* 12(2): 75-85.
Allan, J. 1996/2008. "Lesbian Economics." In *Queer Economics: A Reader*, eds. J. Jacobsen., & A. Zeller. New York: Routledge.
Altman, Dennis. 1997. "Global Gays/ Global Gaze." *GLQ*: 3(4):417-437.
——. 2001. *Global Sex*. Chicago: University of Chicago Press.
Anagnost, A. 1997. *National Past-Times*. Durham, NC: Duke University Press.
Baumeister, R.F., & D.M. Tice. 1986. "Four Selves, Two Motives, and a Substitute Process Self-regulation Model." In *Public Self and Private Self*, ed. R.F. Baumeister. New York: Springer-Verlag.
Berlant, L., & M. Warner. 2005. "Sex in Public." In *Publics and Counter-Publics*, ed. M. Warner. New York: Zone Books.
Bernstein, Mary. 1997. "Celebration and Suppression: The Strategic Use of Identity by the Lesbian and Gay Movement." *The American Journal of Sociology* 103(3): 531-565.
Berry, Chris. 1994. *A Bit on the Side: East-West Topographies of Desire*. Sydney: EMPress.

── 1993，〈中國人的社會取向：社會互動的觀點〉，載於楊國樞、余安邦編，《中國人的心理與行為：理念及方法篇》，台北：桂冠圖書公司。
葉光輝、楊國樞（1991），〈孝道認知結構組型之分析〉，載余楊國樞、黃光國編，《中國人的心理與行為》，台北：桂冠圖書公司。
賈誼誠（1998），〈如何看待同性戀問題〉，《臨床精神醫學雜誌》第1期。
榮維毅（2005），〈同性戀歧視根源及對策 ── 人權框架和社會性別視角分析〉，載於潘綏銘編，《中國「性」研究的起點與使命》，高雄：萬有出版社。
福柯（傅柯）（1976/2005），《性經驗史》，上海：上海人民出版社。
翟永明（2008），〈青春無奈〉，載於北島、李陀編，《七十年代》，香港：牛津大學出版社。
翟學偉（2001），《中國人行動的邏輯》，北京：社會科學文獻出版社。
蓋格農，約翰（2009），《性社會學》，李銀河譯，呼和浩特：內蒙古大學出版社。
趙鼎新（2001/2007），《國家·社會關係與八九北京學運》，香港：中文大學出版社。
劉達臨、魯龍光（2005），《中國同性戀研究》，北京：中國社會出版社。
潘綏銘（1995），《中國性現狀》，北京：光明日報出版社。
── 2006，《中國性革命縱論》，高雄：萬有出版社。
潘綏銘、黃盈盈（2007），〈「主體建構」：性社會學研究視角的革命及本土發展空間〉，《社會學研究》第 3 期。
蔣依伶（2010），〈青年同性戀者自我認同和性態度的兩性差異〉，《西南農業大學學報（社會科學版）》第 4 期。
鄭麗君、鄭勇（2009），〈同性戀的角色區分及其對伴侶的角色要求〉，《中國心理衛生雜誌》第 3 期。
魯龍光等（1992），〈同性戀 1000 例臨床分析〉，《中國心理衛生雜誌》第 3 期。
燕國材（1993），〈中國傳統文化與中國人的性格〉，載於楊國樞、余安邦編，《中國人的心理與行為：理念及方法篇（一九九二）》，台北：桂冠圖書公司。
鮑曼，齊格蒙特（2001/2009），《作為實踐的文化》，鄭莉譯，北京：北京大學出版社。
── 2002，《流動的現代性》，歐陽景根譯，上海：三聯書店。

陳其南（1990），《家族與社會：台灣與中國社會研究的基礎理念》，台北：聯經。
麥克拉倫，安格斯（安格斯·麥克賴倫）（2007），《二十世紀性史》，黃韜、王彥華譯，上海：上海人民出版社。
富曉星、吳振（2010），〈男同性戀群體的城市空間分布及文化生產：以瀋陽為例〉，《工程研究》第1期。
富曉星、張可誠（2013），〈在隱性「婚」與制度婚的邊界遊走：中國男同性戀群體的婚姻形態〉，《華南師範大學學報（社會科學版）》第6期。
童戈（2004），《MSM 人群艾滋病預防行為干預方法研究》，北京：紀安德諮詢中心。
—— 2005a，《中國人的男男性行為：性與自我認同狀態調查》，北京：紀安德諮詢中心。
—— 2005b，〈男男性活動的俚語俗稱：折映和分劃社會解構的多元性文化狀態的鮮活標本〉，載於潘綏銘編，《中國「性」研究的起點與使命》，高雄：萬有出版社。
—— 2007a，《MSM 人群艾滋病防治工作的「體制障礙」》，北京：紀安德諮詢中心。
—— 2007b，〈「同志」社群的形成和社會背景的變數〉，載於黃盈盈、潘綏銘編，《中國性研究》，高雄：萬有出版社。
—— 2008，〈「同志」人群的消費活動和消費場所〉，載於童戈等，《中國「同志」人群生態報告（一）》，北京：紀安德諮詢中心。
童戈、李國榮（2007），《中國同性「性」活動的歷史沿革和現狀》，北京：紀安德諮詢中心。
費孝通（1947/2007），《鄉土中國》，上海：上海世紀出版集團。
黃光國（1988），《儒家思想與東亞現代化》，台北：巨流圖書公司。
—— 2008，〈華人社會中的臉面觀〉，載於楊國樞等編，《華人本土心理學》，重慶：重慶大學出版社。
塔瑪涅，弗洛朗斯（2009），《歐洲同性戀史》，周莽譯，北京：商務印書館。
楊柳（2010），《性的消費主義》，上海：上海社會科學院出版社。
楊國樞（1988），〈中國人孝道的概念分析〉，載余楊國樞編，《中國人的心理》，台北：桂冠圖書公司。
—— 1988/1992，《中國人的蛻變》，台北：桂冠圖書公司。

韋納，保羅（1982/2003），〈古羅馬的同性戀〉，載於阿里耶斯、菲利浦、貝金、安德烈編，《西方人的性》，李龍海、黃濤譯，上海：上海人民出版社。

埃里蓬，迪迪埃（迪迪耶・艾希邦）（1997），《權力與反抗》，謝強、馬月譯，北京：北京大學出版社。

孫隆基（1985），《中國文化的「深層結構」》，香港：集賢社。

栗曉紅（2007），〈女同性戀性別認同和身分認同研究〉，《中國性科學》第 5 期。

海德，珍妮特、約翰・德拉馬特（2003/2005），《人類的性存在》，賀嶺峰等譯，上海：上海社會科學院出版社。

特納，維克多（1969/2006），《儀式過程》，黃劍波、柳博斌譯，北京：中國人民大學出版社。

馬林諾夫斯基（馬凌諾斯基）（1936/2002），《文化論》，費孝通譯，北京：華夏出版社。

張北川（1994），《同性愛》，濟南：山東科學技術出版社。

—— 2006，〈同性愛相關理論與中國現實〉，載於高燕寧編，《同性戀健康干預》，上海：復旦大學出版社。

張在舟（2001），《曖昧的歷程——中國古代同性戀史》，鄭州：中州古籍出版社。

張敏傑（1998），〈714 名中國男同性戀者的情況分析〉，《青年研究》第 11 期。

張嚴文、葉寶娟（2019），〈父母拒絕教養方式對中國同性戀者自殺的影響：歧視知覺的中介效應與出櫃的調節效應〉，《心理科學》第 1 期。

梁啟超（1907/1998），《新民說》，鄭州：中州古籍出版社。

許毅等（1999），〈男性同性戀者智力結構的性別傾向分析〉，《中華精神科雜誌》第 9 期。

郭曉飛（2007），《中國法視野下的同性戀》，北京：知識產權出版社。

—— 2008，〈中國「同志」人群的法律環境〉，載於童戈等，《中國「同志」人群生態報告》，北京：紀安德諮詢中心。

陳亞亞（2005），《多元化女同性戀給我們帶來的啟迪》，載於潘綏銘編，《中國「性」研究的起點與使命》，高雄：萬有出版社。

—— 2009，〈女同性戀者的婚姻和家庭給傳統婚姻制度帶來的挑戰〉，《社會》第 4 期。

超譯，北京：商務印書館。
本尼迪克特，魯思（露絲．潘乃德）（1946/2009），《菊與刀》，呂萬和、熊達雲、王智新譯，北京：商務印書館。
甘陽（1986/2006），《古今中西之爭》，北京：生活．讀書．新知三聯書店。
吉登斯，安東尼（安東尼．紀登斯）（2001），《親密關係的變革》，陳永國、汪民安譯，北京：社會科學文獻出版社。
朱岑樓（1988），〈從社會個人與文化的關係論中國人性格的恥感取向〉，載於李亦園、楊國樞編，《中國人的性格》，台北：桂冠圖書公司。
利希特，漢斯（2008），《古希臘人的性與情》，劉岩等譯，桂林：廣西師範大學出版社。
吳存存（2000），《明清社會性愛風氣》，北京：人民文學出版社。
李銀河（1998），《同性戀亞文化》，北京：今日中國出版社。
——2003，《性文化研究報告》，南京：江蘇人民出版社。
——2008，《李銀河性學心得》，長春：時代文藝出版社。
李銀河、王小波（1992），《他們的世界——中國男同性戀群落透視》，太原：山西人民出版社。
周丹（2006），《同性戀與法「性、政策與法國際學術研討會」論文及資料》，桂林：廣西師範大學出版社。
——2009，《愛悅與規訓：中國現代性中同性欲望的法理想像》，桂林：廣西師範大學出版社。
周作人（1934/1995），〈關於捉同性愛〉，載於鍾叔河編，《周作人文選》，廣州：廣州出版社。
周華山（1998），《後殖民同志》，香港：同志研究社。
拉瑟斯等（2007），《性與生活：走近人類性科學》，甄宏麗等譯，北京：中國輕工業出版社。
波斯納，理查德（2002），《性與理性》，蘇力譯，北京：中國政法大學出版社。
金耀基（1988），〈「面」、「恥」與中國人行為之分析〉，載於楊國樞編，《中國人的心理》，台北：桂冠圖書公司。
威克斯，J.（2002），《20世紀的性理論和性觀念》，宋文偉、侯萍譯，南京：江蘇人民出版社。
柏拉圖（2003），《會飲》，劉小楓譯，北京：華夏出版社。

參考文獻

中文文獻

Herek, Gregory（2001），〈拙劣的科學助長了污名：對卡梅隆研究群田野調查研究的批判〉，載於 Gregory M. Herek，《污名與性取向》，江淑琳譯，台北：韋伯。

Kite, Mary E. & Bernard E. Whitley（2000），〈女性與男性異性戀對同性戀的態度是否有差異？一個概念上和方法論上的分析〉，載於 Gregory M. Herek，《污名與性取向》，江淑琳譯，台北：韋伯。

丁依然、董晨宇（2021），《製造夫妻：中國形婚群體的劇班協作、達標表演與身分失調》，《婦女研究論叢》第 6 期。

于宗富、張朝（2007），〈98 名男同性戀者心理健康狀況調查〉，《中國神經精神疾病雜誌》第 4 期。

巴特勒，朱迪斯（1997/2009），《性別麻煩：女性主義與身分的顛覆》，宋素鳳譯，上海：三聯書店。

戈夫曼，歐文（高夫曼）（1963/2009），《污名——受損身分管理札記》，宋立宏譯，北京：商務印書館。

王乃信（1998），〈當前國內對同性戀問題的不同觀點〉，《醫學與哲學》第 6 期。

王志超（1997），〈催眠誘導下電擊性厭惡試治同性戀 3 例〉，《心理學報》第 7 期。

王晴鋒、李雨邊（2022），〈交叉性弱勢與共同體分化：南非黑人「女同」研究〉，《婦女研究論叢》第 2 期。

王曙光（2005），〈男－男「0」與「1」的性實踐對於當代性學構造主義的挑戰〉，載於潘綏銘編，《中國「性」研究的起點與使命》，高雄：萬有出版社。

布迪厄，皮埃爾（2002），《男性統治》，劉暉譯，深圳：海天出版社。

布迪厄、帕斯隆（2002），《再生產——一種教育系統理論的要點》，邢克

第六章

1　西方學者的研究認為，男同性戀者與異性戀女性結婚的原因包括（Strommen, 1993）：1. 結婚時認為，同性戀特性對他們的身分而言只是附屬的；2. 結婚時對自己的同性戀特性缺乏意識；3. 家庭的婚姻壓力；4. 認為無論性取向如何，婚姻是通往幸福生活的唯一途徑；5. 認為婚姻能幫助他們克服其同性戀特性；6. 渴望有小孩；7. 對伴侶真正相愛。

活的人文資料片。該片共分為 13 個章節：年齡、數量、初性、初戀、吃我、雙性戀男人、做愛、錢與性、愛情、失戀、MB、跨性別者、老年。

2 所謂「利基市場」（niche market）是指向那些被市場中的壟斷者或處於絕對優勢地位的企業忽略的某些細分市場，企業可以選定一個很小的產品或服務領域，集中力量進入該市場並成為領先者。

3 引用網址已失效，且北京愛知行研究所「愛知行動」網站目前未收錄這份聲明。

4 這些同性戀活動家與國外的社會運動活動家／研究者對社會運動的定義不一樣。有位留美博士候選人想回中國內地作「同性戀運動與空間」方面的研究，但是他發現中國沒有同性戀運動，而最終放棄了這個議題。

5 這次「上海同志節」從 2010 年 10 月 16 日開始一直持續到 2010 年 11 月 6 日，為期 20 天。2009 年時它對外的宣稱是「上海同志驕傲週」，對應於西方的「同性戀驕傲月」。

6 Yang Jie. 2010a. "Police Raid Popular Gay Hangout." Sep. 28. Global Times.
Yang Jie. 2010b. "Cops Deny Targeting Gays." Sep. 30. Global Times.

7 性異議在性表達、對立政治和政治空間宣稱之間形成了一種聯繫。由於性表達建構了各種身分，對它的限制和管控是針對性少數族群和性別非遵從者的政治壓制形式。公共的性表達是政治性的，因此，不是要求隱私、消除歧視，而是必須擴大公共表達性異議的權利（Duggan & Hunter, 1995）。

8 這種葬禮抗議是很有文化特色的集體行動。中國傳統文化對死亡懷有極大的敬意，以悼念死者為形式表達政治抗議和利益訴求的現象並不少見，如「四五運動」、「八九學運」分別以周恩來與胡耀邦的逝世為契機。

9 其中選擇「情感傾述」的 80 票，占 32%；「交友」，97 票，39%；「體育運動」，37 票，占 15%；「戶外活動」，96 票，占 38%；「拉拉公益活動」，131 票，占 52%；「其他」，9 票，占 4%。資料引自「同語」的網站，惟原始網頁已消失。

10 這家酒吧位於朝陽區，平時也是北京女同性戀者的活動聚集地。

11 同性戀市場營銷揭示了同性戀群體與經濟之間的密切關係，同性戀群體因市場而繁榮，但也可能因市場而遭受磨難（Gluckman & Reed, 1993/2008）。

11 在同性戀領域，科學助長污名的情況尤為普遍。例如 20 世紀 90 年代，卡梅隆對同性戀群體的負面研究成為美國地方和聯邦政府對同性戀做出政策的依據之一。Herek（2001）在〈拙劣的科學助長了污名：對卡梅隆研究群田野調查研究的批判〉一文中對卡梅隆研究群作為拙劣科學影響事實的典型作了全面批評，認為這種拙劣的科學助長了長久以來對同性戀者的刻板印象，並使污名化得以繼續存在。他指出，卡梅隆研究群採用的抽樣方法、調查方法以及結果分析等出現六個嚴重謬誤，其中任何一個謬誤都足以使其研究結果的合法性遭到強烈質疑。

12 AA、BB 是圈內一對夫夫的稱呼。

13 「直男」是指男異性戀者，後文的「直女」是女異性戀者。「直的」這種表述來自英語中的「straight」，它對應於性少數族群的稱呼「酷兒」（queer），後者含有「歪的」意思。另外，「bent」（彎曲的）也常用來指同性戀者。

14 國內也有研究表明，男同性戀者的智力結構表現為一定程度的「女性化」傾向，諸如語言能力強於男異性戀者，而空間能力與組織結構能力則弱於男異性戀者（許毅等，1999）。

15 但理查德．利帕認為，若要徹底解釋這種差異，還需從生物學上尋找根源，而不是社會－環境的理論解釋。他進而將研究範圍擴大到不同的民族與文化，其邏輯是假如不管跨文化的學習與社會化實踐如何變化，這種性差異始終存在，那麼就有可能表明一種生物學的「信號」──即一種先天傾向的存在，正是這種生物學的因素導致了這種普遍存在的差異。理查德．利帕的數據基於 BBC 網站一項關於「性的祕密」的國際在線網路調查，回答者主要來自英國、美國、加拿大、澳大利亞、紐西蘭以及其他西歐國家。

16 在男同性戀群體中，個體生理或心理的功能性差異很大。有些男同性戀者能夠與女性完成插入式性行為，有些勉強能，還有一些則連碰都不情願碰女性。這種兩性之間的吸引和排斥狀況也說明了性取向是一種連續體。

第五章

1 周鳴導演，該片曾獲美國紐約獨立電影節國際最佳 LGBT 紀錄片。《Gay 那話兒》全長 145 分鐘，由通過對十餘人的採訪自述而成。影片樸實地記錄了普通人的生活，同時也是一部珍貴的關於中國大陸男同性戀者生

合。

2 「Dylan」、「阿來」等稱呼皆為化名，下同。

3 如有些同性戀者認為酒吧「很亂」，某些酒吧也提供男男性服務（MB）。

4 除「家族」之外，還有「公司」、「俱樂部」、「莊園」等聚集形式，這些不同的稱謂隱含著其內部成員之間不同的交往方式。

5 這也可能與我接觸的對象有關，敢於發出聲音、表達自己想法的同性戀者大都在身分認同上沒有問題。對於同性戀組織（如「北京同志中心」、「同語」等）的成員而言，身分認同更加不是問題，這些組織的同性戀者還走出自我，積極向異性戀社會表達自身的正面形象、爭取同性戀群體的合法權益。另外一個原因，它也是許多關於同性戀身分認同研究中普遍遇到的情況，即很難研究那些處於身分認同過程中的同性戀者；因此，早期關於身分認同的發展階段模型大多都是基於成人同性戀者的回顧式研究。至於那些身處農村偏遠地區、不知「同性戀」為何物而又對同性存在慾望的人，我們對他們的生存處境更不得而知。

6 西方對同／雙性戀者自殺現象的研究積累了相當多的文獻。例如，一項對 250 名 14 至 21 歲的同／雙性戀青年的調查肯定了性取向與自殺傾向之間的相關性，調查中發現 42% 的調查對象「有時有」或「經常有」自殺念頭，33% 的人至少有過一次自殺未遂，這些自殺念頭和自殺未遂都與他／她們的性取向相關（D'Augelli, Hershberger & Pilkington, 2001）。同／雙性戀青年的自殺傾向要高於異性戀青年，男同性戀者自殺未遂的比例是男異性戀者的兩倍，女同性戀者非致命性的自殺行為要高於男同性戀者（Remafedi, et al. 1998; D'Augelli, et al. 2005），大多數同性戀者（70%）第一次自殺未遂發生在 25 歲之前（Paul, et al. 2002）。R. D'Augelli 等人（2005）的研究發現，15% 的同性戀者曾發生過需要醫療救助的嚴重自殺未遂行為。

7 這篇文章以及網友的留言如今已佚失。

8 在同性戀隱語裡，「熊」指的是胖、壯、高大的人，「猴」指體格偏瘦的人，「狒狒」則是中等體型者（也有說法指「體壯的」或多毛的男士）。但是，這個劃分沒有明確的界限，很多時候只憑主觀感受。另外，「熊族」裡面還按體重細分「大熊」、「小熊」。

9 在同性戀圈子裡，「戀老一族」又被稱為「考古隊」、「考古團」。

10 419，「for one night」的諧音，即「一夜情」。

理論家批判性行為與自我認同的社會建構性質，他們是最早通過酷兒稜鏡來看待肥胖現象的人之一。

3　「比利提斯之女」是 1955 年在美國成立的第一個女同性戀組織，名字起源於法國同性戀作家皮埃爾・魯伊（Pierre Louys）的小說《比利提斯之歌》。

4　哈維・米爾克（Harvey Milk）是 20 世紀 70 年代美國的同性戀活動家，也是第一位公開性身分的美國同性戀者，他曾被選舉為舊金山市政督察員。2008 年有一部同性戀題材的電影《自由大道》（*Milk*），該片是米爾克的傳記片，影片中有一幕情節是米爾克要求他的同性戀朋友們馬上提起電話向家人出櫃。

5　當然，關於艾滋病與同性戀認知／行為之間的關係是有爭議的。一些學者認為，儘管艾滋病導致同性戀者不可逆轉地喪失生理機能，並產生新的社會污名，但同性戀的生活方式沒有因此發生本質性改變。如寇塔巴（J. Kotarba）和朗（N. Long）質疑被廣泛接受的觀點，即認為艾滋病使許多男同性戀者趨於更保守的性生活方式（Kotarba & Long, 1985)。他們指出這些研究是不正確的，因為它們大多只關注像舊金山或者紐約等這些最富有成效地開展防艾教育運動的城市地區。而在他們的樣本中，儘管有超過一半的男性改變了他們的性行為方式，但是仍然有相當數量的人群沒有停止高風險的性活動。寇塔巴和朗提醒公共衛生官員注意，不要認為所有的男同性戀者都彼此類似，並非所有的男同性戀者都願意遵循安全的性行為方式。類似地，麥考斯克等人注意到，很多男同性戀者繼續進行高風險的性行為（尤其是在共同浴室），這些人甚至認為自己比其他人具有更強的抗艾滋病感染的能力（McKusick, Horstman & Coates, 1985）。

6　這項調查是通過電話進行的隨機抽樣調查，其問題是「您何時知道自己是同性戀者以及何時出櫃？」受訪者對該問題的不同理解會顯著影響其結論。不同受訪者對「出櫃」可能存在不同的理解，它可以指首次進入如酒吧那樣的同性戀公共空間，也可以指首次與同性發生性關係，或向父母與朋友表明自己身分。而且，不同年齡的同性戀者對出櫃的理解也有差異。

第四章

1　國外相關研究指出，女同性戀者與男同性戀者聚集的大城市並不完全重

具有文化和歷史傾向性，個人也因而更可能共享跨越不同文化和歷史時期的共同身分。

第三章

1 20 世紀 30 年代到 50 年代，美國同性戀者失去了這種公共可見性。在 20 年代和 30 年代早期，禁酒時期相當繁盛和高度可見的同性戀亞文化加劇了 30 年代對同性戀猛烈的文化抗拒和抵制。此時開始產生對同性戀新的焦慮和敵意，它很快成為經濟大蕭條早期對禁酒時期同性戀文化更為普遍抗拒的一部分。隨後，美國一些地方制定、執行一系列相關法律條文，查禁大規模同性戀變裝舞會，審查戲劇、電影中的同性戀形象，禁止餐館、酒吧與俱樂部僱傭同性戀者，甚至拒絕為他們服務。在冷戰時期，反同性戀政策得到進一步強化；而在麥卡錫時代，這種文化抵制達到頂峰。儘管在這段時期，同性戀世界仍繼續發展壯大，但其公共可見性的確變少。換句話說，國家意識形態製造了「櫥櫃」，並強迫同性戀者隱藏在裡面。關於美國 20 世紀同性戀亞文化的沉浮史可參見 Chauncey, 1994。喬治・昌西的研究試圖表明，二戰前的美國同性戀文化比 20 世紀中後期具有更高的可見性，社會對同性戀的寬容度也更高，而美國文化中同性戀－異性戀的二元對立是最近才形成的。

2 另外，「出櫃」一詞不是同性戀者的專有名詞。一些無法從顯而易見的外部特徵判斷其生理缺陷的人群，如失聰者、自閉症患者等也用「coming out」的說法，甚至明顯具有外部特徵的人，如肥胖症者也會用這個詞。儘管肥胖狀況是可見的，然而，一個肥胖婦女也會經歷如出櫃一樣的過程，稱呼自己為「肥胖者」如同稱呼自己是同性戀者一樣，需要一個逐漸認同的過程。肥胖者的出櫃涉及洩露隱藏的自我身分，他們也要經歷過程去認識自己的肥胖特徵，認識到它是非可協商的自我，不是一種可以通過減肥而改變的臨時狀態（Saguy & Ward, 2011）。肥胖者的出櫃，如同性戀者一樣，意味著肯定一種污名化的和高度可見的個人特徵，意味著以一種新的方式使用舊有的敘述，在身體尺度可見的情況下，出櫃意味著肯定肥胖是一種中性的或積極的特徵，這也體現了文化資源和生理性的身體是如何共同限制社會行為的。同性戀運動參照黑人權利運動，而肥胖者權利運動則借鑑同性戀群體的出櫃敘述，同性戀解放的修辭通過酷兒肥胖活動家已經「交織在肥胖者權利運動的歷史中」。酷兒與肥胖者群體之間的關係網絡促進了出櫃話語的移植。酷兒

15 中國同性婚姻的進程舉步維艱，李銀河曾多次向兩會提交同性婚姻法案，皆未果。

16 該規定對「淫穢出版物」的定義是：「在整體上宣揚淫穢行為，挑逗人們的性慾，足以導致普通人腐化墮落，而又沒有藝術價值或者科學價值的出版物。」

第二章

1 古希臘涵蓋了極其多樣化的諸種文化類型，城邦國家雅典只是其中的一種文化形態，並不是所有的希臘文化都贊同這種類型的同性戀，參見 Boswell, 1980。

2 對這三種同性戀分類的爭議，可參見 Weinrich, 1987/1990: 183-189。

3 烏爾利克斯原本從事法律工作，但因同性戀身分暴露而被開除，後致力於德國的同性戀運動，他在 19 世紀末有較高的公眾知名度。

4 1862 年，烏爾利克斯創造了「Uranian」這個詞來指稱男同性戀者（他也這樣稱呼自己），意指「女人的靈魂寄居在男人的身體中」。烏爾利克斯的理論在當時的精神病醫生中非常時髦，但這詞並沒有流行開來，它被後來的「同性戀」（homosexual）和「性倒錯」（invert）取代。

5 愛德華・卡彭特發展了一種類似的「中間性別」理論，他認為「中間性別」不是墮落的產物，而是男性特徵和女性特徵在心理上混合的結果。

6 華語世界裡的「同志」一詞亦有類似於「酷兒」的意圖，至少它的初衷如此。

7 「自梳女」是為永不出嫁而在年輕時將頭髮由辮式改梳成髻式的女子；「不落夫家」是婦女成婚後在一定時期內依舊居住於娘家，分為兩種情況，一種是懷孕生子後離開娘家與丈夫同住；另一種是終身不返（節日、婚喪日等除外）（張在舟，2001：751）。但是，在「不落家」和「自梳女」中，並不是所有成員都是女同性戀者，許多女性只是希望能藉此躲避和逃離專制、殘暴的婚姻制度。

8 另有觀點認為，對性的本質主義觀念構成挑戰的理論視角分別是互動論（主要是約翰・蓋格農和威廉・西蒙的研究）、新精神分析（由拉岡始創的對佛洛伊德的重新闡釋）以及話語分析（以傅柯的研究為起點）（Weeks, 1981a: 90）。

9 對身分的「深描」（thick description）和「淺描」（thin description）指的是在身分描述中文化和歷史內容的具體程度，對身分描述越淺，越不試到後來的官場仕途，免不了男性間的互助、欣賞與提拔等。

8 潘乃德區分的是不同的文化對行為的作用機制，由恥感文化主導的行為是「外律性」的，而罪感文化控制的行為則是「自律性」的，把中國文化視為恥感文化似乎可以解釋「中國人重面子」之說；但金耀基（1988）指出，用恥感文化來指認中國文化不夠完全，他認為英文的「shame」與中文的「恥」是有區別的。「恥」有 shame 中「他律」之含義，亦有 guilt 中「內律」之含義，因此恥感與行為的他律性無關，恥的產生是因為不能達到理想境界或滿足自我認同。在金耀基看來，「所恥者只是個人修為之不足，而不是社會的譽誹」。翟學偉（2001）也指出，儒家文化對恥的理解與西方人有所不同，恥不完全指一個人對社會評價表現的心理反應，它也存在自我良心的發現。

9 柏林的皮膚病醫生布洛赫創造了「性科學」（Sexualwissenschaft）或「性學」（Sexology）這個術語，他強調在決定性取向的諸多因素中，文化的作用與生物學因素同樣重要。

10 「對食」一詞最早出現在《漢書》，表示宮女之間的同性戀關係。後世亦用「對食」指宮廷中太監與宮女的戀愛關係。

11 在民國時期的文獻中，諸如「同性愛」、「同性戀」、「同性戀愛」以及「同性的相愛」等不同的表述皆存在。

12 馬克思主義對性問題持清教式的態度，同性戀受到大多數馬克思主義理論家的否定。受蘇聯意識形態的影響，毛澤東時代的同性戀者很少得到寬容，甚至遭到嚴厲的懲罰。

13 一個可以比較的現實事例是，美國對同性戀的廣泛研究也可以說是偶然的。當認識到艾滋病將侵害異性戀社區時，英美政府才著手採取緊急措施。雖然艾滋病不是同性戀者固有的，然而 20 世紀 80 年代中後期，在美國男同性戀者中的高發率迫使各級政府和非政府組織更多地了解同性戀者的生活方式。

14 中國目前實行免費抗病毒治療是有准入條件的，根據現行的國家政策，僅向農民中的艾滋病患者和城鎮經濟困難的艾滋病患者提供免費的抗艾滋病病毒藥物。抗艾滋病藥品主要有兩類：抗病毒治療藥品和抗機會性感染治療藥品，前者對農民中的艾滋病患者和城鎮經濟困難的艾滋病患者免費提供，後者對農村和城鎮的艾滋病患者適當減免費用。對一般的艾滋病患者而言，艾滋病藥品的治療費無疑是巨大的一筆負擔。而且免費抗病毒治療的定點醫療機構數量有限。

第一章

1 1997 年 3 月 14 日第八屆全國人民代表大會第五次會議修訂《中華人民共和國刑法》，將其中的「流氓罪」具體分解為「侮辱、猥褻婦女；聚眾進行淫亂活動；聚眾鬥毆；尋釁滋事」等，刪除了可使同性戀致罪的「流氓罪」。在這之前，1984 年 11 月 2 日最高人民法院、最高人民檢察院發布《關於當前辦理流氓案件中具體應用法律的若干問題的解答》，指出「雞姦幼童的；強行雞姦少年的；或者以暴力、脅迫等手段，多次雞姦，情節嚴重的」，屬於「流氓罪」所指的「其他情節惡劣的流氓活動」。這個法律解釋將雞姦行為納入「流氓活動」這一「口袋罪」範疇。此外，2005 年 8 月 28 日通過的《中華人民共和國治安管理處罰法》不再使用「流氓」一詞，同時規定對「猥褻他人」的行為進行行政處罰，同時明確將猥褻成年男子的行為納入其中。

2 但是，《中國精神疾病分類與診斷標準（第三版）》保留了個人對同性戀身分認同的「自我不和諧」診斷。1997 年，學術界對是否將同性戀從精神疾病分類中刪除曾有過激烈的討論，《精神衛生通訊》雜誌在全國範圍內組織召開了關於「同性戀診斷是否該取消」的討論，有關這次討論的情況和理論總結可參見賈誼誠（1998）、王乃信（1998）。在 2001 年之前的幾年裡，美國精神病協會和美國心理學協會曾多次致信中華醫學會精神科分會，敦促其刪除將同性戀視為精神障礙的有關條文。2000 年，中華醫學會精神科分會派成員參加美國精神病協會的年會，在會議期間廣泛徵求各方意見，最終決定將同性戀從精神疾病分類中刪除。可參見 Sang, 2003，第六章第 18 條注釋。

3 「巴爾幹化」（Balkanization）指一個占支配地位的群體（比如主流的同性戀文化）分裂成無數的小群體。

4 「克里奧化」（Creolization）指核心群體受到來自外部多重影響的形塑。

5 後文涉及的從儒家倫理出發的解釋可以稱為「關係倫理論」。這三種解釋在當下的語境中較為普遍。在中西文化的比較中，除了宗教因素之外，對同性戀態度的差異成因還需要更多地深入研究。另外，同性戀圈子內有些人士關於中國社會對同性戀的「寬容說」持有不同看法。

6 重男輕女的思想最終導致男女比例極不協調，婚姻擠壓的後果是大量的窮困男性被排擠出婚姻市場，被迫過早地進入社會謀生，以期獲得婚姻資本。

7 科舉考試是男性的專利，也是男性精英獲得社會流動的主要途徑。從考

注釋

導言

1　LGBT 是女同性戀、男同性戀、雙性戀和跨性別者（Lesbians, Gays, Bisexuals and Transgender）的英文縮寫。這裡使用的「社區」是我接觸的同性戀社群中的積極分子經常採用的詞，它並非指某個客觀實體，其含義更多的是用於區別「我們」與「他／她們」，即作為一個群我的觀念而存在。*China Daily* 所報導的中國 LGBT 社群目前在中國大陸非常活躍，他／她們年輕（20 至 30 歲之間）、高學歷（其中不少人有留學背景），許多人是作家、編輯、電影導演、策展人、藝術家等，這些社群活躍分子被稱為中國的「第一代酷兒」。

2　Laskowshi, Christine. 2009. "Year of Gay China." Des. 28. China Daily. (http://www.chinadaily.com.cn/cndy/2009-12/28/content_9235395.htm)

3　一般而言，排他性同性戀者在總人口中所占的比例相對固定。如果按照金賽的「性連續統」理論來看，每個人的性取向中不同程度地存在「同性戀」與「異性戀」的成分，那麼這種人數估算本身或許意義不大，但具有重要的政治意涵，任何個體、群體、文化和制度設置都無法忽視這一龐大的群體及其蘊含的力量。

4　2008 年 6 月 28 日，吳幼堅與阿強（被稱為「堅強組合」）發起成立草根組織「同志親友會」。2009 年 1 月 4 至 5 日，首屆「同志父母懇談會」在廣州召開，五十餘人參會。2009 年年底，又召開第二屆「同志親友會」。

5　從後來網上的一些過激言論來看，部分憎恨同性戀者的人也混雜其中。

6　原文是「a sexuality that is bent and crooked」，有「不正當、不正常、不正派的性」之意，bent 和 crooked 意指同性戀。

7　MB 是 money boy 的縮寫，又稱「金錢男孩」，通常指向男同性戀者提供性服務而獲得一定報酬的男性。俗語又稱「鵝」。

知識叢書 1132

認同而不出櫃：中國同性戀者的生存困境

作者　王晴鋒
資深編輯　張擎
封面設計　謝捲子
內頁排版　張靜怡
主編　王育涵
總編輯　胡金倫
董事長　趙政岷
出版者　時報文化出版企業股份有限公司
108019 臺北市和平西路三段 240 號 7 樓
發行專線｜ 02-2306-6842
讀者服務專線｜ 0800-231-705 ｜ 02-2304-7103
讀者服務傳真｜ 02-2302-7844
郵撥｜ 1934-4724 時報文化出版公司
信箱｜ 10899 臺北華江橋郵政第 99 信箱
時報悅讀網　www.readingtimes.com.tw
人文科學線臉書　http://www.facebook.com/humanities.science
法律顧問　理律法律事務所｜陳長文律師、李念祖律師
印刷　勁達印刷有限公司
初版一刷　2023 年 5 月 12 日
定價　新臺幣 580 元

ISBN 978-626-353-616-6 ｜ Printed in Taiwan

認同而不出櫃：中國同性戀者的生存困境／王晴鋒著 .
-- 初版 . -- 臺北市：時報文化出版企業股份有限公司，2023.05
456 面；14.8×21 公分 . ｜ ISBN 978-626-353-616-6（平裝）
1. CST：同性戀 2. CST：社會倫理 3. CST：文化研究 4. CST：中國大陸研究
544.75 ｜ 112003262

時報文化出版公司成立於一九七五年，並於一九九九年股票上櫃公開發行，於二〇〇八年脫離中時集團非屬旺中，以「尊重智慧與創意的文化事業」為信念。